金融财税法学前沿问题论丛 | 许多奇／总主编

Financial and Tax
Fiscal Law

Why Some Firms Thrive While Others Fail:
Governance and Management Lessons from the Crisis

企业生死之谜
经济危机的治理与管理教训

[美] 托马斯·H. 斯坦顿／著
沈伟　余涛　等／译

3

法律出版社 | LAW PRESS

著作权合同登记号
图字：01-2016-8702

总　序

回顾历史可以发现，决定21世纪全球结构巨变的动因主要有两个，都发生在美国。一个是2001年9月的恐怖袭击事件；另一个是2008年9月的投资银行“雷曼兄弟”破产。前者引起了阿富汗战争和伊拉克战争，导致美国财政赤字激增。就在此时IT泡沫破灭，经济形势恶化，“钱从何处来”的问题变得非常尖锐。美国政府的对策是借助不动产政策来抬升景气，由于无法采取财政扩张手段，不得不采取信用扩张手段，借助金融技法获取必要的注入资金。然而增发货币和降低银行利息的结果是制造出了极大的住宅泡沫，最终因次贷问题诱发金融危机。后者——雷曼事件——则发出了政府不会救济大型证券公司的信号，接着在投资银行和券商中激起连锁反应，从不同角度严重冲击了世界的金融市场。正是这两大事件让美国政治和经济蒙受惨重打击，单极的帝国体制构想也终于土崩瓦解。

不言而喻，经济景气恶化势必造成国库税收减少，而反恐战争规模扩大势必增加政府开支。在一减一增之间，财政赤字必然会不断膨胀。这时，如果想提振景气、开拓资金来源，决策者会面临一系列困境。如果因为赤字压力无法进一步运用财政刺激方法来拉动经济，那就不得不增发国债或者扩大货币供应。但是，这样做总是有限度的。如果国债和货币发行过度，可能引发国债信誉暴跌和货币价值暴跌。在金融市场出现信用收缩之际，银行放贷行为随即会消极化，从而影响企业的生产绩效、雇佣以及销售。实体经济一旦恶化,又会反过来造成不良贷款率上升和金融市场的萧条,进而形成金融领域的恶性循环。为了阻止金融危机的蔓延,不得不硬着头皮按照凯恩斯的思路采取财政刺激手段,这就难免酿成政府债务危机或者加重企业和公民的税负。于是,很可能形成另一种财税领域的恶性循环。

在法学研究的视野中考察上述社会变迁及其经济形势,就会发现财税法与金融法之间其实存在某种奇妙的关联,似乎在凯恩斯学派与芝加哥学派之间出现了一个复杂的制度环路。一般而言,在风险性不断增大的状况中,仅凭确定的法律规则很难有效解决问题,政策性裁量的余地势必有所拓展。因此,在面临金融风险时,基于凯恩斯主义的财政扩张、金融救济以及企业援助等举措将陆续出台,政府对市场的干预和诱导会显著加强。显而易见,这些做法与全球金融资本主义体制所追求的市场原理主义和自由至上主义的理念是互相抵牾的。但是,如果不采取这些举措,一定要坚持芝加哥学派的那种货币主义立场,全球化的自由市场最终将被金融危机所摧毁。这是一个怪圈。

换言之,这也是一个自反性悖论。全球化的金融市场在强烈要求更大自由的同时就埋下了政府干预的契机,这样的逻辑似乎构成某种历史的讽刺。实际上,没有政府的干预和引导,20 世纪 30 年代的金融危机以及世界大萧条是很难收场的。实际上,在全球化的状态下,由于边界的流动化,通过货币供应量的维持或调节来保持经济平衡的效果已经越来越微弱,货币主义已经捉襟见肘。这就证明了纯粹的资本主义体制的确具有不稳定性、脆弱性,需要某种非市场的基础条件来克服其内在的无政府主义冲动。这种市场的非市场性基础,归根结底,就是适当的政府监管以及公平而有效率的法治。

然而我们不能仅仅从技术层面来理解监管和法律秩序的作用。的确,现代文明的一个本质特征是技术。在美国财政和金融领域,技术主义(technologism)的倾向尤其显著。众所周知,在 20 世纪五六十年代,庞德(Roscoe Pound)的"社会工程"法律观曾经风靡一时;20 世纪八九十年代,马科维茨(Harry M. Markowitz)开发的金融数理方法和通过复数证券的组合来分散风险的技术更成为华尔街的天之骄子。这样的金融工学,实际上暗设了一个前提,这就是人们的心理可以在一定范围内进行预测和计算。这样的理论预设,把个人金融动机的不确定性转化成了具有一定概率、可以进行控制的风险性,并通过拆解和重组的理性操作来分散和管理投资行为的风险。这种技术理性在微观上的确是可以存续的,也是有效的。但是,微观行为的合力未必能形成宏观的合理性。为此,我们需要超越个别行为和技术理性的维度,从信念、结构以及实践等不同侧面，把握金融领域的法治。

例如，信贷资产在细分之后进行证券化处理，在一定程度上转化为似乎很安全的金融商品，并大量出售给全世界的投资家，使得风险被极大地稀释。房贷是一种新式金融衍生品，全球金融资本主义体制为这种证券化商品的流转提供了最佳环境——这两者结合在一起，却于不经意间无限放大了美国 2008 年之秋次贷问题的危害。结果是一个国家内部住房泡沫的破灭竟然把欧洲乃至世界的金融市场冲得七零八落，激发了一场百年难遇的经济地震，至今余波荡漾。在这样的背景下，如何甄别和防止金融风险及其“蝴蝶效应”就成为一个世界性课题。分析与次贷危机相关的各种现象和效应后人们不难理解，金融市场的不确定性和脆弱性并非证券的固有品质，而是由作为金融市场的基础或者框架的制度和规范所决定的。不言而喻，金融自由化会加强市场的动态，即增加流动性。信贷资产的证券化因为分散了风险也会增加市场的流动性。这种人为的流动性越显著，越容易形成投机性价格，并使这种投机价格与正常的基础价格相距越来越远。反之，如果适当完善和坚持制度、规范以及监管，就会抑制投机的流弊，维护市场的稳健性。

金融法与财税法的贯通式研究是许多奇教授有意识追求的学术目标。她计划主编一套题为“金融财税法学前沿问题论丛”的系列研究成果，推动金融法与财税法的学科交叉合作，为学者、专家、律师以及金融管理者提供专精化的知识交流平台。对于这样的宏伟抱负和雷厉风行的执行力，我很欣赏，也非常钦佩，更乐观其成。鉴于金融法和财税法在中国还属于新兴研究领域，今后具有越来越重要的学术价值和现实意义，我希望法学界同人对有关动向给予更多的关注和支持，并愿意与大家共同促进相关学科的交流合作。金融危机及其对实体经济乃至财税制度的影响是当今世界不得不面对的最大风险，也是市场经济法律体系的一个关键性变量。相信这套丛书对于我们深入理解和把握风险社会的法治问题也大有裨益。

是为序。

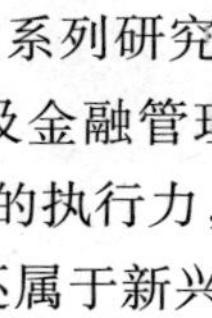 *

2015 年 12 月 2 日于京沪旅次

* 上海交通大学法学院院长，教授，长江学者。

企业生死之谜:经济危机的治理与管理教训

——中译本序

非常高兴在此向中国读者送上问候,欢迎你们阅读本书。金融危机的代价非常高昂,笔者写作本书意在与大家分享从中得到的关于个人组织(政府机构和私人公司)和更大的经济体在未来如何避免或者至少缓和这一破坏性事件的经验教训。

本书根据笔者的任职经历写成,此前笔者是美国金融危机调查委员会的首席治理和危机管理研究员。我们采访了涉及危机的金融公司首席执行官、银行家、交易员、风险官、管理者以及政策制定者,大多数采访于2010年进行。这意味着,尽管见证人通常被律师包围并且站在他们自己的立场说话,但他们大多数依然处于对危机所引发的破坏的震惊之中,并且常常倾向于在某些问题上与我们进行深度交谈。研读内部文件和采访无数金融危机的主要参与者,使我们形成了一幅清晰的关于危机演进发展的路线图。[①] 笔者主要的遗憾是,在年初时掌握的知识不如年末时掌握得多,以至于笔者当时不能问出更好的问题。

---

① 在委员会工作的5周年纪念日,美国国家档案和记录管理局发布了大量在本书开始写作时未公开的文件和采访记录。这些资料保留在斯坦福法学院并在委员会网站上可以查询到,载http://fcic.law.stanford.edu/。

一个非常简单的情形帮助笔者了解了在治理与危机管理方面的研究:尽管很多公司在危机中破产,但另一些公司成功渡过了危机并且变得比以前更加强大。当破产公司的代表诉说着诸如没有人可以预见或是处理那些危机时,总会有反例显示另一些公司的确保护了自己。战胜危机的成功并不是意外:成功的公司显现出有计划的行为,这些行为使它们免受动荡的影响,而很多能力较弱的公司在这种动荡中走向衰亡。

自危机以来,随着时间流逝各种观点日益增多,我们可以通过对比成功与不成功的公司获得经验教训。导致危机的主要因素之一就是复杂性。组织成长至最后拥有几百个甚至上千个附属机构,变得太复杂以至于难以管理。诸如债务抵押债券和信用违约掉期等产品变得日益复杂,使当事人都不理解他们的金融属性。同时,金融工程变得太复杂,甚至很多涉及金融模型的数学博士都不理解它们所适用的交易,很多交易者和银行家也不理解这些模型及其含义。

成功的公司通过增加组织纵向和横向的信息流动来应对这一复杂性。这意味着,当一些预料外的事情发生时,它们将其视为警示信号,例如,高盛意外地发现2006年年底的抵押贷款交易显示了它们模型所预测出的损失而非收益。类似地,当摩根大通的零售贷款方面于2006年10月发现抵押贷款拖欠率出乎意料的增加时,该信息传递至摩根大通的工作委员会进行讨论和分析。在调查和确定这是一种模式后,最高管理层要求摩根大通的投资方出售其抵押贷款投资组合。

成功的公司还参与了本书称为"建设性谈话"的过程。当有人提出一项警示性讯息时,会引发关于该信息重要性的争论,而有时做出警示的人是不对的。从危机中得到的一个主要的经验教训是,调查一个警示的成本比忽视它要低廉得多。鼓励报告主要风险的过程和研讨其重要性需要一种特殊的文化:做出警示的人不会被批评或被妖魔化。相反,这些信息被看作潜在风险的指示,需要进行研究。

尽管成功公司的首席执行官对于听取和考虑警示是非常开明的,也会参与建设性谈话,但他们从未放弃任何权力,他们仍然牢牢地掌控着自己的公司。当他们权衡这些现象并且做出深思熟虑的决策时,他们的决策是具有约束力的,也是最终的,至少直到有进一步的信息出现。因此,高盛的一名工作人员曾自豪地跟笔者说:首席执行官劳埃德·布兰克费恩"经常询问我对主要问题的看法",而且之后补充道,"但他也会询问其他200多人的看法"。当他提出问题并得到关于其决策的有用洞见时,布兰克费恩得到而非失去了其作为高盛首席执行官的地位。

与不成功的公司进行对比的结果是惊人的。破产公司的首席执行官不懈地前行以扩展其公司的市场份额和利润,忽视警示信号。这些首席执行官解雇、边缘化或者排斥他们的首席风险官及其他向他们提出警示的人。房利美首席信贷官试图警示执行副总裁——房利美并没有充分评价抵押贷款购买产生的风险,执行副总裁作出的声明非常具有代表性。他没有提供建设性意见,而是完全驳斥了该警示:"你能告诉我为什么你觉得自己是对的,而其他人都是错的吗?"这些信息是信贷官员后来告诉委员会的。

回顾危机之前的几年,会清晰地看到警示信号的确存在,本书对它们有做讲述。公司想要生存下来,需要做的是鼓励风险报告,长此以往,它就会成为公司经营的方式,而不是敢于站起来的员工的个人勇气行为。房利美的一名风险官曾经告诉笔者,她面临着在提出警示成为不被管理部门喜欢的人,或者被称为一家破产公司的风险官之间做出艰难抉择。她在2006年离开公司,而该公司在2年后破产了。

这本书最令人沮丧的章节之一是政府对主要金融公司安全性与稳健性的监管。这些巨大金融机构不间歇的权力和影响导致产生了一个分散、往往无效的监管过程,政府在很大程度上难以把主要公司从导致危机的不良决策中拯救出来。本书讲述了美国财政部部长盖特纳在2011年做出的预言性警示。他警告说,被监管公司的政治权力可能会阻碍《多德—弗兰克法案》的实施,而该法案的目的是试图补救危机揭露出来的诸多缺点。的确,这些机构的政治权力使政策制定者削弱了《多德—弗兰克法案》的法律语言,以致它变得不那么有效,而且比危机证明的经验教训更为复杂。如今对作为《多德—弗兰克法案》优点之一的消费者金融保护局的持续攻击,表明这个过程还没有结束。

笔者继续寻求政府与金融业之间的"双赢"。成功渡过危机的加拿大道明银行的首席执行官埃德蒙·克拉克很好地表达了这一点:必须有"产业与其监管者之间有益的工作伙伴关系,以使双方能够在需要做什么以及用影响最小的方法来实现达成原则上的一致"。

政府需要加强监管对金融机构的监管。监管者需要测试信息是否在组织上下和之间流通,这样决策者才能较好地掌握其决策的风险回馈情况。首席执行官会听取其董事会的意见吗?他们会听取风险官的意见吗?会听取举起警示旗帜的雇员的意见吗?会听取他们的政府监管者的意见吗?对于最后一点,一位前公司执行官(不在金融行业)告诉笔者,他将来自监管者的介入视为能够增进公司管理的免费咨询服务。

自写作本书开始,笔者一直将危机中得到的经验教训应用于美国联邦政府的风险管理之中。[①] 在危机发生时,企业风险管理(Enterprise Risk Management,ERM)对金融业的很多人来说都是非常新的。企业风险管理的很多力量源于尝试回答一个简单问题的过程:能够妨碍我的组织实现目标与目的的风险(包括在改变的环境中保持不变的风险或者失去重要机遇的风险)是什么?伴随着政府领导人和私人组织创造出鼓励信息流动以帮助理解所面临主要风险的文化和进程,或许到时候他们能够减少其组织和市场暴露于各种破坏性事件,以及通常可预防的曾经在危机中使太多金融公司破产,同时使我们的金融系统走向灾难边缘的风险。

最后,笔者想表达对沈伟教授的感激之情,感谢他为获得本书中文译本的面世所付出的努力。沈伟教授作为一名国际公认的学者,在金融交易、金融机构和金融体系方面有广泛的研究,成果丰硕。非常荣幸他能够将本书介绍给中国读者。

托马斯·H. 斯坦顿
2016 年夏

① Thomas H. Stanton and Douglas W. Webster, editors, *Managing Risk and Performance: A Guide for Government Decision Makers*(John Wiley& Sons,2014).

前 言

一、无情的范式

2011 年 10 月 31 日，当本书手稿交付给出版社时，一家名为全球曼氏金融（MF Global）的公司破产了。尘埃落定后，调查人员发现该公司对消费者尚欠有 10 亿多美元的未偿资金。全球曼氏金融的首席执行官（Chief Executive Officer，CEO）、前美国国会议员和新泽西州州长乔恩·科尔辛（Jon Corzine）向国会反映，他也不知道公司资金是如何消失的。[①] 在写作本书时，该公司的资金消失之谜仍未解开。

全球曼氏金融公司的案例揭示了本书中的许多主题。根据媒体报道，科尔辛是一位做派强硬的 CEO，他领导全球曼氏金融公司下注于欧洲主权债务。当公司风险控制官反对他这么做时，他将风险控制官调离岗位，并且明确告诉新任风险控制官不要分析公司在欧洲主权债务市场上的风险敞口。高管们对公司日益增长的主权债务业务也表现出了担忧，但

---

① 参见乔恩·科尔辛：《关于农业生产的国会委员会答辩声明》，2011 年 12 月 8 日。该声明称："2011 年 10 月 30 日（星期日），当我得知全球曼氏金融可能无法偿还客户数以百万计美元的资金时，我极为震惊……我对这些业务操作方面的专业知识和经验积累很少。"

这（对遏制公司的风险）毫无作用。①

据报道，曾有董事会成员建议科尔辛应该限制公司投资于欧洲主权债券，科尔辛作了如下回应："如果你在欧洲主权债券业务中想有一个级别低的或不同的工作岗位，那么你将不适合待在我们公司"，应该主动提出辞职。嗣后，科尔辛向国会委员会报告，下注于欧债市场没有风险。与此同时，即便国会委员会对全球曼氏金融公司的高杠杆和持续集中的风险心知肚明，但委员会也未能阻止该公司继续增持欧债。②

监管者去哪儿了？在本书写作之际，很多监管者正急于撇清他们的责任。科尔辛个人向商品期货交易委员会（Commodity Futures Trading Commission，CFTC）游说，建议其不要加强投资者保护，不要将投资者资金进行分账管理。《纽约时报》对此报道如下：

> 仅在全球曼氏金融公司破产的3个月前，科尔辛先生的公司向监管者报告说，监管规则草案将遏制期货经纪行业的发展，降低期货经纪公司的利润率。全球曼氏金融公司在一封信中说，监管者们正在努力"修补并没有问题的东西"，需要补充的是全球曼氏金融并没有意识到几乎所有的经纪公司和它自己一样，都不能"向它们的消费者提供据消费者要求而定的分账资金"。全球曼氏金融公司的客户，包括对冲基金、个人投资者和农业公司，现在都意识到现实已发生变化，因为这些客户都在极力挽回它们的损失。监管者们正在推动监管规则进一步发展。但对全球曼氏金融来说，这些规则来得太迟了。③

全球曼氏金融的破产是一个典型的范例。该公司的终结再一次显示，广泛征求意见的管理方式和大范围的信息反馈（如来自董事会、风险控制官、员工和监管者的反馈）极为重要。监管者应该要求主要的金融公司采用这些标

---

① See Aaron Lucchetti, Julie Steinberg, "Corzine Rebuffed Internal Warnings on Risks", *Wall Street Journal*, December 6, 2011; Ben Protess, Azam Ahmed, "MF Global's Risk Officer Said to Lack Authority", *New York Times*, December 14, 2011.

② See Azam Ahmed, Ben Protess, Suzanne Graig, "A Romance with Risk that Brought on a Panic", *New York Times*, December 11, 2011.

③ Azam Ahmed and Ben Protess, "As Regulators Pressed Changes, Corzine Pushed Back, and Won", *New York Times*, November 3, 2011.

准,并对它们进行考评。然而,经常发生的情形是盲目的自信、对风险的疏忽大意和经济危机。本次金融危机为这种范式提供了最为全面的证据,从宏观的角度来说,这种范式可以广泛适用于超越金融危机、金融公司治理和管理的众多领域。

二、金融危机:范式清晰化

笔者在金融危机调查委员会(Financial Crisis Inquiry Commission,FCIC)任职期间(2010~2011 年),金融危机范式于笔者来说变得越来越明晰,这一认知也在本书中有更为深入的讨论。金融危机引发了很多重要议题:如果私人公司无力使它们自己或者金融体系免遭金融危机的影响,以及政府支持型企业也没能防范危机,那么,这对于我们国家意味着什么?为了尝试回答这一问题,笔者考察了一些金融公司,包括 4 家成功抵御危机的公司和 8 家被危机摧毁的公司。笔者与同事采访了很多现在或曾经任职于政府监管机构的工作人员,以搜集他们的观点。在调查工作完毕后,委员会将许多采访内容和大量的公共文件制作成政府机构的备案材料。[①] 本书是在前述调查工作和备案材料的基础上完成的。笔者有幸参与到许多访谈中,知道哪里可以获取相关的记录和文件,可以先于其他研究者从这些材料中获得洞见,而不必耗时间等。

因为调查委员会的资金有限,时间也有限。当调查工作结束后,笔者觉得对于危机还需要作进一步理解,尤其是对组织设计的影响和成功抵御危机的企业管理的理解。作为调查委员会的主要成员之一,花时间写这本书使笔者有机会对公司治理、风险管理和企业管理进行通盘思考,并将这种思考推升至一个新的水平。在危机更大的背景逐渐清晰后,有很多次笔者都希望能再回到访谈中,问问大家对嗣后增补的一些问题的见解。

笔者曾认为能够理解金融危机带来的教训,但问题是这些经验能否被普遍性地运用。笔者的暑期实习生、弗吉尼亚理工学院的乔舒亚·迪尔(Joshua Deal)同学出色地帮助笔者研究了非金融公司的公司治理和风险管理情况。在乔舒亚·迪尔同学的工作基础上,笔者发现即使在业务范围不同的公司,在公司治理、企业管理、组织构架方面仍存在共性,这与金融危机带给我们的启示具有相似性。

---

① They are available at http:fcic. law. stanford. edu/.

三、认识危机的范式:笔者的背景

在过去多年时间里,笔者的工作包括研究组织构架、管理学、政府支持型企业(如房地美和房利美)及其监管者的缺陷。结合笔者的研究,在危机来临之前,笔者曾发出过严厉的警告。1991 年笔者在哈珀出版社出版了《一种风险情形:政府支持企业将成为下一场金融危机?》一书,书中对政府支持型企业模型的缺陷进行了分析。在笔者的游说之下,该书的观点催生了针对房地美和房利美的新的监管机构。① 因为这两家企业的坚决反对,那次监管改革仅取得了部分成功。在这种压力之下,《一种风险情形:政府支持企业将成为下一场金融危机?》对政府支持型企业结构性缺失而引发的溃败作了分析。

在《一种风险情形:政府支持企业将成为下一场金融危机?》一书的第 182 页,笔者建议建立一种体制,即现在为人所熟知的"后备资金"制度(这一制度要求金融机构发行次级债务,如果金融机构出现了危机,这些债务自动转换成股票),以增加政府支持企业的缓冲资本并创设市场规则。经济学家马克·弗莱纳里(Mark Flannery)采纳并传播了这一建议,政策制定者们现在也考虑建立针对大型金融公司建立起后备资金制度,将其作为缓解系统性风险改革的一部分。

笔者供职于约翰霍普金斯大学高级政府研究中心,当前,教授的课程包括针对政府 MBA/MA 项目的核心课程和压力之下的金融系统的研究生讨论课。笔者曾在国家公共行政学院董事会任职,并连续多年担任国家公共行政学院执行和管理常设小组主席。有 5 年的时间,笔者还曾是联邦贸易委员会的联邦高级执行服务专家组成员。在联邦贸易委员会政策规划办公室,笔者第一次见证了建设性对话带来的好处,因为,律师和经济学家会为政府的相关行动提供不同的见解,他们会在这一过程中相互学习彼此的长处。

---

① "或许对安全性和稳健性最有效的建议来自一个人:托马斯·斯坦顿(Thomas Stanton)……他在 1991 年的《一种风险情形:政府支持企业将成为下一场金融危机?》一书中的观点以及他个人的游说,在立法过程中影响很大,为 1992 年《联邦房产集团财政安全和稳定法案》的出台铺平了道路。"参见 Koppel, Jonathan G. S., *The Politics of Quasi-Government*, Cambridge: Cambridge University Press, 2003, p. 107。

Contents

目录

第一章　修复公私机构：一个国家规则

我犯了一个错误，假设组织的自利，特别是银行和其他组织的自利，它们能够最好地保护它们自己的股东和在公司里的股份。

——格林斯潘

美国已经经历了大萧条以来的最为严重的金融系统的失灵。联邦政府通过财政部、联邦储备系统和联邦存款保险公司承诺3万亿美元的支出、回购贷款、贷款和贷款保证，以支持金融机构和汽车公司，并且通过了78.7亿美元的经济刺激计划。正如美联储主席本·伯南克所言，世界接近"萧条2.0版"。①

普林斯顿大学 Alan Blinder 教授和经济学家 Mark Zandi 在2009年的时候估计，金融危机的预计总成本将会超过2.35万亿美元，或者16%的GDP。②这些成本包括刺激计划、政府对房利美和房贷美公司的支持、《2008年经济刺激法案》，以及经济失业福

---

① See Wessel, David, "Inside Dr. Bernanke's E. R.: As Obama Considers Reappointing the Fed Chairman, a Look at How He Took on More Power", *Wall Street Journal*, July 24, 2009.

② See Blinder, Alan S. and Mark Zandi, *How the Great Recession was Brought to an End*, monograph, July 27, 2010. 事实结果证明 Blinder 和 Zandi 关于问题资产救助计划的成本预测过高，最终政府反而通过问题资产救助计划盈利了。

利,这里仅列举了一些比较大的开支项目。经济挣扎和衰退使政府雪上加霜:对失业和医疗保险需求增加,但税收收入却减少。

危机的个人成本是巨大的。也许1000万个家庭丧失了房屋抵押权。[①] 房价下降到2010年的水平,几乎1/4的家庭房产价值低于抵押财产价格。用"Wilshire 5000指数"衡量的股票价格从2007年10月的顶点下降57%到2009年3月的最低谷。中等房产的价格从2007~2009年降低了25%,大概损失了17万亿美元。[②] 失业率倍增,成千上百万的人失业。[③] 真实的中等收入在2010年下降到49,445美元,这是1997年以来的最低收入,贫穷率上升至1993年以来的最高点。[④]

金融危机有许多精彩的解读,包括金融危机调查委员会的最后报告,以及金融报刊无数的报道。经济学人也对经济危机的起源做了细致的分析。本书试图从这个昂贵的经济崩溃中继续吸取教训。本书采用的是机构设计和管理理论:金融机构是如何形成危机的?我们从比较安然度过金融危机和在金融危机中失败的企业中得到什么教训?我们从公私机构运作中学到什么?怎么样可以在将来避免昂贵的金融危机?

美联储前主席格林斯潘对政府介入私人公司的运作并不支持,在2008年的时候他说,"我犯了一个错误,假设组织的自利,特别是银行和其他组织的自利,它们能够最好地保护它们自己的股东和在公司里的股份"。[⑤]

格林斯潘主席的见解认识到机构失灵会导致金融危机:市场力量和私人公司的最好利益没有有效地保护金融体系免于危机。相反,不受约束地对收益、利润、市场份额的追求触发了主要金融机构的崩塌,继而对其他的机构造成了负面的危机。修复我们的机构,特别是金融行业的机构,是国家的一个重

① Congressional Oversight Panel, "A Review of Treasury's Foreclosure Prevention Programs", December 14, 2010, p. 4("预计到了2012年有800万~1300万个家庭因房屋止赎失去房产").

② See Bricker, Jesse, Brian Bucks, Arthur Kennickell, Traci Mach, Kevin Moore, "Surveying the Aftermath of the Storm: Changes in Family Finances from 2007 to 2009", working paper, Board of Governors of the Federal Reserve System, March 2011; Office of Management and Budget, *Budget of the United States for Fiscal Year* 2011, February 1, 2010, p. 7.

③ Ibid., "Surveying the Aftermath of the Storm".

④ See US Census Bureau, Income, *Poverty, and Health Insurance Coverage in the United States*: 2010, September 2011.

⑤ 格林斯潘在众议院政府监督和改革委员会所作供述的听证记录,参见"The Financial Crisis and the Role of Federal Regulators", October 23, 2008, p. 33。

要任务,特别是我们国家正处在逐渐从危机中恢复过来并且试图处理正在变化的全球经济地位的时期。

本书聚焦于帮助一个大型金融机构安然度过金融危机或失败的决定性因素:治理、管理和商业模式。许多大型的金融机构,包括房贷美和房地美、IndyMac、Washington Mutual(WaMu)、美国人寿、花旗银行、美林、Wachovia、雷曼和贝尔斯登,都以失败告终。这些公司都停止了业务,需要大量的政府救援才得以存活,或者需要和其他企业兼并而终止它们作为独立企业而存在。然后,其他一些大型企业,如 JPMorgan Chase、Goldman Sachs、Wells Fargo 和 Toronto Dominion Bank 不仅渡过了金融危机,而且比它们的竞争对手变得更为强势。在这些企业中,虽一些有严重的问题,如信誉问题或者其他问题,但关键是它们都有渡过金融危机的成功战略。

危机也伤害到成功的企业:《多德—弗兰克法案》和其他政府的行为施加了限制,而这些限制能够或者不能够帮助减少未来危机的效果,但对金融企业而言的确在许多重要方面限制了它们,如限制了银行控股公司的产权交易活动(所谓的 Volker 规则)和对衍生品交易的规制。那些在危机中做出明显明智的兼并交易决定的企业发现损失累计超出预期。Wells Fargo 兼并了 Wachovia,从 Wachovia 的支付期权可调整利率抵押投资(pay-option adjustable rate mortgages)组合那里“得到”了很多损失,JPMorgan Chase 收购 WaMu 贷款资产也产生了巨额损失。

其他成功企业也承受了其他负面的结果。高盛和德意志银行对冲了他们的抵押市场债务,参议院对高盛和德意志银行的永久调查分委员会的调查是:

> 在 2007 年,高盛出售(抵押)证券给客户,但没有披露自己针对次贷市场或者认购合同的净短售,以获得将一些这些证券出售给客户的价值损失而获利的事实……
>
> 高盛和德意志银行使用了从次贷贷款人处获得的贷款承销证券,发售高风险和低质量的抵押产品,出售风险高的证券给美国乃至世界的投资者。与他们相似的贷款人可以收购新的资金,以便重新发售新的高风险和低质量的贷款。出售的担保债务凭证(collateralized debt obigation,CDO)证券没有完全披露一些雇员对资产的消极观点,高盛的情况是,没有完全披露它卖空地正在做广告的 CDO 证券产品。这就提出了这样的

问题,高盛是否遵守了发售合适投资推荐和披露实质相反利益的义务。[①]

分委员会将它就高盛的调查发现报告给了司法部,以便能够展开检察诉讼。[②] 在本书付梓时,监管政府手里的房利美和房地美的联邦房屋融资局,宣布了针对向房利美和房地美出售私自标签的抵押证券有关的17家主要企业。在一些企业安然渡过经济危机的个案中(当然包括那些承受失败企业责任的企业),联邦房屋融资局声称,不良行为包括欺诈,而这些欺诈是"有益和败坏的",寻求惩罚性赔偿。这些企业包括 JPMorgan Chase、高盛,以及德意志银行。简言之,金融危机对正常的成功企业和失败企业都造成了伤害。这里的关联性是本书的观点,因为这些企业是在金融系统中运行的,企业的交易依赖于彼此,即使是展现了很强的风险管理能力的企业对免于系统在将来的危机中崩溃也有责任。

本书试图分析组织、治理和管理方面的缺陷,而这些缺陷造成了金融危机,以及适者生存企业和其他企业之间在治理和管理方面的差别。即使是在大型和复杂的金融机构错误的机构框架内,一些公司成功地避开了危机,而另外一些则没有。在机构、治理和管理方面的胜者和败者之间的区别是什么呢?本书试图理解从危机中学到的经验和教训,以及一些非金融机构的经验。

基本的教训是,具有破坏性结果的低频率事件的发生。Nassim Nicholas Taleb 称这些事件是"黑天鹅"。他称这类事件比人们想象的发生得更为频繁。[③] 经理们必须把"黑天鹅"时间的发生概率考虑进来,即使是时机好的时候;这是一个区分适者生存和其他企业的一个因素。

一、结构

结构设计是指一个机构的形式影响,诸如能力、灵活性、信赖度和生命周

---

① 美国参议院常设调查委员与国土安全和政府事务委员会的最终报告。参见 *Wall Street and the Financial Crisis*:*Anatomy of a Financial Collapse*, April 13, 2011, pp. 9 – 10。

② See Craig, Susanne, Peter Lattman, "Goldman's Shares Tumble as Blankfein Hires Top Lawyer", *New York Times*, August 22, 2011.

③ See Taleb, Nassim Nicholas, *The Black Swan*: *The Impact of the Highly Improbable*, New York: Random House, 2007.

期等重要方面发展和演进的方式。① 在我们宪法性结构中的机构,法律限定了私人公司的属性。一些公司,如许多国家许可的金融公司,可能参与法律禁止之外的所有活动;其他公司,如商业银行、储蓄机构、保险公司和政府资助的企业,可以从事只有法律授权的活动。一些公司是复合型的,如评级机构,它们可以自由地根据它们的需要组织,但它们的适格性和功能是由法律决定的。每一个结构形式都有金融和运作上的优势和劣势。②

一个公司的结构影响它的激励和行为。投资银行已经发生的是在过去几十年间从合伙形式转化,并且开始像投资者拥有的公司那样承担更多的风险,在20世纪80年代的储蓄和借款危机中,储蓄公司根本性地改变了他们的行为,从互助性的企业向投资者拥有的产权转变,在房地美于1989年成为投资者拥有的公司以后,提高了风险承受的能力,在金融危机中的企业行为频繁地从他们所有权和控制权形式中演化而来。

金融企业可能经常选择特定的法律规制它们的结构。一个商业银行或者储蓄机构可以选择是否成为一个联邦许可或州许可的机构。如果是州许可,它可以选择坐落于它所选择的有关州法的地方。一个额外的好处是这通常允许企业选择最易控制的金融监管者。

大型复杂金融机构提出了特别的结构性的问题。这些企业一般包括了成千个或者更多特殊的结构性问题,这些企业需要投入特殊的注意力以把企业管理成为一个整合的单元。否则,正如花旗银行或美国国际集团(American International Group Inc. ,AIG)那样,当企业的一部分可能增加苦难市场的曝光,这些企业的另一部分便可能试图减少对其的曝光。

二、治理

治理是一个企业有效指引其活动的能力。治理和信息流有关,着眼于指引(公司体系上游和下游的,以及横跨企业的)决策者,是对信息评估和行动

---

① 关于执行公共目的的组织的设计,参见 Thomas H. Stanton,"Moving Toward More Capable Government:A Guide to Organizational Design",chapter 1 in Stone,Thomas H. ed. ,*Meeting the Challenge of* 9/11:*Blueprints for Effective Government*,M. E. Sharpe Publishers,2006.

② See Thomas H. Stanton,"Nonquantifiable Risks and Financial Institutions:The Mercantilist Legal Framework of Banks, Thrifts and Government-Sponsored Enterprises", chapter 3 in Stone, Charles and Anne Zissu, eds. *Global Risk Based Capital Regulations*, Vol. 1, Burr Ridge and New York:Irwin,1994.

的能力,是与企业中的人和单位有关的激励结构。因此治理和机构中不同部分之间的权力和权威分配有关。

弱治理使许多企业的结构性缺陷更为严重。专横的首席行政官们经常主导软弱的董事会,这样的董事会不能支持挑战管理层的义务,提供反馈意见,对拟议的管理方面的提议提出建议。英国财政部前高级官员保罗·迈纳斯(Paul Myners)指出,"特别的银行董事会和一个安逸的退休家庭一样,他们是行业里面的退休精英,把政客们和一些自愿行业的某些董事们赶了出去"。这些人,他注意到,不太可能在当今的全球经济体中具有所需要的知识,并为一个大型的复杂的金融机构提供所需的指引。

许多企业不能向高管或者董事会提供充分的信息,以支持合理的决策。例如,Martin Sullivan,即 AIG 的首席行政官,对金融危机委员会作证时指出,他未曾意识到 AIG 伦敦办公室,即美国国际集团金融产品(AIG Financial Products,AIGFP)制造的财务负担。

> Angelides 主席说道:所以你到 2007 年有 78 亿美元的债务,直到现在你才知道?
>
> Sullivan 证人说:我那个时候收到的是常规报告,不仅从首席执行官 Cassano 那里获得关于他业务的报告,而且(从其他人那里)获得业务整体性的报告,包括贷款违约掉期投资组合。但是,就我所知,我从来没有认识到这个投资组合,在工作交往中也没有引起我注意的问题。[①]

更好的公司治理很容易描述,但是更加难以落实。治理的一个关键方面与公司文化有关,即"没有写出来的形成思维、态度和行为的标准和规则"。[②] 与上下之间联系和与机构单位之间联系的能力是有效公司文化的重要部分。太多的机构,无论是在公私部分,都展现出(类似于 AIG 的)机构上下级之间的信息流之间的鸿沟,以及机构上下级之间的观点差异。第七章说明了职业监督者和监督机构政治层面之间存在差别的例子。这些差别存在于美国和其

---

① Financial Crisis Inquiry Commission, hearing transcript, June 30, 2010, p. 151.

② 埃克森美孚的首席执行官 Rex Tillerson 在国家委员会关于英国石油公司墨西哥湾漏油与近海钻井事件的第五次会议上所作供述。参见 Day Two, Transcript of Proceedings, November 9, 2010, p. 248。

他地方。整本书都有这样的例子，私营企业和监管当局的顶层领导没有考虑到他们机构中处于下阶位的人员有重要的信息可以分享。

金融危机调查委员会的成员对公司和监管机构的官员和雇员进行了调查，通常发现在结构中上下游的人士之间存在观点和知识上相当大的差异。关键不是顶层管理者或者低位人员的认知是否正确，而是有效管理要求一个机构不同级别之间有信息和观点流量，以便高层管理者在风险实质化到机构的其他人时都明显意识到，但在没有沟通或报告到高层时不会视而不见。有效管理依赖于一种文化，允许一个单位的领导获得从机构不同部分呈现出来的重要信息，以便形成所需要的判断认识变化的讯息。

三、管理

管理包括建立起企业的资源以达到可以实现的建立在外部环境的合理评估基础上的目标。在管理层，管理与领导指引机构的方式有关，形成了它的文化，保证了经商的可持续之路。良好经营的金融机构和那些在危机中失败的企业之间的文化鸿沟是很大的。成功企业的信息系统抓住了整个企业的风险，但那些不成功企业却没有。创造坚强有效的系统对企业而言是昂贵和耗时的，不仅对风险管理，而且对更加一般的有效管理而言是重要的。费城联邦储备银行的 William Lang 观察到，主要企业将有经验的人分配去对账目上的资产风险进行评估，但是，许多企业不试图把类似有经验的人分配去评估企业整体投资组合的风险。[①]

当风险评估不整体性地同企业文化紧密相连时，风险评估仅是形式上的活动，公司的高管们会走过场，但不会对企业未来风险的控制能力增加任何的价值。不成功企业的高管们会埋怨他们不应该被期待对整个国家的房产价格的下跌有所预见，但是，成功企业的确预见了这样的下跌。这些企业的领导者采取了预防性的措施，维持了健康的资产负债表或者对一个有麻烦的市场的早期预警有所警惕，以此降低风险。

四、金融监管者的组织和管理

组织结构也形成了政府的能力和行动。美国也许是一个世界上独特的金

---

① See Lang William W. , Julapa A. Jagtiani, "The Mortgage and Financial Crises: The Role of Credit Risk Management and Corporate Governance", *Atlantic Economic Journal*, 2010, Vol. 38, pp. 295 – 316.

融监管结构复杂的国家。在金融危机之前,企业经常选择是想成为一个联邦还是州设立的企业,而且选择它们倾向的联邦监管者。对于 AIG、Washington Mutual、IndyMac 和 Countrywide 这类的企业而言,美国储蓄局(the Office of Thrift Supervision,OTS)似乎是最合适的监管者。美国储蓄局是从原来的联邦房屋贷款银行董事会(Federal Home Loan Bank Board)改造过来的,这个机构在法律上被要求推进它监管的事业,尽管国会放弃了这样的法律,这个机构关心它所监管企业的文化还是留存了下来。

这产生了一个向监管底端竞争的局面。监管者担心,如果他们收紧监管,一个企业会离开,置身于一个更加宽松的监管者的领地。一个监管平等竞争的问题防止了监管者采取它们或许会认为合适的步骤。问题当然是监管竞争永远不会平等。做生意的总有办法把金融活动从得到更好监管的企业转移到得不到很好监管的企业。

当一些政策制定者们和监管者们有所警觉,他们的声音被结构复杂性覆盖了,这使有效的金融监管变得困难。监管机构在多重组织之间的破碎化对金融监管者而言制造了实质性的治理问题,不仅关涉权力的分配,而且事关信息流。破碎化使监管者之间的治理困难,即使是在联邦储备系统中也是如此。有关信息流妨碍也会阻止有效治理。监管者描述了一个试图解决这些障碍的程序,以便他们可以进行他们的工作,但当这些工作需要有效时,这仅说明结构设计本身需要关注。

信贷泡沫和 21 世纪初的经济情况也产生了问题。在她突破性的关于"挑战号"太空站灾难的研究中,社会学家 Diane Vaughan 把"异常行为的正常化"描述为一种依据过去程序把标准减少到不可接受标准的一种程序,不适当考虑在新的低标准所涉及的风险。① 这在房产和信贷泡沫时正好发生。在追求史无前例的理论同时,金融企业,包括抵押公司、企业和证券化借款,评级机构和所有类型的投资者严重偏离了传统的谨慎标准。提高的资产价格掩盖了这些低标准中涵盖的风险。繁荣也给政府监管和管理机构制造了障碍。一个监管者怎么告诉一个公司不从事一些看上去高利润的业务呢?有时候监管者会等待,直到迫使一个企业改善它的治理或者风险管理并且损失出现,但等待损失经常意味着等到错误,最后击倒一个企业。

---

① See Vaughan, Diane, *The Challenger Launch Decision*: *Risky Technology*, *Culture*, *and Deviance at NASA*, Chicago: University of Chicago Press, 1996.

五、有建设性对话的权力

至此，问题变成了从机构设计、治理和管理角度来看，是否有一个单一的主要的设计，如果得以执行，可以帮助比较弱的大型金融企业达到他们更加成功的竞争者的水平。关于大型机构决策方面的文献提供了答案。达特茅斯大学 Tuck 商学院的 Sydney Finklelstein 和他的同事们分析了决策机制，他们发现坏的决定有两个因素：(1)一个由首席执行官或者其他有影响的人做出了一个错误的初步决定；(2)未能提供事实和纠正错误意见的一个错误的结构性决定程序。第九章讨论了他们的进一步发现。机构发展专家 Jack Rosenblum 恰当的词汇是，“反馈是一种恩赐”。重要的意见需要被视为一种在它可能潜在地引起损害之前的重新思考一个初步决定的邀约。

在危机中成功和不成功企业之间一个重要的本质性差别是这本书成为“建设性对话”的应用。成功企业在那些他们试图交易的，或者提供一定金融产品和服务的，以及那些在企业里面负责限制风险程度之间创造生产性和建设性的紧张关系。通过在这些差异性方面创造令人尊敬的意见交换，成功企业考虑对冲风险的方式或者其他在从事业务活动中减少风险的曝光。成功企业可以在首席执行官和他们的董事会及首席执行官和高级经理之间，在产生产出的单位和风险官员之间创造建设性对话的机会。

不成功的企业经常追求产生利润的业务而没有与那些关注风险的人进行建设性的对话。主要企业兼并了逐渐增加的风险资产，扩大他们的市场风险，在追求利润的同时忽视了 2005 ~ 2007 年的风险，而这一段时间房价达到了高峰然后开始下降。这些企业忽视了风险官员的意见，比如房地美的首席执行官认为，他的首席风险官不理解公司的任务，并且在 2005 年解雇了他，而这正好发生在公司大幅增加风险吸入的时候。雷曼兄弟的首席执行官在 2007 年避开了他的首席风险官。[①] 相反，由于适用了建设性对话和强烈的风险回报对冲，成功企业经常保持比他们竞争者更多的资本，并且限制那些高回报但高风险的金融产品或者交易，这些产品或交易对竞争者而言可以获取很多利润。

高管需要利用他们的影响力使建设性对话行之有效。在成功的企业内部，领导者基本上是首席执行官，或者更加广义上的高级管理者。他们把产出

---

① 金融危机调查委员会于 2010 年 8 月 31 日对房地美前首席执行官 Richard Syron 的采访；金融危机调查委员会于 2010 年 7 月 14 日对雷曼兄弟前首席风险官 Madelyn Antoncic 的采访。

的生产者和风险人群集合起来，确保讨论是建设性的，相互尊重的，并且可以导致积极的结果。建设性对话需要根植于公司文化。

对那些公司文化中没有有效建设性对话的公司中，监督者需要有所要求。公司有或者没有有效对话应该是金融监管者在审查中的一个重要因素。在做出重要决定时（监管者可以审查），公司可不可以指出一些因为董事会建议而做出的变化、因为高级管理团队的建议而做出的变化，或者因为风险官员的建议而做出的变化？如果不能，监管者可能发现公司文化中存在一个不安全和不健全的情形，而这个情形需要董事会的及时关注，并且加以修正。监管者可以在公司可能做出错误决定而遭受实质损失之前就适用这样的测试。

建设性对话也可以适用于大型复杂金融机构与他们监管者之间的关系。危机和巨大的成本说明公司需要将他们监管者的反馈意见视为礼物。这也意味着，在上升为一个正式执行行为之前认真地倾听并且接受监管者的反馈。当监管者没有针对大型复杂机构的有深度的经验时，他们有能力问一些简单的问题，诸如一个企业分配到支持潜在风险活动的资金数额（考虑一下 AIG 和它成千上百万的信贷违约掉期，公司出售但是没有分配资金到位），或者企业是否降低了标准以满足增长方面的雄心勃勃的目标。这本书听上去是这些简单问题的集合，在这些问题引起主要损失之前便会暴露。寻找问题是重要的，有时候比特定的答案可能更加重要。监管者的反馈意见可以帮助改善决策，有时候仅通过提出正确的问题和寻找答案。

建设性对话是双向的。监管者需要对意见持开放的态度，审核者进行的是打钩式的合规审查而没有真正理解公司业务的真实风险，或者多个监管者有太多的现场审核者，对许多重要问题没有重点，或者特别的监管者对建设性对话不持开放态度。成功企业在危机之前依赖建设性对话的方式以保护他们的决策，建设性对话可以改进所有的决策。它可以帮助改进监管机构和他们监管的企业的质量。

需要指出的是，公司和政府监管部门之间的建设性对话必须基于他们之间的建设性紧张关系之上。监管者必须与它所监管的对象之间保持“有原则的合法性”。[①] 没有这种紧张关系，一个监管者可能用它的方式，而最后被它的监管对象所捕获。

---

① Sparrow, Malcolm, *The Regulatory Craft: Controlling Risks, Solving Problems, and Managing Compliance*, Washington, D. C.: Brookings Institution Press, 2000.

建设性对话是瓦解性攻击的一个重要的备选项。对监管者能力的侮辱，正如发生在美国联邦住房企业监督办公室（Office of Federal Housing Enterprise Oversight）的那样，房利美和房地美的前监管者，也正如发生在美国证监会和期货交易委员会（Commodity Futures Trading Commission）那样，是很好的瓦解性进攻的例子。大型复杂金融机构可以通过重新组织他们利益的方式而获利，正如第九章所写，改进而不是减少他们从其监管者那里获得回馈的质量。

在写本书的时候，消费者保护金融局（Consumer Protection Financial Bureau）经历了极端的党派之争。《多德—弗兰克法案》（Dodd-Frank Act）设计了这个局的资金是由费用和控制大多数政府组织资金的拨款程序外部融资的，和联邦银行监管者一样。该局的反对者试图阻止任何人的任职并领导该局，除非法律得以改变，使这个局因为拨款而受到政治控制。

这是瓦解性攻击的一个内容，可以被视为是一种弱化新局的努力，将这个局受限于程序和压力，避免了很多监管者，不仅是美国联邦住房企业监督办公室，通过建立结构性势力为他们监督和监管的金融系统的一部分提供有效的建议。正如金融危机调查委员会报告的那样，“我们的结论是，金融监管和监督的广泛失败证明了国家金融市场的稳定性受到了侵蚀。士兵不在岗位上”。①

对一个新的局而言，什么是建设性对话呢？建设性对话会允许一个局用自己的现有资金机制建立起自己的能力，但会推动强有力的经济分析以帮助确认局的任何监管或者指引有可能实现收益大于成本。换言之，建设性政治对话会坚持新的局采用其自己的建设性对话过程，以减少巨额和无效干预金融体系的风险。

正如第二章描述的那样，鉴于大规模向借款人做出的低质量抵押资产证券化，而没有能力清偿，我们可以看到，要求局采用高质量的标准可能帮助金融系统减少未来的脆弱性。Alex Pollock 已经建议一页长的抵押披露表格，也许反映了一种有利于市场的高质量的介入。Pollock 在美国企业研究会（American Enterprise Institute）支持了一个研讨会，并且提出：

---

① Financial Crisis Inquiry Commission, *Final Report of the Financial Crisis Inquiry Commission*, 2011, p. xviii.

一个好的抵押融资制度要求借款人理解贷款是如何运作的,它所需求的收入是多少。关键信息应当是简单描述和清晰的。正如我所说的那样,我们可以都同意这些。我们也可以同意目前的美国抵押贷款文件对借款人而言没有达到清晰度,过去的监管努力是为了确保详细的披露,这似乎使得现有的情况更加困惑。①

Pollock 指出,2007 年 6 月联邦贸易委员会在对抵押借款人所做的问卷调查时发现:

大概 1/3 不能指出利率。

一半不能准确地指出贷款数额。

2/3 不能认识到他们会被罚以提前偿还罚金。

接近 9/10 不能确认提前支付费用的总额。②

金融机构和局之间的建设性对话也可以帮助鼓励有想法的干预,就像 Pollock 提议的那样。华盛顿近年来经常可以见到的瓦解性攻击,很可能导致对监管者政治高压之下的通常的监管干预,对金融系统产生了后果性的成本。本书第七章建议,当金融机构在对监管者行为进行瓦解性攻击的语境中进行院外活动时,金融机构不要代表它们自己的最佳利益。

建设性对话不能被视为"万能药"。相反,它是对其他安全和可行的改进,诸如更好的资本和流动性标准、透明度、强化监管等方面的有价值的补充。第九章讨论的是,为了更强和更弱企业的最佳利益而支持建设性对话。除了其他好处外,改善更弱企业治理和风险管理可以改善它们的强项和对其他方的可依赖性。这要比依靠政府救援 AIG 强得多,并且政府对主要企业施加诸如《多德—弗兰克法案》里面规定的限制就更加困难。第九章建议,美联储主席或者其他地位的人士能够与业界的政治家们携手努力,看建设性对话是否可以适用于主要企业和监管者之间关系的提升部分。考虑到华盛顿目前的氛

---

① Pollock, Alex J., "Introduction to a Conference on Improving Mortgage Disclosure", *American Enterprise Institute*, June 15, 2007.

② 同上,引联邦贸易委员会文,"Improving Consumer Mortgage Disclosures: An Empirical Assessment of Current and Prototype Disclosure Forms", Bureau of Economics Staff Report by James M. Lacko and Janis K. Pappalardo, June 2007。

围,对此不容易,但值得一试。

本书分为十章。第一章是介绍和概括。第二章提供了一个金融危机背景,以及这个危机是如何演进的。进入美国的资金压制了投资回报。这使有风险的投资有吸引力,例如,次贷抵押,借款人比一般的借款人支付更加高的利息。本章介绍担保债务凭证(collateralized debt obligation,CDO),这个产生出信用评级机构 AAA 评级的证券,尽管它们是由次级按揭贷款证券(subprime mortgage securities)提供担保的。这章描述了作为双向过程的金融危机。当房价开始下降,AAA 级证券和基于 AAA 级证券的衍生证券开始出现损失,这损害到在一段时间内大幅增加杠杆率的企业。这些企业开始不确定它们是否可以存活,也不确定拥有这些证券的企业是否会破产。结果是恐慌,金融机构不愿意互相之间提供信贷。只有大规模政府干预能够使经济免于又一次大萧条。

第三章主要研究 4 个成功渡过经济危机的企业:JPMorgan Chase、Goldman Sachs、Wells Fargo 和 TD Bank,包括他们是如何准备,他们对经济危机的应对,以及危机对他们的影响。这些企业在金融危机之前的阶段有不同的处理,在危机中也有不同的应对。他们具有:(1)纪律和长期视野;(2)坚实的交流和信息系统;(3)有效应对早期警告信号的能力;(4)商业单位和风险经理之间建设性对话的过程。每一个成功企业根据它们特有的文化适用这些特性,而不成功企业缺少其中大部分或者全部的特征。

第四章关注治理和金融危机。成功企业有强势的首席执行官能够从董事会、经理团队和风险官员那里获得建设性对话。好的沟通对成功而言是至关重要的。这章引用了一个成功公司高管的自豪的话:“首席行政官经常在一些重要问题上问我的意见”,然后他补充道:“但是他也稳妥了其他 200 多个人的意见。”不成功的企业经常有强势的首席行政官,软弱的董事会和他们忽视的风险经理们。不成功企业没有处理抵押市场不断弱化的早期预警信号的机制。他们的领导人似乎没有进入反馈意见的渠道,他们也不会问问题,或者对那些可能引起警觉的问题有所思考。强调短期而不是长期财政表现的赔偿系统会不断叠加有关问题。

第五章考察风险管理和金融危机。风险管理包括平衡风险和回报,以便一个企业能够加强自身和股东的长期价值。风险管理因素包括安排人员、系统和程序以便测试和避免脆弱性,早期测试潜在的风险发展,在企业内部交流,有效地应对。风险管理的组织结构包括在将风险管理和收益产出活动分离之间,或者将风险经理内嵌于收益产出单位,或者由其他一些组合做出选择。这些选择不只和在企业文化里将风险纳入考虑一样重要。风险官员需要首席执行官和董事会的支持,否则,他们不能够在面对压力的时候为了公司而减少利润,并且判断力是重点。经济学家 Frank Knight 很早之前就量化地将风险和不确定性做了区分。不确定性要求判断力。成功企业用判断力而不是量化模型增加更多的保护。

第六章考察企业机构和商业模型对他们行为和脆弱性的影响。法律的变化和技术的提升鼓励金融机构的大幅整合。太多大型复杂金融机构,除了"大而不倒",也变得大而不能管理。房利美、房贷美和大型抵押公司,如 Countrywide 建立了经济规模和脆弱性,因为它们在金融危机之前没有能力或意愿分散它们的风险。房利美和房贷美的首席执行官都告诉金融危机调查委员会,大百科全书式的管理不是不可能,但在金融危机中很难实行。

第七章考察金融监管者的组织和管理。1999 年的《金融服务现代化法案》(Gramm-Leach-Bliley Act)反映了一个去监管的氛围,在监管系统中留下了一个非常严重的空隙。在 21 世纪早期明显"乐善好施"的时间里,金融机构似乎非常不容易犯严重的错误,金融机构、评级机构、政策制定者和监管者都相对平静。当金融机构进行监管套利时,监管者不能或者不愿意确定一个限制,特别是避免资本要求方面的监管套利。对担心一个被监管企业可能选择另一个地盘的监管者而言,非正式的刺激是一个选项。

第八章考察金融危机的多面性,并且提出这样的问题:这次金融危机是否会再犯?经济学家 Hyman Minsky,即经济大萧条和经济周期的学生,观察到了循环模式。第一阶段,贷款人根据借款人还贷的能力借款;第二阶段,贷款人根据借款人的能力支付利息并且延长债务;第三阶段,他们根据未来的抵押资产的价值增长,而不是借款人的还款能力,决定贷款。房产泡沫化的最后阶段符合 Minsky 模型。贷款人基于对房价仍然会上升的想法而向借款人提供资金。如果借款人不能支付,也没有关系。毕竟,借款人可以出售房子,然后还上贷款。Minsky 的观察是,金融市场的稳定性在借贷双方不断超越极限时孕育了不稳定性。

Minsky 在金融系统里看到了社会学家 Diane Vaughan 在"挑战号"宇宙飞船灾难里看到的异常正常化的多面性(the dynamic of normalization of deviance)。在表现的压力之下,组织者降低了他们的标准。如果这可能导致成功,那么,他们会进一步降低标准。如果缺少纪律限制风险不断增加的行为,无论是高级管理人员或者一个外部监管者强加的纪律,降低标准和提升风险吸收的周期在最后终究会失败。有趣的是,Minsky 和 Vaughan 探究的语境相当不同。Minsky 看到的是贷款人在应对收益增加而承担更多风险时,信贷周期的出现。Vaughan 研究的是政府机构驱动的生产,美国国家航空航天局(NASA)的领导者由于政治程序的压力没有考虑不断增加的风险而未决定延迟飞行。公司行业的机构都需要考虑这些复杂性。

第九章概述了成功企业的经验和建议。正如前面讨论的,主要金融机构所需要的建设性对话是强化自身和对安全性和稳健性的一个重要工具。这章的结尾注意到,只有有效的监管才能帮助金融机构免于向下竞争(race to the bottom),正如 2005 ~ 2007 年发生的,借贷双方不计后果地加码风险。

第十章将本书的经验教训从金融机构扩展到其他的公司和他们的监管者。这些企业也显示了 Diane Vaughan 提到的偏离正常化的有害性,建设性对话的必要性,以及在一个机构的超前员工和顶层领导之间不顺畅信息流所产生的灾难性问题。本章的结论是,本书不仅是关于金融危机的,而且对公私机构的组织、治理和管理也提供了经验。本书指出了强化机构的必要性,这个必要性对我们所依赖的安全和经济福祉至关重要。

第二章　金融危机的演进

只有当潮水退去的时候,才知道谁在裸泳。

——沃伦·巴菲特(Warren Buffet),2011 年

金融危机有很多难以进行防范的特征。对金融危机的显著特点及危机发生前缺陷的形成过程进行总结,为我们认识金融企业的公司治理和风险管控提供了语境素材。本章开篇介绍了金融危机发生前问题的累积过程,尤其是分析了从全球储蓄过剩和空前的资金流涌向美国信贷市场及抵押市场,到随之发生的房市泡沫及其对借贷标准和出借人的影响。

随后,信贷和房市泡沫到达顶峰并爆发。房价和资产价格的下跌导致了大规模的损失,其中又以信用质量被误认为很高的证券损失为最,尤其是对那些使用了高杠杆的金融企业来说,这些始料未及的损失在市场内引起了恐慌,即我们所说的流动性危机,具体表现为这些企业无力通过以往的渠道进行融资以支付权利人的到期债权。

一、危机的累积

(一)全球储蓄过剩

金融危机发生前的年份里,最重要的特点就是国际上涌动着前所未有的资金流——美联储(Federal Reserve)主席本·伯南克(Ben Bernanke)称为"全球

储蓄过剩”。[1] 发展中国家壮大本国经济和帮助大部分民众脱贫的梦想也逐步实现。包括中国、韩国和新加坡在内的东亚以及印度、巴西等国家或地区持续地生产了大量的产品或服务，这些产品或服务最终进入美国和欧洲市场。这一过程进一步促使大量资金流入产油国。在1996～2006年的10年里，美国消费贡献了世界经济增长率22%～23%的份额[2]。美国以外的许多国家也赚取了巨额财富。受1997年亚洲金融危机的影响，许多国家将美国视为确保其投资安全的目的地。巨量资金流入美国的后果之一就是降低国债和政府支持型企业（Government Support Enterprises，GSE）证券的回报率。这对美国是有利的，因为资金的涌入降低了美国国内的借贷利率。然而，投资者的目的是寻求更高的回报，他们将寻求那些相对安全但比国债回报更高的投资方式。在此期间，美国的贸易赤字也急剧飙升。在2000年早些时候，美国国内储蓄率逐步下降，联邦政府财政赤字也持续扩大。为此，美国政府从国外借入大量资金，最终的结果是政府的经常账目赤字越来越大。

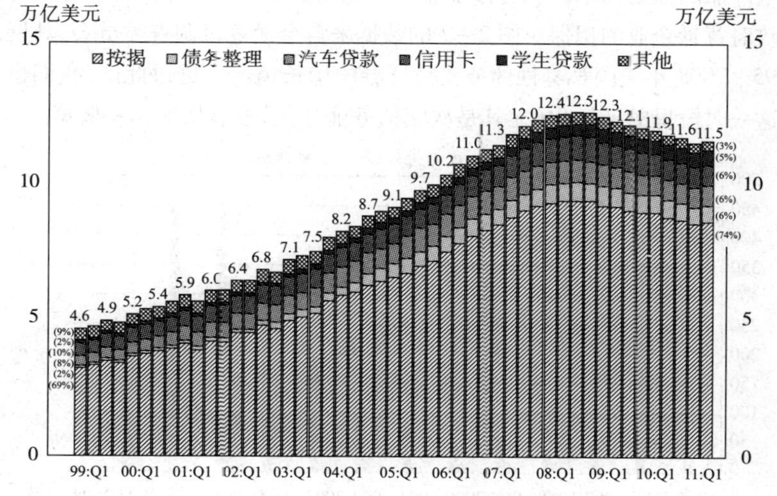

图2－1 家庭债务余额及其构成

资料来源：纽约联邦储蓄银行消费信贷小组。

---

① Bernanke，Ben S.，“The Global Saving Glut and the U. S. Current Account Deficit”，*Homer Jones Lecture*，*St. Louis*，*Missouri*，April 14，2005.

② See Council of Economic Advisers，2011 Economic Report of the President，February 2011，p. 90.

21 世纪初的家庭债务增长情况请参见图 2-1（数据来源于纽约联邦储备银行）。从 1999 年的 4.6 万亿美元，到 2008 年最高峰的 12.5 万亿美元，家庭债务额度几乎翻了 3 倍。其中，抵押债务占据家庭债务的最大份额，并增长迅速。

这么多寻求既安全又划算的投资组合的资金，使 AAA 级资产有价证券市场交易活跃，尤其是抵押贷款证券更受欢迎。加利福尼亚大学的教授皮埃尔-奥利弗·古林查斯（Pierre-Olivier Gourinchas）曾向金融危机调查委员会（FCIC）解释说："由于对安全资产的需求大于供给（包括 AAA 级公司债券、政府债券和低风险借款人担保的机构债券），催生了一种美国金融体系无法抵御的盈利机会：将风险较高的资产打包设计成准安全债务工具，并通过优先债券的形式出售（发起和分销）。"①

（二）市场反应：制造了大量看起来安全的金融产品

私有性的资产支持证券（asset-backed security，ABS）[主要是抵押支持证券（mortgage-backed securities，MBS）]恰好满足了市场对兼具收益性和安全性的金融产品的强劲需求。私有性证券由私人的金融公司发行，而没有政府机构或者政府背景企业的担保。图 2-2 的数据来自金融危机调查委员会，其展示了自 1995~2008 年美国私募性债务支持证券的增长情况。透过此图，我们也会可以对这一时段里的证券化（尤其是次级债务证券化）发展情况作一概览。

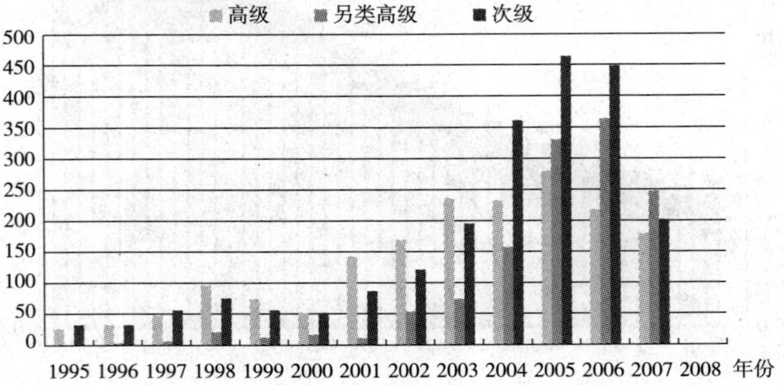

图 2-2　2001~2008 年美国私人性住房抵押支持证券发行量

资料来源：国内按揭金融（2009）。国内按揭金融按照上述分类发布统计数据。

---

① Pierre-Oliver Courinchas, "U. S. Monetary Policy, 'Imbalances' and the Financial Crisis", *Remarks Prepared for the Financial Crisis Inquiry Commission Forum*, Washington D. C., February 26-27, 2010, pp. 24-25.

投资者发现私募性证券的吸引力在于：部分 AAA 级证券既保证了高收益，又具有形式上的安全性。这和古林查斯教授的观点具有一致性。次级抵押贷款比优质抵押贷款的收益率高，因为出借人可以向次级债务人收取更高的利息和手续费，而其不能对优质债务人享有此类权利。AAA 级债务证券的购买者相信，他们可以获得可观回报，面对的却是可能性极小的重大损失。大多数时候，情况确实如此，但极小可能性的大额损失也的确会发生。在 AAA 级的次级债务证券以及其他更高风险的债务证券中，发生重大损失的可能性并不如乐观投资者所认为的那么小。①

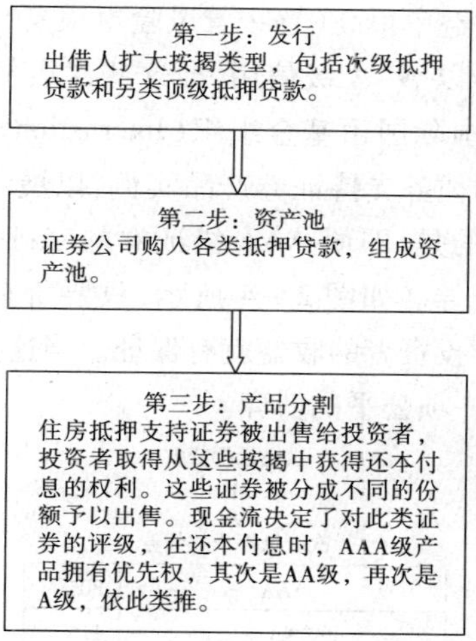

图 2－3　证券化过程

图 2－3 的内容来自金融危机调查委员会，其阐释了私募性债务证券化的基本原理。在资产证券化中，受托人将债务资产汇集成资产池。从资产池中购买资产份额的投资者将从这些资产所产生的收入中按月分享利润。受托人会将资产池中的债务拆分成不同份额或类别的证券，这些证券代表着投资者从未来现金流中获得一定比例报酬的权利。抵押证券来自美国不同地区的分散程度，决定了投资者对该证券违约风险分散性的认识。然后，受托人会邀请穆迪（Moody's）、惠誉国际（Fitch）、标准普尔（Standard & Poor's）等信用评级机构对资产池进行增信评级。信用评级机构将使用统计模型及其他分析方法

① “即使 2007 年年底对债务抵押债券进行降级评价之前，一个 AAA 级债务抵押债券在其发行后 5 年内被降级的可能性是 1/10。”参见金融危机调查委员会终版调查报告，第 260 页。

来确定不同份额的证券的信用等级。那些先获得支付的证券化产品将获得更高的资信等级,之后获得支付的证券化产品将获得较低的资信等级。在高级债券投资者承担损失之前,低级债券投资者将提前承担任何可能的损失责任。出于这个原因,低级债券的规模大小对于确定高级债券的信用等级极为重要。

住房抵押支持证券及其风险说明:

金融机构将次级、另类顶级和其他按揭贷款打包成为证券产品。只要房产市场持续繁荣,这些证券产品将不会出问题。但是,当经济萧条和按揭违约时,评级较低的产品将变得毫无价值。

尽管次级债券的收益率很高(意味着风险也很高),信用评级机构仍然赋予资产池中大多数债券以AAA级信用,即这些次级债券具有最高级别的信用。图2-4是一个被国际国币基金组织(International Monetary Fund,IMF)的经济学家挑选出来的债务支持证券产品实例,以展示其被评级的过程。在这个例子中,值得关注的是,即便AAA级证券的基础资产是次级债务,仍有大量的现金流入这些证券。如图2-4所示,只要所有证券的平均损失低于20%,那么AAA级证券投资者的收益就有保证。当这些证券的损失率在较低的个位数时,这似乎是一项公平的博弈。

次级抵押贷款

⇩

次级抵押贷款债券

AAA	80%
AA	11%
A	4%
BBB	3%
BB-未分级	2%

图2-4 私营债务支持证券评级示例

出借人会持续地创新。对次级债券市场增长助益巨大的主要创新之一就是债务抵押债券(Collateralized Debt Obligation,CDO)。创造债务抵押债券的过程是,投资银行先回收次级债务支持证券和其他证券,再逐渐制造出大量的AAA级债务抵押债券。内容同样来自国际货币基金组织的图2-5恰好反映了这一过程。债务抵押债券在风险分散、证券组合方面的利益与债务支持证券一样。而且和债务支持证券的结构一样,低级债务抵押债券投资者也会在高级债务抵押债券证券投资者承担损失责任之前来承担所有损失,为高级证券投资者提供保护。

次级抵押贷款
↓
次级抵押贷款债券

AAA	80%
AA	11%
A	4%
BBB	3%
BB-未分级	2%

→ 高级结构融资CDO（AAA、AA、A 部分）

高级结构融资CDO	
高级AAA	88%
次级AAA	5%
AA	3%
A	2%
BBB	1%
未评级	1%

→ 夹层结构融资CDO（BBB、BB-未分级部分）

夹层结构融资CDO	
高级AAA	62%
次级AAA	14%
AA	8%
A	6%
BBB	6%
未评级	4%

→ 双层担保债权凭证（AA、A 部分）

双层担保债权凭证	
高级AAA	60%
次级AAA	27%
AA	4%
A	3%
BBB	3%
未评级	2%

图 2－5　债务抵押债券

资料来源：IMF 工作人员的估计。

受托人还有可能将其原先发售的债券再回收，被打包成“债务抵押债券平方”的产品，再次成为原资产池的一部分，继续制造新的 AAA 级证券。这一过程的最终结果是将低信用的证券转换成被大家投资的 AAA 级证券。的确，华尔街的金融企业通常将 AAA 级证券视为“超级优先”证券，这就促使投资者更加相信该类证券的品质。一旦大量资产进入债务抵押债券模式，包括为数不少的来自其他债务抵押债券的资产，企业就会发现，如果可能搞清楚到底是什么在支持特定证券，那么，这一评估过程也是极其困难的。这导致不精明的投资者（包括大公司），依赖于 AAA 评级，而不看公司自己对某一债务抵押债券产品的风险评估或者债务抵押债券对公司整个资产组合风险的影响。美联储经济学家威廉·郎（William Lang）观察发现，可以说这些大公司的管理制度可能还没注意到多领域的债务抵押债券已经成为高度集中于房产抵押证券，而此前债务抵押债券主要集中于公司证券。

债务抵押债券对投资者来说极具吸引力，因为与其他债券相比，债务抵押债券的收益率很高：

银行通过将按揭、贷款和高收益债券打包，创造出债务抵押债券，并利用前述资产所产生的收入向投资者支付报酬。纽约花旗银行北美债务抵押债券小组联席主管内斯特·多明格斯(Nestor Dominguez)透露，这些被拆分成不同份额和类别的证券的收益率高达14%。据美林证券公司(Merrill)[①]披露，投资级债券平均收益率为5.1%，垃圾债券的收益率为7.5%。

对债务抵押债券交易服务商来说，此类证券交易也有利可图：

据为债务抵押债券交易提供服务的银行业者说，交易费通常是交易额的1.5%~1.75%。彭博咨讯公司(Bloomberg)披露，[②]银行从事投资级债券业务的平均手续费率为0.4%，债务抵押债券业务费率是这一费率的3倍多，这与传统利润率最丰厚的垃圾债券的收费水平相当。

(三)对房屋抵押贷款的无厌之求

发行债务抵押债券的另一后果是加剧了对次级贷款的贪得无厌的需求。房利美和房地美购买了大多数的优质贷款，但它们在过去是拒绝购买那些信用度较低的最优抵押贷款。这导致次级抵押贷款市场主要由非政府背景的金融公司把持。

图2-6(数据来源于金融危机调查委员会)显示了大部分次级抵押贷款金融证券市场的过程。

市场创新在继续。投资者对安全资产的需求孕育了一种新的金融保证方式——信用违约掉期(Credit Default Swap，CDS)。信用违约掉期的发行人向投资者出售的一种保障权，保护投资者在某一或某组证券中所受的损失。这也是为什么在美国国际集团(AIG)破产后(一个重要的信用违约掉期发行人)，与投资者面临的风险相比，信用违约掉期向投资者提供保护的成本很低的原因。美国国际集团和其他信用违约掉期发行人认为，它们从事此项业务的收益可观，面临重大损失的可能很小。部分原因是这些证券的高信用值，使

① Cresci, Gregory, "Merrill, Citigroup Record CDO Fees Earned in Top Growth Market", Bloomberg, August 30, 2005, available at www.bloomberg.com/apps/new? pid = 10000103&sid = a.FcDwfi.ZG4&; refer = us, C:/Documents and Setting/Thomas H. Stanton/Local Settings/Temp/Temporary Directory 2 for Stanton Copyedited Files/ <a href = accessed June 4, 2011.

② Ibid.

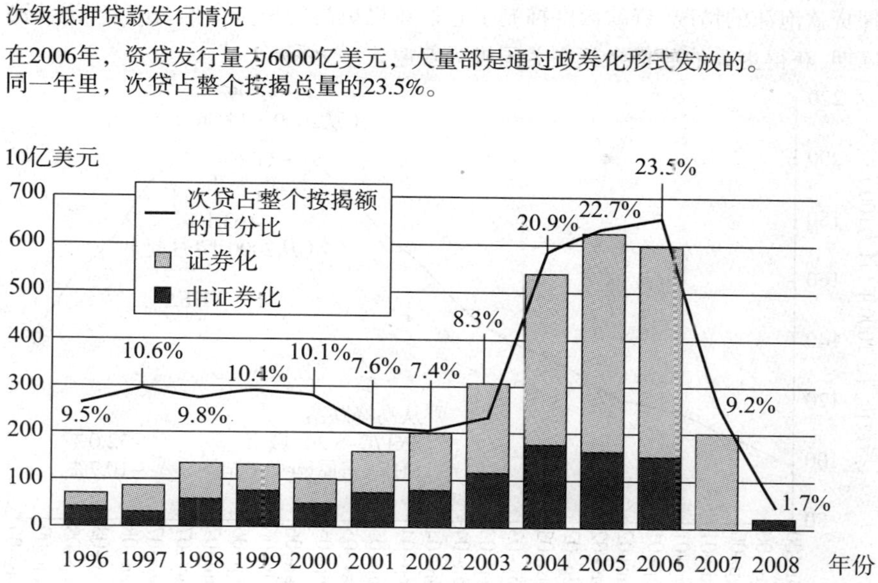

图 2－6　次级抵押贷款证券化

资料来源：国因按揭金融。

注意：证券化占比是指在特定年份里次级贷款证券占整个贷款发行量的比重。在 2007 年次贷证券超过了贷款总量。

美国国际集团等发行人相信它们可以花费很小代价或不花代价来应对损失。

这些创新的后果具有多样性。其中之一是促进了“影子银行”的增长。住房抵押贷款体量的持续增加不是来自传统储蓄机构（如银行类金融机构），而是来自非储蓄出借人和资产证券化。当针对商业银行类金融机构的监管强调安全和稳健时，担保公司、抵押银行、投资银行和其他“影子银行”系统却在很大程度上不受财务稳健性监管。第六章讨论金融市场的这种转变可能带来的影响。

（四）房地产泡沫

另一个重要变化就是在危机发生前的很多年间，房价持续地大幅增长。来自联邦住房金融署（Federal Housing Finance Agency，FHFA）的数据反映了这种情况（图 2－7）。美国前 20 名城市房价的凯斯—希勒指数（Case-Shiller Index）在 2000 年 1 月和 2006 年夏之间翻了两番，从 100% 的基数攀升至 204.9%。图 2－7 中较低的那根线反映了被房利美和房地美催生出的住房抵押贷款泡沫的情况;贷款额度抑制了它们获得更高的房贷余额,在房产泡沫高峰期,获得更高的放贷余额在美国极为普遍。

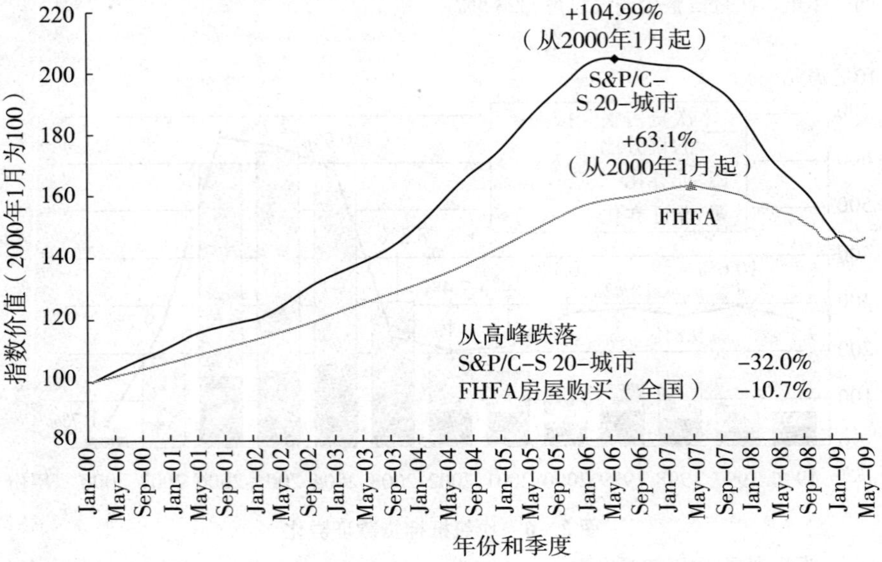

图 2-7 2000 年 1 月到 2009 年 5 月期间房价的季度凯斯—希勒指数

注意:为了方便比较,FHFA 房屋购买指数的基数从 2000 年 1 月(100)的计算(标准系列也据此而定,所以 1991 年 1 月的指数也为 100)。

产生房产泡沫的原因之一是房产市场中大量的可资利用的低成本房产资金。其他原因还包括新的住房贷款发放技术和美国自置居所的文化氛围。2000 年,摩根士丹利(Morgan Stanley)的一位分析师出具了一份名为“美国住房金融:美国梦工程(2002 ~ 2020)”的报告,报告认为:

> 信息技术的进步……将通过更低的融资成本和更灵活的担保方式来扩大住房借贷市场。因此,相比过去,住房贷款出借人才可以有机会将房产所有权解禁,以便转移给更多移民群体、少数民族居民和低收入的借款人。这一部分住房市场的发展……将对住房组成数、住房和放贷市场的发展产生重要影响。①

① Posner, Kenneth A., Mita Nambiar, “U. S. Mortgage Finance: The American Dream Industry, 2002 - 2020”, Morgan Stanley Equity Research Industry Report, February 5, 2002, p. 8.

房价的平稳上升,大体量的住房借贷资金和信用标准的降低等不同因素相互影响。上升的房价促使出借人向那些无法在传统市场中获得贷款的借款人提供款项。毕竟,如果借款人违约,出借人就可以直接出售该套房产,从上升的房价中收回其投资。在一段时间内,这种做法确实可以维持,即只要在一段时间内房价持续上涨,这种方法就能继续。

放贷市场中次级抵押贷款的体量持续地增长。一般来说,"次级"一词是指向那些信用历史相当差的借款人提供贷款。因此,与向那些信用较好的借款人提供的优级贷款相比,次级贷款的风险很高。故而,次级贷款的营销、担保和服务都不同于优级贷款。然而,抵押贷款行业缺乏对次级贷款一以贯之的界定。界定次级贷款的典型方式有如下三个要点:(1)存在利率高于一定阈值的贷款;(2)来自出借人的款项被运用至次级借贷领域;(3)支持债务支持证券的抵押贷款被市场认定为次级。

通常来说,只要出借人可以控制风险,次级借贷对出借人来说就有利可图。1999年联邦存款保险公司(Federal Deposit Insurance Corporation, FDIC)发布的指南就说明了此点:

> 因为次级债务的高风险,所以向次级借贷借款人收取的利率和手续费要比正常风险的借款人高。如果出借人向次级借贷收取的价钱足够覆盖更高的贷款损失利率、与担保有关的日常费用和追债成本,那么,次级贷款仍有利可图。进一步说,在一定利润并保持服务权的情况下,对次级债务组合进行证券化并出售的能力使次级借贷吸引了大量的机构投资者,这又进一步增加了次级贷款人和贷款……机构投资者应该意识到与次级借贷相伴而生的风险,在考虑机构员工、资金状况、体量大小和资本支持水平的情况下,判定这些风险是否可接受和可控。①

一种观点认为,次级借贷是帮助那些无法从传统渠道获得按揭信用的消费者购房置业的一种次级贷款。例如,2003年抵押贷款银行家协会(Mortgage Bankers Association, MBA)主席反对国家和地方层面的掠夺性贷款法律:

---

① 参见1999年3月1日,联邦存款保险公司:"次级借贷:针对次级借贷的监管指南。"

所谓的次级市场服务的是一群通过其他方法极少或不能获得信用的主体。这是一项良好且重要的服务。通过利用近至20年前都无法使用的新型融资方式,我们可以向这些消费者发放贷款。这是一个重要的观点,因为最终掠夺性借贷的法律将遏制那些急需资金,但可以通过新型信用方式获得资金的消费者。①

另类顶级(Alt-A)一词指向信用良好但有其他特征使该笔贷款比优级贷款风险更高的借款人发放的贷款。例如,贷款项目没有或者有很少关于借款人收入的记录、高贷款成数价值比或者因为贷款项目是某个投资者所有的财产。根据被当作另类顶级的支持型证券进行销售的债务支持证券的特点,它被认为是典型的另类顶级贷款。

许多另类顶级贷款使债务人可以提供不完整的咨讯文件。从金融危机的角度来看,这种做法极为重要,因为简易型贷款(low-documentation loans)——尤其是那些由借款人对其收入、债务或者没有被出借人进行独立评估的资产的关键信息——违约风险要高于其他类型的贷款。② 回顾过往可知,产生前述现象并不奇怪。因为,银行家们一直都对此心知肚明。

标准化和优级贷款包含了大量的防止违约条款。这些条款通常要求一份20%的预付定金或者能够覆盖损失的贷款保险,同时将贷款成本摊销至15年或30年的还款期中。前一条款赋予身处千家万户的借款人以一定的金融股份,降低了借款人的违约率,进而对借款人形成还款激励;后一条款的目的是保持还款的连续性和可负担性,如果借款人有能力对第一期借款进行偿还,那么其也可能负担起后续的借款。

通常情况下,中低收入的借款人并不能通过前述模型获得贷款。他们只有很少的个人财产,使分期付款变得不可行。中低收入者的收入并不总是通过传统方式进行存储记录,例如,W－2就业所得税报税表。同时,如果出借人严格将贷款利率与贷款风险大小相挂钩,那么,有许多收入并不足以支付利

---

① FICC(Financial Institutions and Consumer Credit)和HCO(Housing and Community Opportunity)的分委员会、HCFS(House Committee on Financial Services):“业主保护:隔绝滥贷、保护授信”;2003年11月5日,抵押贷款银行家协会主席Robert C. Couch的联合发布会声明。

② Lo Cour-Little, Michael and Jing Yang, Monograph, *Taking the Lie Out of Liar Loans*, June 23, 2009, p. 1.

息成本。[①]

次级抵押贷款在演进中克服了上述缺陷。尽管次级抵押贷款可能会包含针对咨讯文件或附摊销抵押贷款计划的弃权条款(这样,在募集的资金达到特定限度以及借款人必须负担更高的还款额之前,借款人每个月就可以以低于市场利率的标准支付利息),但本质上说,次级抵押贷款的关键特征之一就是迫使借款人在本期借款后的 2 ~ 3 年再来融资。[②] 前述过程通过混合利率机制进行运作,在这一机制下,当利率达至一个更高的可变利率之前的两三年内,借款人以一个相对较低、固定的利率进行还款。

这意味着,如果某个借款人选择清偿整个债务,或者从其他竞争性金融机构进行再融资(可能性更大),那么,借款人必须向债权人支付一笔高额的费用。

从实践的角度来说,这些条款按照如下方式起作用:一个高风险的借款人签订一份分期还款的借款合同,合同名称根据具体情况确定。债权人允许借款人以较低的利率还款(行话叫"引诱利率"),但在嗣后的两三年内这一利率将会上升。

如果房屋价格上升,借款人将会获得房产的股份,这将使借款人改善风险,因为股份是一种担保形式。然而,如果抵押贷款利率被重置或者借款人负担不起更高的还款额度,那么,借款人必须获得一笔新的抵押贷款以便能够持有房产,这一新的贷款很可能又是以引诱利率开始。因为还款的惩罚性,借款人必须同债权人进行商议。债权人对借款人的再融资进行收费,这将进一步缓解向信用较低的借款人提供一个较低的放款利率所带来的风险。

当然,这一安排的明显缺陷是,一切都建立在房价持续上涨的假设之下。如果房价下跌,借款人就没有足够的股份权益以重新获得贷款。随着债务成本超过房产价值,借款人持续还款的动力也将变弱。一些投资者认为,与其将更多的钱投入一项不好的投资,不如直接走人。如果不能保证追索权,那么,仅剩的惩罚就是良好信用评估所带来的损失——从定义上看,次级借款人并

---

① See Gorton, Gray B., *Slapped by the Invisible Hand: The Panic of* 2007, Oxford: Oxford University Press, 2010, p. 67, citing a report from Band of America.

② Ibid., p. 74.

不拥有这样良好的信用。①

这种安排的可能结果取决于房价上升率。因为再融资的成本,在业主获得房产收益之前,房价必须大幅上升。如果对某一房产没有股份权益,那么,前述安排很可能被认为是一个附带抵押债务的租房合同。②

如果房价上升所带来的收益能够超过惩罚性偿还额度,那么,借款人可以出售房产以获利。换言之,通过再融资,借款人可以通过出售房产以回收股份。无论发生何种情况,拥有次级抵押贷款的业主将不会长期持有房产股份——直接通过传统的方式,以30年不变的利率按时还款。

随着房价的上升,与之前相比,房产对新购房者来说越来越难以负担。为了使新购房者能够负担高房价,出借人增加了贷款数额总量,以降低借款人的每月还款额度,在一笔新按揭贷款的前2年内更是如此。借款人通过引诱利率获取贷款的观点认为,借款人才开始通过较低利率获取贷款,随后贷款利率又上升至市场利率。图2-8的内容来自金融危机调查委员会,其表明按揭贷款发放数量的增加,这些按揭贷款包括纯利率贷款、突变扩增阻滞系统(Amplification Refractory Mutation System,ARMs)选择权和浮动抵押贷款。纯利率贷款从2004年的2%增长至2007年的20%。在此期间,ARMs选择权贷款和浮动抵押贷款也大幅增长。最常见的次级抵押贷款变成一种2/28可调整利率贷款——一种在前2年内使用固定利率,后28年内使用市场利率的贷款。在所有次级抵押贷款中,时至2005年,此类可调整利率贷款占整个次级抵押贷款总额的44%。③

一个2/28贷款最开始的2年内贷款利率较低,2年过后,剩余期限的利率将会被重置,通常情况下比初始利率要高。这一类贷款的基本原理在于,业主随着房价的上升进行再融资。如果房价下跌,这一原理的问题就显而易见了。此时,不管如何业主都难以再融资,因为房产价值下跌了,贷款与资产价值比也随之上升,或者因为上升的利率使再融资变得不是那么有优势。

---

① See Brevoort, Kenneth P. & Cheryl R. Cooper, The Urban Institute, "Foreclosure's Wake: The Credit Experiences of Individuals Following Foreclosure", paper presented at the 47th Annual Conference on Bank Structure and Competition, Federal Reserve Band of Chicago, May 4, 2011.

② See Rosner, Josh, "Housing in the New Millennium: A Home Without Equity Is Just a Rental With Debt", Graham Fisher, June 29, 2001.

③ See Belsky Eric S. And Nela Richardson, "Understanding Boom and Bust in the Nonprime Mortgage Market", *Harvard Joint Center for Housing Studies*, September 2010, p. 38.

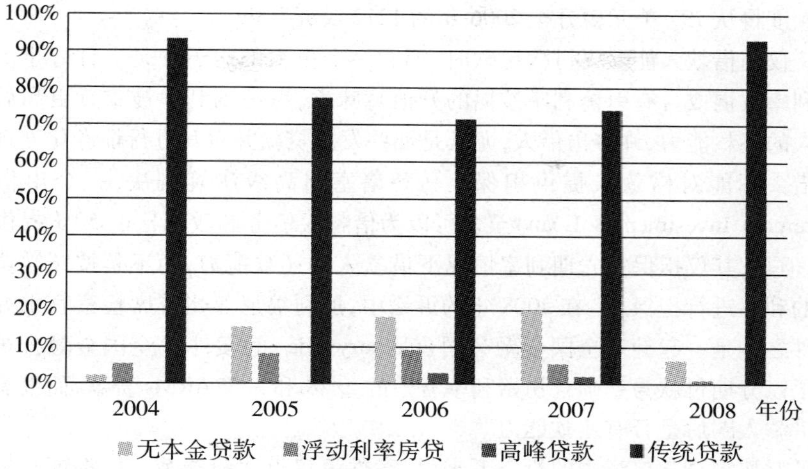

图 2-8　高峰时期:抵押贷款的支付能力

资料来源:金融危机调查委员会。

尤其是在次级抵押贷款或另类高级贷款中,这一转变尤为明显。2003 年 66% 的次级抵押贷款是传统的固定利率贷款,2005 年和 2006 年这一数字分别跌至 31% 和 26%。传统固定利率贷款的转变在另类高级贷款比次级抵押贷款更为明显。①

随着房价的上升,引诱利率类的贷款对有大额按揭需求的借款人变得越来越具有吸引力。即使出借人认为借款人不能完全按照指数利率进行还款,但出借人通常会在初始借贷利率的基础上来判定借款人的用款资格。哈佛企业中心发布消息称,截至 2006 年,借款人可以以优惠 2.3% 的价格来获得 1 年期的 ARM。这使一个中等收入的借款人(以指数利率上限为准,其可以获得的 186,600 美元的按揭贷款)能够获得一笔 236,600 美元的贷款或者在引诱利率的引诱下获得一套更大的房子。然而,正如中心所指出的,"当可调贷款利率被重置时,偿还额度的增加就变得很重要。例如,在 2003 年购买的一个中等价位的房产中,业主会按照贷款额度的 10% 进行摊销,3 年后业主的月还

① See Belsky Eric S. And Nela Richardson, "Understanding Boom and Bust in the Nonprime Mortgage Market", *Harvard Joint Center for Housing Studies*, September 2010, p. 38.

款额度将从797美元飙升至2006年的1212美元”。[①]

仅当借款人能够支付购房款时,拥有一个更大的房子才是一件好事。可调利率按揭或含有引诱利率按揭的升值意味着,考虑到利率被重置更高后借款人的还款能力,许多出借人,尤其是那些发放贷款并对其进行证券化处理的出借人不能对借款人提供担保。马萨诸塞州高级法院判决,一个出借人(Fremont Investment & Loan)至多可以为借款人债务和收入比的50%提供担保,但是,其仅担保在先期利率情况下借款人的还款能力,而不是按照被调整后的利率进行担保。[②] 在2008年的诉讼中,加利福尼亚州首席检察官承办的案件之一是一起针对全国金融公司(Countrywide)的案件,“全国金融公司承销了以分期付款为基础且初始利率有效的2/28和3/37ARMs贷款,而没有考虑借款人嗣后是否有还款能力”。[③]

对按揭贷款市场中的投资者来说,案件争议点比较清楚。抵押证券发行人在提交给美国证券交易委员会(Securities & Exchange Commission,SEC)的披露文件中声明了以初始利率向借款人提供担保。住宅资金公司的一份招股说明书披露:

> 对某些ARM贷款来说,如果相关的指数和红利没有运用至贷款发放中,那么,抵押按揭贷款的初始利率通常较低。在实际的承销条件下,每一期贷款或合同项下的借款人资格通常由实际生效的按揭贷款利率确定。[④]

如果出借人根据初始利率确认了借款人的资质,在更高的利率介入之前,这些借款人无法再融资,那么违约率定然会上升。这样的按揭贷款种类很多,它们的复杂性越来越意味着第一次购房的借款人(尤其是次级借款人)对他

① See Belsky Eric S. and Nela Richardson, “Understanding Boom and Bust in the Nonprime Mortgage Market”, *Harvard Joint Center for Housing Studies*, September 2010, p. 39.

② Commonwealth v. Fremont Investment Loan, 452 Mass. 733, 897 N. E. 2d 548(2008).

③ The people of the State of California v. Countryside Financial Corporation, et al., Case No. LCo81846, First Amended Complaint, July 17, 2008, paragraph 69, p. 16.

④ Residential Assets Security Corporation, “Home Equity Mortgage Asset-Backed Pass-Through Certificates”, Series 2004 - KS12, Depositor, Registration File No: 333 - 108868, December 22, 2004, p. 185.

们所介入的按揭贷款一无所知。①

杠杆率是金融危机的一个重要话题。在这里，笔者将分析按揭信用的扩大是如何增加普通家庭的潜在杠杆率的。只要房价越高，增加按揭贷款的影响就越小。迈克尔·拉库－利特尔（Michael LaCour-Little）、埃里克·罗森布拉特（Eric Rosenblatt）和文森特·姚（Vincent Yao）研究了 2000～2006 年借款人从他们的房产中撤出股份（变现——笔者注）的方式。笔者发现，“总的来说，在我们的样本数量中，43% 的家庭在其再融资时撤出股份；然而，在这一时期内，房价的上升幅度如此之大，以致在事实上降低了平均的贷款资产比”。②换言之，只要房价保持上涨，业主可以在不增加杠杆率的情况下，增加他们的按揭债务量。另外，如果房价下降，高额债务的后果是将摧毁业主的一切。

上升的房价吸引人们将买房置业当作一种投资手段。从金融危机的角度来说，当房屋股份权益变为负值时，相较于那些通过按揭购买房屋作为其主要住所的借款人，通过按揭贷款购买投资性房产的借款人更容易违约。有些投资型购房者利用出借人持续地向次级借款人放贷以及其他能够引起欺诈和滥用的机会赚取收益。抵押贷款银行家协会的一个职员谈及图森的一个律师时他说，该律师办理了一个连续 30 天的房屋抵押合同，他每次都声明抵押贷款是为了他的基本住房需求。上升的房价使此类诈骗的隐蔽性变强，正如有句话所说，“当且仅当拥有信用时，伴之而来的就是诈骗”。如果房价一直上升，那么，图森的律师能够偿还每一期贷款或者通过出售房产来覆盖违约，使出借人能够避免任何潜在的损失。

房地产业对房产价格泡沫的回应就是每年制造了新的大量的住房。图 2－9的数据来自人口普查局（Census Bureau），其展示了新房供应量从 2000 年的 130 万单户住宅猛增至 2006 年的 170 万单户的过程。井喷式的发展尤以加州中央谷、内华达州、亚利桑那州和佛罗里达州为甚。

对借款人及其政治领袖来说，低利率、大额按揭资金的可得性和房价的上涨的结合使人们似乎实现了美国梦。布什总统在 2003 年说：

---

① See Federal Trade Commission, “Improving Consumer Mortgage Disclosures: An Empirical Assessment of Current and Prototype Disclosure Forms”, Bureau of Economics Staff Report by James M. Lacko and Janis K. Pappalardo, June 2007.

② LaCour-Little, Michael, Eric Rosenblatt, and Vincent Yao, “Housing Equity Extraction by Homebuyers: 2000－2006”, *Unpublished Manuscript*, January 18, 2009, p. 16.

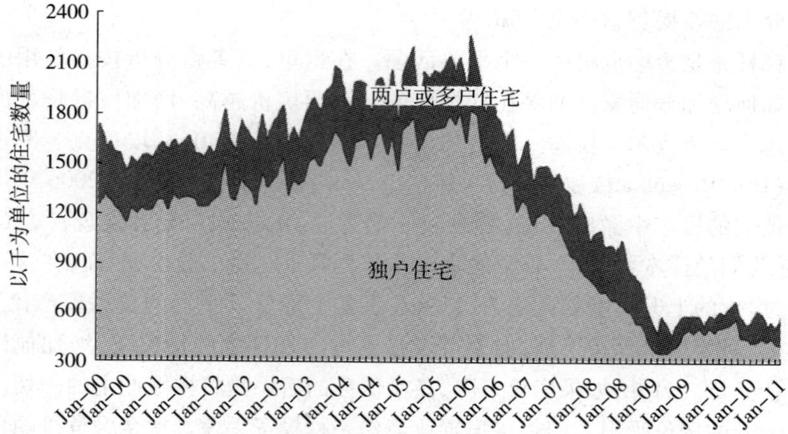

图2-9 美国新房供应量（季度调整的年增长率）

本届政府将为美国催生一个所有权的社会而持续奋斗。我们希望更多人拥有他们自己的住房。更多的美国人拥有自己的住房符合我们国家的利益。总之，如果你拥有自己的房产，那么，你将成为我们国家的重要财富。

对美国的房产业主来说，这是一个好时机。今天，我们所获得的一份报告显示，上个月的新房建造量达到了近20年来的最高水平。其间的原因必定是对我国经济重拾信心。低利率也起到了作用。这些原因使房价对那些再次购房者和首次购房者变得可负担。自2000年年初至今，房产的升值为美国家庭财产价值增加了2.5万多美元。

如今，美国居民房产所有率创纪录地保持在68.4%的高位。但是，这仍有增长空间。在少数民族居民中，房产所有率仅在50%以下。这不太正常，我们的政府必须为改变这种局面做些什么。我们需要缩小美国社会中少数民族居民房产拥有率的差距，通过使他们拥有自己的房产——拥有美国未来的一部分——来增加他们的满意度和流动性。①

这并不是一个新的煽情演讲。克林顿总统在1995年的总统竞选中也作了类似的演讲，大打房产所有权牌。

① Bush, George W., President of the United States. Remarks on Signing the American Dream Downpayment Act, December 16, 2003.

数据来自金融危机调查委员会的图 2 - 10 显示,居民房产所有率在 2004 年达到峰值。政策制定者坚持推动房产所有率上涨。在住房和城市发展部(Housing and Urban Development, HUD)秘书长欧弗索·杰克森(Alfonso Jackson)任期的最后一年,他呼吁道:"如果你尚未拥有自己的住房,我建议你把在 2005 年成为一个房产所有者作为你的新年决定之一。"①

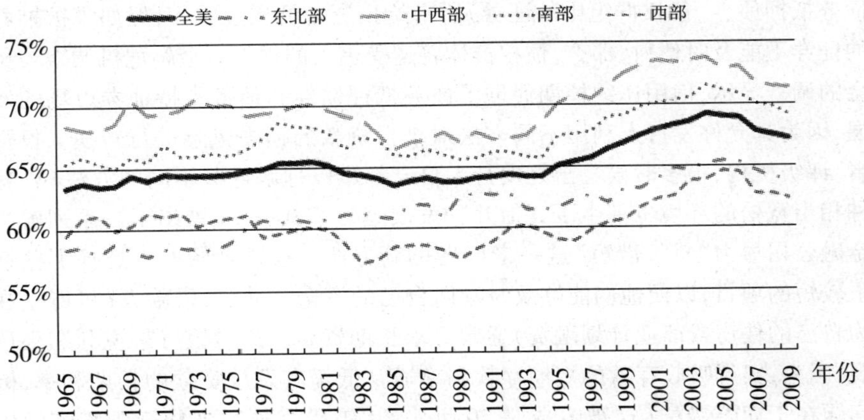

图 2 - 10 美国年度住房自有率:1965 ~ 2009 年

资料来源:美国人口普查局。

图 2 - 10 显示,在 2004 ~ 2008 年,住房抵押贷款市场在不断扩大,但房屋所有率却出现了下降。在此期间,住房抵押贷款市场的扩大很大一部分原因来自既有房屋所有者通过出售房屋以让渡房产股份权益。

但是,即使住房抵押贷款市场不断增长,这仍然无法满足投资者的需求。信用违约掉期市场的扩张催生了其他类型的创新——所谓的合成型债务抵押债券。其中的逻辑很简单:信用违约掉期代表了特定债务支持证券或者债务抵押债券将向投资者按时偿付的担保。债务抵押债券现金是投资于实际的债务支持证券、债务抵押债券和其他证券的工具。相反,合成型债务抵押债券并不包含实际证券:它是金融机构销售的针对信用违约掉期的保险,该种保险和初始证券一样,在相同的资金流(来自按揭偿还和违约的博弈)的基础上获得偿付。因而,华尔街事实上并不需要新的住房抵押证券和债务支持证券来创

① National Association of Realtors, "HUD Secretary Urges Homeownership as 2005 Resolution", Daily Real Estate News.

造债务抵押债券——一个金融公司可以创造一组新的包含特定债务支持证券和债务抵押债券的债权群组（reference pool），并用信用违约掉期对这些债权群组进行担保。

合成型债务抵押债券投资者类似于信用违约掉期的发行人，投资者获得从合成型债务抵押债券中获得的价金收入大致等于被推荐的债务支持证券和债务抵押债券（债权群组中的证券）所带给投资者的现金收入，但如果被推荐的证券不能及时偿付，那么，债权群体将遭受更大的损失。金融危机调查委员会的调查显示，信用违约掉期促进了债务抵押债券和债务支持证券市场的发展，因为其允许发行人利用不同方法对抵押贷款的损失风险进行转换。投资者、评级机构，很多时候甚至是发行人自己都难以理解这些不同的方法。① 这种相当宽松的环境也催生了其他几种发展趋势。其一，发展出了一系列解决金融公司尽力“贷长借短”这一老问题的新方法。投资者倾向于选择那些期限较短的项目，以便他们能够及时赎回自己的资金。其二，借款人（可能正在为自己的住房或商业计划融资）通常寻求长期资金。这对银行来说利润很可观，因为，银行吸收存款的短期存款利率通常低于其发放贷款的长期利率，但问题在于期限错配（这被看成是 20 世纪 80 年代存款和借贷行业萎缩的原因）。1979 年 10 月，美联储大幅提升短期利率，调整存款和借贷的资金成本，对储蓄账户的调整力度尤甚。这使储蓄账户的成本比他们从房产抵押证券中获得的利润更贵。储蓄机构（在前述意义上说，这是一个误称）利用过夜存款资助了大量的长期住房抵押贷款。在期限错配难以为继的 2 年内，大部分储蓄机构都遭受到了一定的净损失。

21 世纪早期，相当喜人的经济金融形势也为严重期限错配行为火上浇油。银行以及其他出借人创造出持有房屋抵押证券和其他长期投资方式的结构性投资工具（structured investment vehicles，SIVs）。从技术上说，结构性投资工具是由金融公司资助的，但是独立于金融公司资产负债表的独立实体。

---

① “信用违约掉期以多种方式助力于债务抵押债券。第一，信用违约掉期可以使债务抵押债券管理人以更快的方式研制综合型的债务抵押债券，这要快于先进型债务抵押债券。第二，信用违约掉期使债务抵押债券（包括发行银行，如花旗集团和美林银行）投资者可以将违约风险转移至信用违约掉期（如美国国际集团和其他保险公司）发行人。第三，信用违约掉期使经营关联业务变为可能。正如金融危机调查委员会调查所显示的，大多数购买股权和其他次级抵押借贷证券的对冲基金和债务抵押债券都是复杂交易策略的一部分。因此，信用违约掉期极大地促进了利用对冲基金购买股权和其他次级抵押借贷证券的需求。第四，信用违约掉期使投机者在不掌握多少现金的情况下，对房市的空、涨进行下注。”参见金融危机调查委员会 2011 年的终版报告，第 195 页。

结构性投资工具持有债务抵押债券和其他房产抵押证券、商业按揭和资产。在一定程度上,结构性投资工具通过发行商业票据以支持自身的运营。这种票据的期限为270天或更少。因为结构性投资工具趋向于高杠杆,结构性投资工具缺乏一个重要的资本缓冲带以避免投资者不续展投资给它们造成的损失。通常情况下,货币市场互助基金会购买这些任由投资者赎回的商业票据。一旦金融系统内部再次聚集大量的长期资产(通常是住房抵押贷款),那么,又必须使用过夜资金向这些资产提供融资。

期限错配的另一个主要形式是回购或"购回债券"(repo)交易。一个金融公司将通过向同意在一天、数天或更长时间内的高质量资产提供担保来获得借款,更高的借款成本将在借款利息中反映出来。以前,购汇债券使用高质量的抵押品,比如,美国国库券或政府支持型证券。随着时间的发展,市场放宽了评价经济繁荣期带来的信心的标准,AAA级房产抵押证券也就变成债券回购交易中合适的担保品。问题在于,一旦市场对AAA级证券的信用品质失去了信心,那么,多数回购债券市场将消失。但是,回购债券市场体量巨大,在2008年这一市场为5万~10万亿美元。① 像信用违约掉期市场一样,在回购债券市场中,金融公司之间也存在重要联系。如果这一美好链条中的一环断裂,整个市场将面临崩溃的风险。②

(五)2005~2007年:过度风险和投机的时期

2005~2007年,一些大型金融公司涉足代理佣金服务。在初级抵押贷款市场,华盛顿互惠公司(MaMu)决定扩大其针对低质量抵押贷款和其他贷款的风险敞口。一份2005年的公司战略计划明确写道:"为了使华盛顿互惠公司获得更加可持续、连续、高收益的分红,2005年战略规划要求公司对混合业务作出转变,增加信贷风险的容忍度,继续缓和市场操作风险头寸。"③

这一战略规划要求增加公司针对更高风险借贷的风险敞口,借贷金额从2004年11月的3200万美元增加到2005年的4450万美元(包括次级抵押贷款从1700万美元增至2830万美元)。④

---

① Gorton, Slapped by the Invisible Hand, p. 44.

② Ibid.

③ Washington Mutual, "Higher Risk Lending Strategy, 'Asset Allocation Initiative', Board of Directors, Finance Committee Discussion", January 2005, p. B1. 2, available from the Permanent Subcommittee on Investigation, Senate Committee on Homeland Security and Government Affairs.

④ Ibid.

雷曼(Lehman)也做出了一个深思熟虑的决定,准备增加风险敞口。2010年3月11日雷曼兄弟破产审查人安东·R. 瓦鲁卡斯(Anton R. Valukas)发布了一项长达2200页的报告,记录了雷曼兄弟经营策略的转变:

> 2006年雷曼兄弟审度形势后决定开启激进式增长的策略,使公司面临的风险急剧增加,大幅增加其资本的杠杆率。2007年随着次级住房抵押贷款业务出现问题并引发危机,雷曼兄弟才缓缓地意识到经济风暴对商业地产及其生产线的溢出性影响。然而,雷曼兄弟非但不是从风暴中撤出,反而有意地"双倍下注"(double down),希望利用反周期策略来获利。①

雷曼兄弟极大地增加了其风险容忍度[理论上称为"风险胃纳"(risk appetite)],放松了交易限制和其他与风险有关的限制。雷曼兄弟首席风险官因为反对这些变化,而被公司安排至一个风险不敏感的职位。华盛顿互惠公司和雷曼兄弟,以及其他诸如房利美和房地美公司,恰好在市场高峰期增加了它们的风险敞口,最终使它们遭受了巨大损失。本书第三章将对此有更深入的探讨。

构造并销售债务抵押债券的公司开始销售更低评级的证券,同时继续在它们的资产负债表内持有AAA级超级优先债券。毕竟,这些超级优先债券被审查过,AAA评级比它们对自己公司债务的评级要可靠。一家大的瑞士金融公司——瑞士联合银行(United Bank of Switzerland,UBS)的债务抵押债券小组增加了AAA级债务抵押债券的持有量,从2006年2月的500万美元增加至2007年9月的5000万美元。截至2007年晚夏,花旗集团(Citigroup)共持有超过5500万美元的AAA级债务抵押债券。② 即使在房价处于高峰的2006年中期以及年末,大型次级借款人开始崩溃时,增持AAA级债务抵押债券的情形仍在发生。最终的结果是,公司导向的评级债券虽然不完美,但至少

---

① United States Bankruptcy Court, Southern District of New York, In re Lehman Brothers Holdings, Inc., "Report of Anton R. Valukas, Examiner", Section III. A. 1: Risk, p. 4 (footnotes omitted), March 11, 2010.

② See Acharya, Viral V., Thomas Cooley, Matthew Richardson, and Ingo Walter, "Manufacturing Tail Risk: A Perspective on the Financial Crisis of 2007 - 2009", *Foundations and Trends in Finance*, Volume 4, 2010.

比结构化产品如债务抵押债券的评级要准确。

市场完全被炒热。论及杠杆借贷市场，这些贷款有时候被用于杠杆收购，向已经负债累累的公司提供资金。杠杆借贷的风险比高负债公司借贷的风险高，因此，也向投资者提供更高的回报。瓦鲁卡斯发布了关于雷曼兄弟、市场热炒杠杆借贷和对投资者不利的简化版合同条款的报告：

> 因为为这些贷款项目提供资金的市场竞争如此激烈，赞助商能够对合同条款进行议价，这导致银行面临的风险急剧增加。据统计，例如，约光贷款(covenant light loans)——一种不包含要求借款人保持一定担保标准、现金流情况和付款条款的先前标准合约——从2004年的不到所有杠杆借贷的1%增长到2004年的超过整个行业的18%。出借人(如雷曼兄弟)还放弃了一定的合同保护[如情势变更条款(material adverse change provisions, MACs)、前期联合和连带责任]，而此前合同保护在杠杆借贷行业属于标配。①

2005～2007年，房产泡沫后期的狂热程度提醒亚历克斯·波洛克(Alex Pollock)想起19世纪沃尔特·白芝浩(Walter Bagehot)著作《金融界》中的警示：

> 所有人几乎在他们最高兴的时候，就最容易轻信他人；当钱很容易赚，当有人的确赚钱了，当大部分人认为他们能够赚钱，精心编织的谎言便有机可乘。几乎所有的事情都能被尊为一时的信奉。②

有些公司对冒更大的风险有一定的抵制力。最典型的公司莫若JP摩根(JPMorgan Chase)。纽约联邦储蓄银行发布了关于JP摩根2007年年度的调查报告写道：

---

① United States Bankruptcy Court, Southern District of New York, In RE Lehman Brothers Holdings, Inc., "Report of Anton R. Valukas, Examiner", Section III. A. 1: Risk, March 11, 2010, pp. 95－96 (footnotes omitted).

② Bagehot, "Walter. Lombard Street", *London: Henry S. King and Company*, 1873, p. 78, quoted in Pollock, Alex J., *Boom Bust: Financial Cycles and Human Prosperity*, New York: AEI Press, 2011, p. 69.

> 正如我们的董事会和高级管理层强有力的评估所显示的那样,在过去几年不稳定的市场中,管理行为在很大程度上影响了公司的发展方向。2007年的管理决定机制反映了公司对其营业内部风险的理解能力和在必要时刻及时采取行动降低风险敞口的能力,而且这也是该公司相对于其同行表现良好的原因。尤其值得一提的是,这些公司风控委员会组织结构的效率显著。①

在危机爆发的前一年,伴随着一些例外的显例,个人公司和金融体系的脆弱性极大增加。即便很多公司采取了明显的降低、分散、掩盖风险的行动,但这种情况仍在发生。故而,证券化的目的在于寻求信用风险的分散化——利用贷款池和允许投资者购买大量分散贷款资产,而非投资于蕴含集中风险的单一房产或其他资产,或者投资于单一的借款人。银行和其他金融机构将贷款池销售给信托机构,并将该笔交易置于其资产负债表之外。信托设计被认为是有效的,因为,它们可以以相对较少的资金为这些贷款提供融资,并提高对投资者的收益。信托设计者忽略的是当泡沫破裂时,资金的缺乏使证券和证券持有人容易遭受损失,除非这些参与者能够对这一机制进行更为详尽的考察,对这一链条上所有的人来说(从贷款到投资)都极为模糊,以至于所有的参与者都认为总存在为该风险买单的他人。其他将风险从个人公司分散开来的设计,例如,利用对冲风险的衍生证券和准保险产品(如信用违约掉期)效果与信托类似:在整个金融体系内增加了不同机构之间的联系,以至于当某一高杠杆的公司遇到麻烦后,它将给其交易方以及交易方的交易方带来令人崩溃的风险。

系统脆弱性包括:(1)易于获取的超量投资资金;(2)资产价格的重大泡沫,尤其是房地产市场;(3)新型复杂证券(如债务抵押债券)和衍生品(如信用违约掉期),许多此类证券包含难以适当评估和定价的风险;(4)促使个人和公司追逐短期项目而非长期项目的刺激;(5)组织机构的复杂性逐渐增加,以及贷款越来越集中于少数大型的公司,且整个借贷额度通常会超过10,000亿美元。至此,危机将会来临。正如沃伦·巴菲特的名言:“只有当潮水退去

① Federal Reserve Bank of New York, "Summary of Supervisory Activity and Findings, JPMorgan Chase & Co.", April 15, 2008.

的时候，才知道谁在裸泳。”①

二、排山倒海的危机

如浪的危机使金融公司和政策制定者们措手不及。危机第一波以规模渐增的按揭违约为代表，其中，尤以次级抵押贷款为甚。投资者把已违约的抵押债务返还给贷款发放人，导致大型次级出借人（如 Ameriquest 和 New Century）破产。余下的出借人突然意识到他们过多地参与到抵押借贷市场，而且，在一定程度上他们自己对这个市场也不太有把握。2007 年次级抵押贷款带来的损失导致两家贝尔斯登（Bear Stearns）对冲基金几近崩溃。AAA 级抵押贷款证券的突然失利——尤其是债务抵押债券——催生了“不良资产”（toxic asset）一词。对高杠杆金融公司来说，小量不良资产的风险敞口对其都是致命的。

金融公司并不知道他们自身不良资产的风险敞口，都深信他们自己比其伙伴公司的风险敞口要小。这引发了第二波更为致命的危机：整个市场的恐慌为金融系统带来崩溃的风险。由于危机已经从金融业的颓败演变整个经济的衰退，政府极力控制危机。危机第三波表现为负债累累的人群、住房抵押贷款和其他债务的违约，因为，在此阶段人们失去了工作、收入锐减，进一步的影响是大面积的房价下跌。

（一）第一波：房产泡沫破裂后的损失

房产抵押借贷行业运用提前付款违约作为一种担保按揭质量的方式。大多数投资者协议规定，从某个贷款发放人处购买房产抵押贷款债务的某家公司，可以在第一年内将违约的抵押贷款债务返还给贷款发放人。这是一种保护投资者不受不当担保后果影响的方式。从 2006 年起，提前付款违约贷款量开始激增。来自金融危机调查委员会的图 2－11 反映了这种趋势。该图估量了提前付款违约按揭贷款在发放后 1 年内的违约情况。

造成这种情况的因素有二：第一，美国许多地方房价过高。突然陷入困境的借款人不能甩卖房产以保护自己和出借人免受损失。第二，房价可负担性达至极限。在房价高峰期进入房市的人发现他们购入太多的房产，导致其遭受无法承受的债务负担。越来越多的借款人，尤其是那些购买投资性房产的借款人放弃了偿还房贷的努力。

① Buffett, Warren, “Chairman’s Letter, 2001”, Berkshire Hathaway.

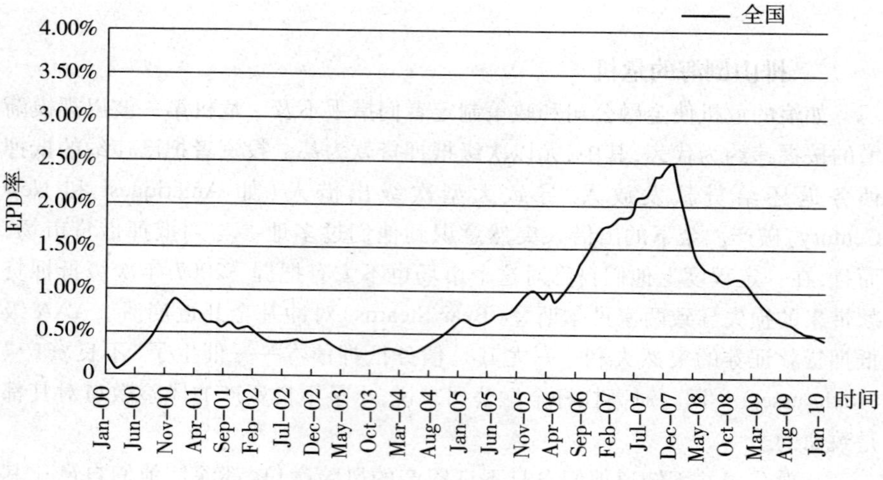

图 2-11　12 个月以内的提前付款违约贷款量

资料来源:核心逻辑,2010 年 7 月。

来自联邦住房金融署的图 2-12 显示,2006 年左右,被拖欠的次级债务量急剧增加。针对优级房产抵押债务的严重拖欠行为也在不断增加,但从 2007 年起,这种情况保持在一个相对低位。

2007 年和 2008 年的数据显示,严重债务拖欠行为(从下往上数第四根线)仅占到未还贷款总数的 2% ~3%,97% 的购房者在偿还他们的债务。美联储主席本·伯南克在 2007 年 5 月说:“随着次级放贷市场问题的暴露,我们发现市场内部一些自我修复的信号……重要的是,我们没有发现次级借贷市场中的问题严重溢出至银行和储蓄机构;大多数身陷麻烦的出借人并不是受联邦存款保险保障的机构。”①

第二波危机随之而来。

① Bernanke, Ben S. “The Subprime Mortgage Market”, speech at the Federal Reserve Bank of Chicago's 43rd Annual Conference on Bank Structure and Competition, Chicago, Illinois, May 17, 2007.

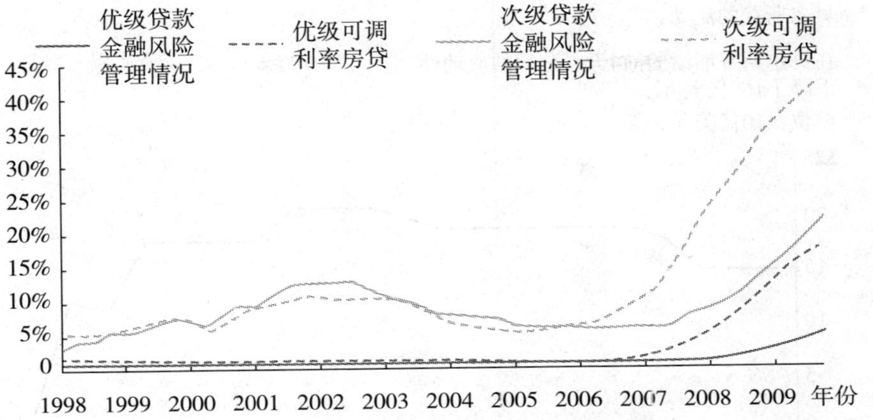

图 2-12 严重拖欠的情况

资料来源:联邦住房金融署。

(二)第二波:金融市场的恐慌

随着住房抵押贷款带来的损失越来越多,尤其是 AAA 级抵押贷款证券和债务抵押债券的损失,金融机构对它们将遭受的损失程度越来越没有底。更重要的是,出借人突然意识到它们的交易相对方也将遭受损失。缺乏透明性的可能损失意味着金融机构不能确定它们的交易相对方是否会破产以及是否能够偿还它们的损失。出借人停止相互借贷和向借款人放贷。以万亿计的购回债券市场遭受了同样的挤兑风潮。① 信用市场骤停,房产危机演变成金融危机。

在金融机构不愿相互借贷的情况下,借款人突然失去了资金资助。更糟糕的是,针对投资银行和其他金融公司将要破产的流言四起。在一定程度上,若非投资者从这些公司撤回资金,这些企业或许可以在一定程度上避免"断崖式"失败。在没有政府干预的情况下,曾经充足的流动性——以可持续性的利率借款的能力——现在变得难以获取。

流动性危机迅疾并凶猛地袭击着各个公司。2007 年中期,贝尔斯登对两家几近破产的对冲基金施以援手。时至 2008 年早期,这家投资银行再次遭遇危机。来自金融危机调查委员会的图 2-13 显示了随着贝尔斯登交易对手方的恐慌并撤出资金,其丧失流动性的速度。

① Gorton, Slapped by the Invisible Hand.

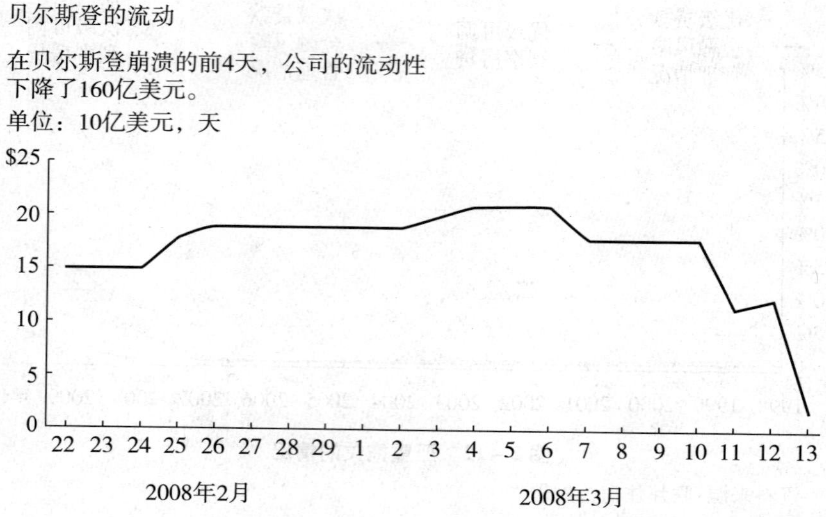

图 2-13 流动性危机:贝尔斯登的陨落

资料来源:SEC。

在贝尔斯登之后,金融市场稍微平静了一些。2008 年大型房产抵押出借人印地麦克银行(IndyMac)破产并被接管。2008 年 9 月新破产潮进一步发展,以 2008 年 9 月 7 日破产的房地美和房利美为开端,9 月 15 日,雷曼兄弟破产。雷曼兄弟破产说明了此类企业获得政府安全网络扶持的能力比较有限。美国银行(Bank of America)在 9 月 15 日兼并了美林证券(Merrill)。9 月 16 日,向美国国际集团施以重大援手,以免其破产。

2008 年 9 月 21 日摩根士丹利和高盛集团两家投资银行在吸取雷曼兄弟失败经验的基础上,将公司改造为银行控股公司,进而从最初的流动性危机中活了下来。市场对这两家企业的信心也逐渐增加。摩根士丹利董事局主席约翰 · 马克(John Mack)向美联储的工作人员透露,这一转变发出了两家公司将会存活下来的信号:"我认为最大的好处是这一过程显示了我们的企业对于整个系统来说都是重要的。如果美联储认为我们在很短的时间内将会破产,那么它就不会帮助我们将企业改造为银行控股公司。"① 9 月 25 日,政府任命了华盛顿互惠公司的破产管理人。10 月,富国银行集团(Wells Fargo)收

① FCIC interview with John Mack, Morgan Stanley, November 2, 2010.

购了美联银行(Wachovia),原因是美联银行收购了一家主要的非传统抵押贷款人——Golden West——后遭受了难以为继的损失。

政府对此采取了一系列令人印象深刻的措施,许多都是创新型措施。正如第七章所讨论的,组织责任的断层导致风险在金融系统的各个部分开始积累,但这并不能归咎于审慎调查没有缓和风险向更大范围的金融体系和经济区域扩散。排在组织责任之后的原因是,组织职权的缺陷和可用的监管方式也影响了政府对危机做出反应的方式。

对危机做出反应的主要联邦监管机构包括设有监管董事会的美国财政部和美联储、联邦公开市场委员会(the Federal Open Market Committee,FOMC)和地区银行(如纽约联邦储蓄银行)。其他重要联邦监管者还有联邦存款保险公司、证券交易委员会、联邦住房金融署、联邦住宅管理局(the Federal Housing Administration,FHA)和联邦教育部(the United States Department of Education,ED)。表2-1展示了美国财政部、美联储和联邦存款保险公司对危机做出反应的主要时间的时刻表。①

表2-1 美联储和财政部的主要行动

2007年12月,美联储理事会宣布创设了一个定期拍卖工具(Term Auction Facility,TAF)。这一工具赋予储蓄机构在优先于很多担保权的情况下,将固定数目的贷款项目予以拍卖
2008年3月2日,美联储理事会宣布创设定期证券借贷工具(Term Securities Lending Facility,TSLF),这个工具在28天的项目中可以贷出2000亿美元的国库证券
2008年3月16日,美联储理事会创设了重要交易商信用贷款(Primary Dealer Credit Facility,PDCF),为主要的交易商扩张信用
2008年3月24日,纽约联邦储备银行宣布,它将为摩根大通公司提供定期融资,以支持其收购贝尔斯登
2008年7月30日,联邦住房金融署接管房利美和房地美。美国财政部宣布出台三项辅助措施以支持联邦住房金融署的决定

① 这一时刻表节选自圣路易斯联邦储蓄银行整理的事件时刻表,参见www.stlouisfed.org/timeline/timeline.crm,最后访问日期:2011年9月1日。为简洁起见,此处省略了其他内容。被省略的内容包括联邦公开市场委员会(the Federal Open Market Committee,FOMC)的货币政策措施和其他联邦监管机构采取的措施。

续表

2008 年 9 月 16 日,美联储理事会根据《联邦储备法案》第 13(3)部分授权纽约联邦储蓄银行向美国国际集团提供高达 850 亿美元的贷款
2008 年 9 月 17 日,美国财政部宣布了一项补充融资计划,包括一系列的为美联储的计划提供现金的国库券
2008 年 9 月 19 日,美联储理事会宣布创设商业票据货币市场共同基金流动性工具
2008 年 9 月 19 日,美国财政部宣布了一项临时担保计划,从外汇平准基金融资 500 亿美元,为参与货币市场共同基金的投资提供支持
2008 年 9 月 20 日,美国财政部向国会提交了关于授权购买不良资产的立法草案
2008 年 9 月 21 日,美联储理事会批准高盛和摩根士丹利这两家投资银行转变为银行控股公司
2008 年 10 月 3 日,国会通过了《经济稳定紧急法案》(Emergency Economic Stabilization of Act,EESA),布什总统签署生效。该法案成立了 7000 亿美元的不良资产救助计划
2008 年 10 月 7 日,根据《经济稳定紧急法案》,联邦存款保险公司临时宣布将存款保险额度从每个存款人 10 万美元增加至 25 万美元,该计划自 2008 年 10 月 3 日生效
2008 年 10 月 7 日,美联储理事会宣布创设商业票据融资工具(Commercial Paper Funding Facility,CPFF),这将为美国商业票据发行人提供流动性担保
2008 年 10 月 8 日,美联储理事会授权纽约联邦储蓄银行从美国国际集团借入 378 亿美元投资级的固定收益证券,向美国国际集团提供现金担保
2008 年 10 月 14 日,美国财政部根据《经济稳定紧急法案》的授权,宣布不良资产救助计划
2008 年 10 月 14 日,联邦存款保险公司宣布了一个新的临时流动性保障项目,向银行、储蓄机构、特定的控股公司新发行的高级未担保债务提供担保,并在没有资金限制的情况下向不计息存款交易账户提供全面的联邦保险服务
2008 年 10 月 21 日,美联储理事会宣布创设货币市场投资者基金工具,加速从合格投资者处购买资产,如美国货币市场互助基金
2008 年 11 月 10 日,美联储理事会和美国财政部宣布调整对美国国际集团的政府资金支持结构
2008 年 11 月 12 日,美国财政部长鲍尔森(Paulson)正式宣布财政部不会动用不良资产救助计划的资金购买金融机构流动性差的抵押贷款资产

续表

2008 年 11 月 23 日，美国财政部、美联储理事会和联邦存款保险公司联合发布了一项与花旗集团的协议，向市场提供“一揽子”担保、流动性获取和资金
2008 年 11 月 25 日，美联储理事会宣布创设定期资产支持证券贷款工具，支持新近发行的消费者和小企业贷款。美国财政部将从不良资产救助计划中拨出 200 亿美元来为这一工具提供信用担保
2008 年 12 月 19 日，美国财政部授权不良资产救助计划向通用汽车公司（General Motors）提供 134 亿美元贷款，向克莱斯勒（Chrysler）提供 40 亿美元贷款
2008 年 12 月 22 日，美联储理事会批准市值为 810 亿美元的花旗集团转变为银行控股集团的申请
2008 年 12 月 29 日，美国财政部宣布，作为支持国内汽车行业计划的一部分，其将从通用汽车金融服务公司购买 50 亿美元的股权。财政部还同意向通用汽车公司提供 10 亿美元的贷款。这些承诺是 12 月 19 日宣布的救助计划的补充
2009 年 1 月 5 日，纽约联邦储蓄银行开始购买由房利美、房地美和吉利美（Ginnie Mac）担保的固定收益抵押支持证券
2009 年 1 月 12 日，根据总统当选人奥巴马的请求，布什总统向国会提交了将资产救助计划中剩余的 3500 亿美元资金交由新政府支配的请求
2009 年 1 月 16 日，美国财政部、美联储和联邦存款保险公司宣布对美国银行提供“一揽子”担保、流动性获取和资金
2009 年 1 月 16 日，美国财政部宣布其将从不良资产救助计划中拨出 15 亿美元用于特别目的实体的救助。这些实体来自克莱斯勒金融服务公司向新的汽车贷款消费者提供展期服务的业务中
2009 年 2 月 23 日，美联储、联邦存款保险公司、货币监理署（Office of Comptroller of Currency，OCC）和储蓄管理局（Office of Thrift Supervision，OTS）宣布：“在此次危机中，美国政府将对银行系统提供坚定的支持，确保银行系统能够在向家庭和企业提供信用的过程中发挥关键作用。美国政府将确保银行有资金和流动性，并为恢复经济增长提供信用。而且，我们重申保持系统重要性金融机构活力的决心，以便它们能够实现它们的承诺。”
2009 年 2 月 27 日，联邦存款保险公司宣布提高存款机构的联邦储蓄存款保险费率

说明：这是对美联储、财政部和其他联邦机构在 2008 年和 2009 年早期行动的有限列举，资料来源 http://timeline. stlouisfed. org/，最后访问日期：2011 年 9 月 1 日。

2009 年早期，奥巴马政府组建伊始，美国政府通过财政部、美联储和联邦存款保险公司发行了 3 万亿美元的目的之一就是支持金融机构和汽车金融公司的发展，掀起一轮大规模的“一揽子”刺激计划。金融危机从各方面向人们袭来,数以百万计业主的退休金和投资资金遭受重大损失,更多的业主丧失了抵押品赎回权,甚至在经济大衰退使业主丧失工作之前,他们就已经遭到房产所带来的损失。

表 2-2 展示了美联储增加其对经济干预力度:从 2007 年年底到 2008 年年底,美联储资助的资产体量在 1 年以内增幅超过 150%。如果对美联储成员机构购买的股票数量进行资本换算,我们会发现美联储的杠杆率在 1 年内翻了 1 倍,从 23:1 变为 52:1。因为,美联储收购了一定的资产,增加了美联储自身的杠杆率,除了美联储之外的金融业正在进行“去杠杆化”。正如亚历克斯·波洛克观察到的,对每个机构来说,立即“去杠杆化”非常重要,但这也意味着必须有一个机构进行加杠杆化。美联储的介入,使金融公司可以庇佑其资产,增加资本率以及减少金融系统私营部分中有害的杠杆水平。

表 2-2 美联储 2006~2008 年年底的合并报表

年份	2006 年	2007 年	2008 年
总资本	8739 亿美元	8938 亿美元	2.259 万亿美元
总负债	8432 亿美元	8567 亿美元	2.216 万亿美元
总资产	307 亿美元	371 亿美元	425 亿美元
杠杆率(负债/资产)	27:1	23:1	52:1

资料来源:美联储理事会、美联储于 2006 年 12 月 28 日、2007 年 12 月 27 日、2008 年 12 月 29 日发布的 H.4.1 统计资料。

金融危机是否可以避免?受国会指派,金融危机调查委员会负责调查这一问题,并得出了不同结论。调查委员会大部分专家认为,危机是可以避免的:“我们金融体系的金融监管者和公共管理者忽略了关于金融危机的警告,没有对与美国公共福祉有关的逐步演化的风险进行质问、了解和管理。”①少数派认为,诸如全球储蓄过剩的压力以及错误决策带来的危机难以避免:“美欧不同类型的金融公司经营高度集中,高度相关并下注于美欧房市和不善管理破产和流动性风险的金融公司管理者。”②一个不同意危机可以避免的调查

① Financial Crisis Inquiry Commission, Final Report of the Financial Crisis Inquiry Commission, 2011, p. xvii.

② Financial Crisis Inquiry Commission, Final Report of the Financial Crisis Inquiry Commission, 2011, p. 430.

委员会专家指出，美国房产政策的错误介入，尤其是两家政府背景的企业——房地美和房利美——在2008年9月的危机高峰时期轰然倒塌，也会使危机不可避免。

本书认为，改良后的监管和管理或许可以带来改变。成功的企业阐明了失败的企业本该做什么。第三章开篇对成功的企业应对金融危机的方式、失败企业如何失败进行了阐释。第四章考察了引发金融危机的原因之一——监管缺陷。第五章论述了成功和失败企业的危机管理功能。第六章研究了成功和失败企业的组织运行所带来的启示。金融危机的强度前所未有，很可能的结果是，即使是一个强度稍弱的危机，也会导致许多——很可能是大多数——失败的企业（在高杠杆率和冒险经营的情况下）崩溃。

第三章　危机处理

竞争可能会迫使你退出市场，但是竞争不应被视为冒险的借口。竞争抑或公平，抑或不公平，公司却从来没有被强迫去参与竞争。一旦公司选择了竞争，管理部门就应当负起责任来。

——安德鲁·戴维森(Andrew Davidson),2011 年

列夫·托尔斯泰(Leo Tolstoy)在小说《安娜卡列琳娜》开篇就说道：所有幸福的家庭是相似的，所有不幸的家庭却有各自的不幸。但金融危机揭露了相反的事实：每一个成功的公司都能找到各自的方法去抵御危机；不成功的公司却不约而同地缺乏能力去解决自己犯下的错误。

对于处于危机中的金融公司，公司治理和风险管理在实践上效果迥异。许多公司都还使用着很落后的风险管理体系和流程。我们这次回顾的 4 家挺过危机的公司分别是摩根大通(JPMorgan Chase)、高盛集团(Goldman Sachs)、富国银行(Wells Fargo)和多伦多道明银行(TD Bank)。[①]而那些事实上已经失败

---

① Another firm, Deutsche Bank, weathered the crisis but was hit by significant losses after that, particularly on its leveraged loans and commercial real estate loans. See Standard & Poor's. *Deutsche Bank AG*, October 2, 2009; and Kurbjuweit, Dirk, Armin Mahler and Christoph Pauly, "Deutsche Bank Chief Weakened by Heavy Losses", *Spiegel Online*, January 20, 2009.

的公司则接受了大规模政府扶持,[如花旗集团、美国银行、房利美、房地美、瑞银集团和美国国际集团]要么在不利条件下进行了合并[如贝尔斯登(Bear Stearns Cos)、美国国家金融服务公司(Countrywide Financial)],或者直接倒闭了[如华盛顿互惠银行、雷曼兄弟、印地麦克银行(IndyMac Bank)]。

本章将首先分析这4家成功的公司。笔者将对摩根大通和高盛集团给予一定篇幅介绍,对富国银行和多伦多道明银行的介绍则相对简短。这4家公司各自都拥有着出色的经营能力和明智的规章纪律,但实现途径各异。摩根大通的秘诀在于将公司打造得足够强大,从而能够占据长期机遇。高盛集团则在于拥有管理全公司的各类系统和能够快速应对经营环境变化的能力。而富国银行是一家有着强烈的顾客至上文化理念的公司。对于多伦多道明银行,其践行了一个简单的道理:如若不解,莫投资。介绍完这些公司之后,本章会接着分析一些失败的公司及其问题所在。

本章为后两章做了铺垫。第四章将介绍公司治理以及决定公司是否有能力应对危机的治理途径。第五章则讨论了危机管理和风险官的作用。事实上,文化、治理、管理比起风险官本身来说更为重要。成功的公司会在日常经营活动中搭建建设性对话机制,而失败的公司则往往把对风险的考虑置于争夺市场份额、效益和利润之后。

第六章将分析公司组织、商业模式和金融危机。不成功的公司存在各式各样的组织形式,包括两家政府资助公司——房利美和房地美;三家投资银行——贝尔斯登、雷曼兄弟、美林;几家商业银行控股公司,如花旗集团、美联银行(Wachovia Corporation,Wachovia)和瑞银集团;一家保险公司——美国国际集团;三家储蓄银行控股公司——美国国家金融服务公司、华盛顿互惠银行和印地麦克银行。

这次金融危机过于严重,以至于政府的扶持似乎对大公司的生存至关重要。例如,从高盛集团和摩根士丹利(Morgan Stanley)于2008年9月迅速转变为银行控股公司这件事上就可以看出。然而,很多大公司仍旧以失败告终,原因是他们过度负债,承担过多风险,对于主要风险不够敏感,他们,如房利美、房地美、美国国家金融服务公司、华盛顿互惠银行和印地麦克银行,有时过于集中在某一狭小范围的资产上,所以即便这次危机没有这么严重,这些公司也会倒闭。

一、摩根大通

(一)抵御危机

在2007年摩根大通年度审查报告中(第二章曾引用),摩根大通的监管机构美联储纽约分行这样总结道:

> 由于公司流程在识别、衡量、监督和控制风险方面显得十分有效,摩根大通的风险管理计划评级继续为满意("2")。值得关注的是,经过对2007年市场衰退期间公司管理人员在识别、理解和管理风险上所表现出来的能力的评估,董事会和高层监管评级已经跃升至强"1"。[①]

摩根大通拥有风险限额的策略监管系统,用来测量和监管交易对手的风险敞口。公司对于潜在风险的评估和压力测试模型,为公司管理层评估衍生品交易中的对手风险级别提供了明智而保守的意见。[②]而且,这所公司拥有有效的流动性资金管理框架并在2007年得到了加强。

审查报告也指出了摩根大通的不足。尽管这家公司已经实施了经济资本管理措施,并且建立了更为全面的计划来改良经营流程,但是它仍然在加强所有业务部门中的风险资本管理工作。此外,尽管公司已经在2006年年底前抛售了所有次贷产品,但损失实际上是被低估了,因为还有延售贷款和远期管道风险没被考虑到。然而,正如监管机构对公司给予的高评级所显示的,这些不足是有限的。

(二)备战危机

摩根大通的杰米·戴蒙(Jamie Dimon)对公司商业有长远眼光。在金融危机爆发前的2006年,他曾做出过以下陈述:

> 回想起1975年,那一年我高中毕业并得到第一份工作。至此以后,我们遭遇了很多战争,很多恐怖袭击,以及很多国家面临破产——阿根廷面临了3次破产——还有很多次经济下滑。我们国家的利率一度升至

---

① Federal Reserve Bank of New York, "Summary of Supervisory Activity and Findings, JPMorgan Chase & Co.", April 15, 2008.

② Ibid.

> 21%，也一度降至1%。这些都是常有的事情。所以当你做生意时，你必须成熟地经营它，并知道意外的事情随时都会发生。而唯一不可预知的就是发生的时间点以及打击从何而来。但是你至少知道它一定会发生，不过在我看来，目前还没有人抓住过这样的转折点。①

秉持着这样的观念，戴蒙一直要求公司持有的缓冲资本要高于金融监管机构规定的标准，他将这一做法称为“要塞式资产负债表”。2005年《商业周刊》的一篇文章将这一理念描述为：抛售资产组合，储存更多资本，并且数量远远超过监管机构和银行本身目标所要求的，以此建立一个能够经受住利率上升和更为艰难的借贷市场的“要塞式资产负债表”。②

然而，不是所有股东都支持这样的做法，而且增加公司的资产将会降低股本回报率。摩根大通在其2006年年度报告中解释道：“在持续良好的信誉环境下产生的收益差强人意。而且在某些情况下，我们仍落后于主要竞争者。”③

摩根大通还强调另一种需要消耗人力和财力的基本方法，就是坚持把公司广泛的业务置于同一个经营平台之下。只有这种方式，大型复杂的金融公司才能运营成为一个独立的商业主体。④摩根大通在贝尔斯登破产后收购了此公司，关于整合贝尔斯登的投资业务一事，公司的首席信息官这样说道：“我们各业务线的最高目标就是实现同一个客户、同一家公司、同一种思维方式。”⑤这个结果不仅是要求公司有能力在各业务线、各地点，甚至是在各国间管理自己，更重要的是，要形成全流程风险管理的观念。

---

① Deutsche, Clayton G. “Building the Global Bank: An Interview with Jamie Dimon”, *The McKinsey Quarterly*, 2006, No. 4.

② “Dimon’s Grand Design: Jamie Dimon is Bracing for Another Tough Year at JPMorgan. But Now He Has a $1.1 Billion Plan to Revive the Nation’s No. 2 Bank. An Inside Look”, *Business Week*, March 28, 2005.

③ JPMorgan Chase, “2006 Letter to Shareholders”.

④ Der Hovanseian, Mara, “JPMorgan: The bank of Technology; The financial giant is making investments in info tech and expects to reap huge awards”, *Buesiness Week*, June 19, 2006; Deutsch, “Buliding the Global Bank”; Lashinsky, Adam. “Riders on the Storm (Wells Takeover of Wachovia)”, Fortune Magazine via CNN Money. com, April 20, 2009.

⑤ Hintze, John, “Top10 CIOs on Wall Street: Duncan Rawls, JPMorgan Chase”, *Securities Technology Monitor*, November 4, 2010.

(三)应对危机

这种全流程风险管理的观念,加上传递到高层的重要信息,在危机开始时发挥了效果。据西北大学教授沃克·拉塞尔(Russell Walker)分析,摩根大通注意到了其持有和服务的抵押贷款的拖欠率在上升。零售银行部门将这一信息反映给了公司领导层和公司投行部门。公司利用这些信息改变策略,售出而不是买进抵押贷款类的资产。“当摩根大通发现了这些抵押贷款账户的征象,它便开始整合按揭付款方面的信息,而投资银行在评估抵押贷款投资组合时一般是不会出现这些行为的。摩根大通的成功就是源于其能够识别这些不寻常的信息,并意识到需要用非传统思维来分析它们。”①

由于摩根大通拥有金融巨头中最强劲的资产负债表之一,其才能够在2008年收购贝尔斯登和华盛顿互惠银行的资产及其零售银行网点。不同于因收购壮大却没能成功整合的华盛顿互惠银行,摩根大通迅速整合了这两家公司的业务,以便让被购公司余下的员工能在同一公司文化和业务系统下工作。

(四)危机的影响

尽管摩根大通从2006年开始基本上摆脱了次贷市场,却又在2008年重返了次贷市场,其乐观地认为房价已经触底反弹。这个错误的判断造成公司数百万美元的损失,但仍小于那些没能挺过危机的公司所遭受的损失。②

收购华盛顿互惠银行给摩根大通带来了很多麻烦。尽管摩根大通预测到会因华盛顿互惠银行巨大的次贷投资组合而遭受损失,但没想到损失会这么大。可能更重要的还是其对摩根大通声誉的损害,因为公司对房贷违约拖欠的住户行使了止赎权,于是住户便找来了州检察长、诉讼当事人和联邦监管机构来对此严格审查。

尽管如此,摩根大通从金融危机中壮大起来并成为了全球最强大的金融机构之一,到2010年年底其拥有的总资产已经超过2万亿美元,当年营业纯收益和净利润分别超过1000亿美元和170亿美元。

---

① Walker, Russell, “Fortune Favours the Well – Prepared”, op – ed, *Financial Times*, January 29 2009. The communications are described in Tully, Shawn, “Jamie Dimon’s Swat Team: How J. P. Morgan’s CEO and His Crew are Helping the Big Bank Beat the Credit Crunch”, *Fortune*, September 2, 2008.

② Tully, “Jamie Dimon’s Swat Team”.

二、高盛集团

(一)抵御危机

1994 年高盛集团由于伦敦分行的运营几近破产。那时的高盛还是合伙制公司,这些经验教训深深印刻在了剩余合伙人的记忆里,促使高盛采纳了所谓的风险管理文化。一方面,公司在交易员和创收业务部门之间搭建了平行结构;另一方面,又构建了在公司内部被称为"联邦"的广泛支撑结构,包括设置监督官去监督交易人的活动并每晚标记他们的头寸。监督官系统使"流氓交易员"难以像以前那样,在高层毫无意识的情况下便给公司带来巨大损失,就像 20 世纪 90 年代巴林银行的倒闭,还有金融危机期间及之后发生在瑞银集团的流氓交易员事件那样。

不像摩根大通依赖"要塞式资产负债表",高盛的经营依靠的是一个不同的商业模式。正如高盛官员告诉委员会工作人员的,公司要运作成"一个流动的公司,而不是储存型的公司"。①这便意味着,公司将监管其所持有的资产,并积极鼓励交易员售出清单中的老化资产。

高盛有着独特的风险管理办法,包括在按市值计价的基础上每天监管公司全流程的风险状况:

> 高盛风险管理的基础是严格依照按市值计价的会计办法。这涉及每日评估公司在当前市场的资产和负债,而这种价值是实际存在于自由市场中的。如果对自己财务状况没有透明且现实的认识,高盛就不能做到正确评估或处理自己的风险。正是逐日结算的会计办法刺激了高盛在 2006 年年底前降低了在住宅抵押市场的风险敞口。②

对高盛而言,严格地按市值计价的会计方法带来的效益有两方面:(1)允许公司在没有让历史成本会计信息失真的情况下,保持了对资产和负债及时准确的了解;(2)提供了做决策时应遵循的原则,如应当持仓还是改仓。

---

① Dan Sparks, former head of the Goldman mortgage trading desk, told Commission staff, "The firm was not a bank. Use of the balance sheet was very carefully guarded", FCIC interview with Dan Sparks, Goldman Sachs, June 16, 2010.

② Goldman Sachs, "Goldman Sachs: Risk Management and the Residential Mortgage Market", April 23, 2010 (footnote omitted), p. 5.

（二）备战危机

尤为重要的是，高盛集团的高管都曾是经验老到的交易员，他们都深刻体会过市场的残酷和周期性变化。公司同时也会积极聘请符合特定技能的员工。公司在2006年夏成立了专项抵押贷款团队来审查文件，评估CDOs和其他复杂的抵押贷款产品。当抵押贷款市场流动性变得越来越差的时候，这个团队帮助公司在评估这些金融产品时严格执行公司的纪律准则。

尽管没有"要塞式资产负债表"，高盛依然能够依靠流动资金管理来应对动荡的市场。相较于很多公司往往会去承担诸如信贷风险或利率风险这样的风险，高盛则视流动性为一种保险措施。例如，高盛往往会偿还更多贷款，因为借入比贷出多，而作为回报高盛获得了长期负债以此降低挤兑风险。在20世纪90年代早期，高盛通过持有现款来管理流动性风险。1990~1991年，高盛使用未提取的银行信用额度作为支撑担保。不过，公司后来发现这种方法不利于在需要的时候筹集资金。有其他公司曾指出，当某家公司动用了应急信贷额度，就会向市场释放出强烈信号，这就会在错误时间里影响外界对其财务实力的看法。所以，高盛长期寻求着更多的负债（"更多更长远"是公司对于负债资金的口号）。高盛几乎不发放短期贷款；即使其也运用回购协议作为担保融资的手段，但是，几乎所有的回购协议都拥有超过100天的加权平均待偿期限。高盛也发放6~9月的期票，以及在无担保债务市场借入待偿期限为7~8年的贷款。

对高盛而言，流动性风险管理同时涉及负债和资产两方面。核心理念是长期贷款，短期投资，以此平稳度过市场动荡时期。高盛基于这两个账户来管理其资产负债表。交易员不仅要说明时机成熟，还要说明持有一项资产的必要性。有时，因为需要为客户保留一项套期保值交易或是持有某一头寸，头寸需要保持未结状态。然而，为了让存留量最小化，高盛常常使用定价手段去阻止交易员持有老化资产。

高盛还使用定量模型来计算公司必要的流动资金总量。其中一些模型是建立在高盛1998年的教训之上的，由于那时俄罗斯债务危机，流动性成为了金融公司关注的问题。首席财务官戴维·维尼尔（David Viniar）告诉委员会工作人员说，高盛会根据判断来增加模型数量，正如高盛所称的最终的全球流动性核心，要比模型单独预计的数额高出50%以上。

（三）应对危机

高盛曾报告说他们公司内部存在着出色的沟通协调。关于风险矩阵测量和公司风险敞口情况的信息和报告一直源源不断地并及时地传递到高管那里。首席财务官戴维·维尼尔每天都会与CEO劳尔德·贝兰克梵(Lloyd Blankfein)及其他高管保持沟通交流。危机期间,高盛的高管和董事会一直都在积极地共同应对危机。

高盛还报告称,"前抵押贷款部门主管达恩·斯帕克斯(Dan Sparks)于2006年12月5日通过邮件告诉公司高层说:'次贷市场正遭受沉重打击,至此,我们今天已经损失了2000万美元。'对于高层而言,即使损失相对轻微,只要某一业务领域出现了亏损状态就值得引起警惕"。①

首席财务官戴维·维尼尔曾召集过一次会议,试图弄清楚到底发生了什么情况。最后鉴于抵押贷款市场的情势,高盛高管决定,"多贴近本土市场一点"。换言之,在短仓和长仓的组合下,高盛开始采取越来越谨慎和中立的态度。通过减少持有抵押贷款和与之相关的债券,购入高昂的保险产品来避免进一步的损失,高盛甚至放弃了当前在抵押贷款交易中看起来十分有利的头寸。②

2007年1月和2月,高盛在抵押贷款市场上对冲风险,接着又关闭了暂持融通工具,快速转移了抵押贷款资产,并进一步通过对冲和减少抵押资产来降低风险敞口。由于对这些风险前兆做出了迅速反应,高盛避免了遭受巨大的损失。

高盛对自己的流动性风险管理在危机中发挥了作用感到十分欣慰:

> 随着危机逐步发展,我们对资产流动性的重视,对不良资产的相对限制,还有每天按市值计价几乎所有资产的规定,长期负债的融资策略,使我们能够合理有度地主动选择去收缩资产负债表,以此降低风险敞口,保护我们免受持续萎靡的融资市场的伤害。再者,考虑到我们融资账本上的到期时间,相比由于到期负债的资金流失,我们通过资产出售筹集了更多的流动资金,以此增加流动性缓冲的规模。在2008年第三季度,我们的流动性缓冲达到了1130亿美元,在第四季度中达到1110亿美元。由

---

① Goldman Sachs, "Goldman Sachs: Risk Management and the Residential Mortgage Market", April 23, 2010 (footnote omitted), p. 5.

② See Anderson, Jenny, and Landon Thomas, Jr. "Goldman Sachs Rakes in Profit in Credit Crisis", *New York Times*, November 19, 2007.

于采取了增加流动资金的措施,公司流动性缓冲在2009年平均达到了1660亿美元。①

高盛意识到市场的反应在动荡时期是很重要的。这家公司为筹集资金在一次公开发行中募得575亿美元,此外,沃伦·巴菲特还额外认购了525亿美元。在金融危机最严重的时期,巴菲特向高盛投资这一事件的正面曝光,给高盛带来的积极影响远超过了因给予巴菲特优厚条件而付出的代价。2008年9月《纽约时报》的一则报道这样说道:"不管怎么说,特别是在美国国际集团倒闭后,紧张不安的投资者和客户们纷纷撤资,他们担心即便是像高盛这样享负盛名的投资银行也会在孤立无援中倒闭。"②在压力之下,幸存的两所大投资银行,高盛和摩根士丹利迅速转变成了银行控股公司。那时,在美联储的支持下,高盛终熬过了动荡和危机。前财政部高级官员赫勃特·艾利森(Herbert Allison)评论道,"要是没有政府采取大规模行动,为高盛及其借贷者和交易对手提供流动资金,并重塑市场对他们生存能力的信心,他们可能就难以挺过这次金融危机"。③

但是,在一个重要领域,高盛的危机管理却呈现出了短板:信誉风险。信誉风险是指公司由于其商业行为或者对自己行为的认知,而给公司信誉造成损失,由此引发的风险。2010年4月27日参议院常设调查委员会举行了11小时的听证会,针对高盛的商业行为进行了调查,特别是在一笔交易上,高盛没有提醒CDO的购买者,该CDO其实是已经被做空了的金融产品,做空者希望通过交易失败,以此在交易中购买的CDS上获利。④2010年7月15日高盛支付了5.5亿美元与美国证交会达成和解。在和解协议中,高盛表示:

> 高盛承认在ABACUS 2007-AC1交易的营销材料中包含不完整信息。高盛的营销材料不应在陈述标的证券组合由"第三方挑选"时,未披露鲍尔森公司(Paulson & Co. Inc.)在证券组合选择过程中所扮演的角色

---

① Goldman Sachs,"Fall 2008 Narrative",undated.

② Creswell,Julie and Ben White. "Wall Street, R. I. P.: The End of an Era, Even at Goldman",*New York Times*,September 28,2008.

③ Allison,Herbert M. (2011),*The Megabanks Mess*,Kindle Edition.

④ See Senate Permanent Subcommittee on Investigation,"Wall Street and the Financial Crisis: The Role of Investment Banks",hearing transcript.

以及鲍尔森(Paulson)与债务抵押债券投资者之间存在经济利益冲突。高盛对营销材料未包含这一披露信息表示遗憾。①

《纽约时报》对此报道称,"这次和解对于高盛而言是耻辱的,高盛的精英名誉和获利颇丰的银行业务经受住了金融危机的考验,却因政府的调查而受挫,这也反映出了其交易中所潜在的利益冲突"。②这起案子以及由于高盛退让而达成的和解提醒了所有人信誉风险在公司风险管理策略中的重要性。③一位智者告诉委员会说,他相信这件事将预示着高盛就像其他投资银行公司一样,已经从以前的长期贪婪者转变为了短期贪婪者。

(四)危机的影响

高盛从这次金融危机中发展成为一家强大的公司。其2010年的10-K表格显示高盛当年总资产已经超过了9000亿美元,净营业额达到390亿美元,利润超过120亿美元。而高盛经美联储批准,根据《多德—弗兰克法案》转变成为银行控股公司这一事件也引起了公众对高盛业务模式走向的热议。《纽约时报》指出,高盛的利润自2010年开始就已经大幅度下滑,而且,"客户都对那些在金融危机中陷入麻烦的高利润产品敬而远之,更不用说接下来的法规只会进一步让高盛的利润缩水"。④

在2011年年初,这家公司就针对信誉风险做出了回应,包括一个旨在报告潜在冲突的新委员会架构和实施规则。高盛宣称,这些改变不仅会贯彻到公司的所有流程中,还会融入公司的文化理念中:

这所公司的文化已经成为了我们几十年来业绩的基石。我们必须再次重申我们对经营原则的承诺,以及最重要的是对客户的服务和我们将一直重视每个行为所产生的信誉影响的承诺。而且我们采取的方法必须

---

① Securities and Exchange Commission, Consent Order of Defendant Goldman Sachs & Co., paragraph 3, p. 2.

② Chan, Sewall, and Louise Story, "Goldman Pays $550 Million to Settle Fraud Case", *New York Times*, July 15, 2010.

③ Seidman, Dov. *How: Why How We Do Anything Means Everything... in Business (and in life)*, Hoboken: John Wiley & Sons, 2007.

④ "Goldman Sachs Group Inc.", *New York Times*, available at http://topics. Nytimes. com/top/news/business/companies/goldman_sachs_group_inc/index. html? scp = 1 · spot&sq = goldman%2osachs&st = cse, accessed March 21, 2011.

是:不仅考虑“有没有能力”开展一项业务活动,更要考虑“应不应该”开展这项业务活动。①

尽管如此,一定有人想知道,正如赫勃特·艾利森提出的,像高盛这样一所多元化的大公司事实上能够在多大程度上既能避免与客户之间的利益冲突,又能不改变自己基本的经营模式:“在大多数职业里,董事会成员和高管们都通过消除或者直接置身事外的方式来处理利益冲突。然而高盛和其他银行巨头这两种方式都没选择,他们更倾向于视客户和公司的近期利润至上。”②

三、富国银行

富国银行的公司目标是“满足客户在财务上的全部需求,帮助他们在财务上取得成功”。这一目标理念来自1998年收购富国并沿用其名字的西北银行(Norwest Corporation)。③富国的CEO约翰·斯坦普夫(John Stumpf)说,富国的文化理念保护了这所公司:“在很大程度上,正是由于我们的公司文化,我们才能避免这个行业正在面临的巨大问题。我们始终坚持以客户为中心,对客户来说是正确的最终对富国来说也将是正确的。”④富国把这样的文化理念贯穿在了向客户交叉销售产品的公司战略中。只要客户发达了,并且觉得和公司合作很愉快,那么,富国就有机会进一步提供产品和服务。

这样的文化理念其实允许富国向顾客销售次贷产品,但是,这家公司却对这些高风险的抵押产品敬而远之。斯坦普夫告诉金融危机调查委员会关于富国不发行选择性可调利率贷款的决定。“在当时做出这些决定是十分艰难的。”他说道,“公司的收入和成交量确实有所下降”。⑤家庭消费金融公司的集团执行副总裁马克·奥曼(Mark Oman)告诉委员会工作人员,这样的审慎行为让富国的市场份额在2004~2006年间遭受了损失。富国也发行另类顶级

① Goldman Sachs, *Report of the Business Standards Committee: Executive Summary.*

② Allison, *The Megabanks Mess.*

③ Standard Graduate School of Business, “Wells Fargo and Norwest: Merger of Equals (B)”, October 11, 2004, p. 2.

④ Ryssdal, *Kai*, “Conversations from the Corner Office: Wells Fargo& Company President and CEO John Stumpf ”, June 10, 2008.

⑤ FCIC interview with John Stumpf, Wells Fargo, September 23, 2010.

抵押贷款，但仍旧十分审慎。斯坦普夫曾在接受采访时称，“没有收入证明文件，而且还是以这样的利率，说实话，多年前我们都没有把这些抵押贷款记入账本，甚至连很多信贷都没有记入，因为之前并没有给这样的风险设定对应的回报。这些类贷款被视为零风险资产，但事实上它们并不是”。此外，斯坦普夫还说富国有一个政策，规定要在高指标贷款利率下从事可调利率贷款业务，而不是在像抵押初期所可能存在的人为实施的低利率下。①

富国还避免了在2005～2007年从事商品房借贷业务。斯坦普夫告诉委员会说，因为在那时公司认为这样做是毫无意义的。②

富国的审慎经营使公司保持了强劲的资产负债表并度过了金融危机。《纽约时报》将富国抵御危机的经验总结为：这所公司缓慢渐行的方式与其竞争者形成了鲜明对比。当然，这并不是富国在银行业中突出的唯一原因。尽管富国是全美最大的贷款人，它在不良贷款（不考虑由于收购美联银行而得到的投资组合）上亏损的情况却是最低的。富国的官员将这归功于公司审慎的贷款标准（如要求高首付）以及对于问题贷款尽快着手重组的策略。③

然而，曾在业务中避免了负摊还贷款的富国，却在之后成为了美国这类贷款最大的持有者之一。2008年10月富国收购了美联银行。美联银行曾是一家大型银行控股公司，但是在收购了选择性可调利率贷款（一种负摊还产品）的主要发行机构金西金融集团（Golden West）之后便开始衰落。于是，富国像其他大型贷款机构一样也卷入了止赎问题中，包括有因收购了华盛顿互惠银行而接受了大量问题贷款投资组合的摩根大通，还有收购了美国国家金融服务公司的美国银行。富国还面临了100亿美元的住房抵押贷款的拖欠问题，而当初购买这些贷款时并没有想到之后会有如此高的贷款拖欠率。

四、多伦多道明银行

在一场2007年9月的投资者见面会上，多伦多道明银行把公司对垃圾资产的风险敞口情况总结在了表3－1中：

在2000年年初，道明银行对自己在结构性产品领域的国际化业务十分自

---

① See Ryssdal, Kai, "Conversations from the Corner Office: Wells Fargo& Company President and CEO John Stumpf", June 10, 2008.

② FCIC interview with John Stumpf, September 23, 2010.

③ "Wells Fargo & Company", *New York Times*, January 20, 2011.

豪。后来，未作任何解释，CEO 埃德蒙·克拉克（Edmund Clark）便在公司的2005年年度报告中宣布，“我们做出了艰难的抉择，决定停止全球结构性产品业务。尽管对于短期的经济损失，公司会觉得可惜，但是我很高兴看到我们已经采取了能采取的措施，并且能够继续发展业务来传递长期的股东价值”。①之后，道明银行在2005年和2006年报告中称由于平仓公司遭受了重大损失。

表3-1 2007年9月多伦多道明银行垃圾资产风险敞口情况

美国次贷	无
美国CDO次贷风险敞口	无
第三方资产支持商业票据	无风险——道明银行金融集团（TD Bank Financial Group，TDBFG），道明银行资产管理公司（TD Asset Management Inc.），道明互惠基金（TD Mutual Funds）
公司贷款账簿	有名义杠杆收购风险敞口，无低门槛风险敞口
对冲基金	无直接性借款的风险敞口，但存在交易风险
大宗经纪业务	基于零售（IDA）毛利标准的抵押

资料来源：多伦多道明银行金融集团，“2007年9月投资者见面会”，第15张幻灯片。

克拉克是如何办到既避免接触美国次贷市场，又可以摆脱结构性产品如CDOs和利率衍生品的？“我已经从事银行业很久了”，克拉克在2008年5月告诉一名记者。“我认为不应该去做那些还没弄清楚的事情，寄希望于公司底层有人已经搞清楚了是不可行的。”②

克拉克拥有哈佛大学的经济学博士学位。他说他每周都会花上几个小时与专家会面，以此了解批发银行部门所交易的信贷产品和股权产品。“对于整件事情我都无法理解”，克拉克说，“要么拿回所有的钱，不然就会血本无归。我听到这样的话感到十分惊讶，如果我们撞上了这样的事情，可能会为此

① Clark, W. Edmund, “President and CEO's Message”, TD Bank Financial Group 2005 Annual Report, Toronto Dominion Bank, 2006, p. 6.

② Sydney Morning Herald, Bloomberg, “The bank that said ‘No’ to subprime debt”, May 27, 2008.

遭受很大的损失”。①

克拉克回想起当初，股评家们并不支持他长远发展的观念：

> 审慎意味着你不得不置身于市场中很多年，正如我们在美国所做的，并保持着自身贷款总额的增长速度略慢于市场的增长速度。它也确实意味着你不得不在2005年和2006年退出结构性产品市场，并被股评家们描述为白痴。但是，到了最后它便意味着当市场最终开始萧条，你不会因此受到重创。②

尽管上述公司抵御危机的策略各不相同，但大体来讲可以总结出以下几点重要品质：(1)自律和眼光长远；(2)有强大的通信和信息系统来确保高层可以得到管理公司以及掌握风险所需的信息；(3)对早期的警示信号高度敏感并有能力做出迅速而有效的反应；(4)在业务部门和风险官之间有建设性对话流程。成功的公司的管理人员会不断征求反馈。

通过分析这四所成功的公司将有助于分辨出：(1)公司的脆弱点；(2)危机到来前的准备行为；(3)危机爆发时的应对能力。

(一)减少弱点和公司文化的重要性

挺过金融危机的公司都有着自己的文化理念来支撑纪律性的约束。摩根大通、多伦多道明银行及其他一些公司在行业内很突出，他们所持有的资本缓冲量要远大于金融监管部门所要求的数量。

当这些成功的公司将他们所有的经营活动整合在同一个平台时，他们就可以更加综合、协调地管理公司，尽管有些公司有几十甚至成百上千的员工、分支机构，特别是对于零售银行来说，有时还有成千上万的零售点。③这些公司需要做的不仅是拥有在多个业务部门、多个地点甚至多个国家管理公司的能力，特别重要的是还要具有采取全流程风险管理观念的能力。失败的公司如花旗集团和华盛顿互惠银行，在危机之前不断扩张，但是由于没能整合好自己的系统和业务平台，也就没有获得具备管理整个杂乱零碎的公司的能力。

---

① Sydney Morning Herald, Bloomberg, “The bank that said ‘No’ to subprime debt”, May 27, 2008.

② Clark, Edmund. National Bank 2010 Financial Services Conference, presentation, TD Bank Financial Group, March 20, 2010.

③ See Der Hovanseian, “JPMorgan: The Bank of Technology”; Deutscg, “Building the Global Bank”; Lashinsky, “Riders on the Storm (Wells Takeover of Wachovia).”

(二)审慎的经营活动和全流程风险管理的观念

成功的公司往往避免提供对自己或者对客户风险高的金融产品。例如,富国决定不再经营某些可能让借款人负债沉重的抵押贷款业务。当其他公司还在努力增加这类抵押贷款时,富国却在2006年和2007年的“沸腾岁月”放弃了相应的市场份额。

在与金融危机调查委员会的采访中,失败公司的官员都抱怨说他们不可能预料到从2006年下半年开始,主要市场的房价会以不可思议的30%或40%的速度下跌。但是,成功的公司也没有预料到。对于承担风险,他们只是一直都保持着纪律性。并且,当他们发现市场开始不对劲了,他们就会采取防御性的姿态,直到弄清楚真实情况。高盛和摩根大通就是典型的例子。

另一个成功的要素就是能够根据良好的信息做出正确的判断。几十年前,经济学家弗兰克·奈特(Frank Knight)就阐明了风险与不定性的区别。[①]他解释风险包含的要素是可以通过统计学上的建模模拟出来的,然而,不确定性包含的要素需要做出定性判断。在金融危机中,成功的公司将强大的信息系统、定量分析与对不确定性的正确判断结合了起来,这样,就不容易只受到定量分析的影响。一些成功公司的高管还经历过更早时候的金融危机,如1987年的美国股灾或者1998年的俄罗斯主权债务危机,或者像高盛一样在1994年险些破产。一名挺过危机的公司财务主管曾告诉笔者,当市场开始动荡时,经验丰富的人员对于应对不良事件是很有帮助的。

在定量方面,利用经验丰富的金融建模人员对于成功的公司十分重要,这些人员可以将复杂的定量技术与对这所公司业务的实际了解结合起来。当这些金融建模人员拥有良好的沟通技巧,就将更有利于公司管理人员明白金融模型的实际优势和可用数据的局限性,以及实际影响了所有定量系统的其他模型输入。不像有些公司严重依赖着不适合在住房和信贷泡沫中捕捉风险的缺陷模型,成功的公司会结合成熟的判断来使用模型和数据。

成功公司的第三个重要特征就是不论在业务部门之间,还是管理层和业务部门之间都有着良好的通信体系。这些公司的政策规定管理人员要向上级部门汇报问题。这样做的原因是公司的高层希望在通过其他途径听到坏消息之前能够先从下属这里得知这一消息。在这4家成功的公司里面,全都存在要求管理人员报告潜在问题的规定。

---

① See Knight, Frank. *Risk, Uncertainty, and Profit*, Boston: Houghton Mifflin, 1921.

前信孚银行(Bankers Trust New York Corporation)前副董事长尤金·路德维格(Eugene Ludwig)告诉委员会说,他过去常常利用一个机制来让自己了解到公司的重要信息:

> 我们设置了一个职务叫高级监督官。我也称为是一种跳脱惯性思维的、到处闲逛的风险经理。所以,尽管有正规的风险管理体系,我们仍旧安排了一些人到处走走看看,检查发现有什么情况(他拥有一个小规模的会计团队)让他觉得某个地方出问题了,或者觉得某一块发展太快,肯定没有进行严格审查。在整个组织的任何一个地方(全世界范围内),他的工作就是去发现问题,然后立即给我打电话,“你来我这里一下”。这样做是十分高效的,尽管也存在其他合理的机制。①

一旦管理层收获了这些潜在风险的预警,他们就会进行密集的对话来判断这些预警是否预示着即将到来的麻烦,以及如果是,需要怎么应对。高盛和摩根大通都是这样做的。西北大学教授沃克·拉塞尔总结道,“风险管理就是关于重要信息的识别及其在决策过程中的使用。它并不是指导意见或者执行常规的数学模型。为未知事件做准备要求拥有最佳的信息”。②

在考虑业务的发展方向及其是否需要做改变时,拥有良好的通信也是很重要的。一位来自华尔街某公司的先生曾告诉笔者,“我们公司的 CEO 经常征求我在某些重要问题上的意见”,他还补充到,“但是 CEO 也会向其他 200 名员工征求意见”。成功公司的管理人一直会不断征求反馈意见。尽管他们不会践行所有的(可能有时候只是大部分)意见,但是他们却对整个公司及其环境有了翔实的了解,而这样的结果是其他方法实现不了的。

最后,如第一章所述,成功的公司建立起了组织和流程来促进建设性对话,以此确保公司不会因为短期回报而做出增加公司破产概率的决策。对于经营完善的公司,这还意味着定价合理。当一所公司买进或售出资产时,价格反映了潜在的风险。

就在几年前,成功的银行一直在风险和回报之间做权衡,而那时金融机构

---

① FCIC interview with Eugene Ludwig, former Comptroller of the Currency, september 2, 2010.

② Walker, Russell. "Fortune Favours the Well – Prepared", op – ed, *Financial Times*, January 29 2009.

的规模还很小。公司的高管，往往是CEO会担任信贷委员会主席，并负责决定是否准许发放某一大笔贷款。零售银行或商业银行往往想要促成放贷，而贷款审批部门往往会考虑这笔贷款违约拖欠的风险，于是，就会和前者碰面并交换意见。多数情况下，特别是当这个过程进行得十分顺利时，结果往往都是同意放贷，但有时也会出现调整部分条款来为银行提供更大的保证。例如，银行可能要求为这笔贷款提供一个保证人或者额外的抵押品，再或者其他可以提高安全性的形式。这就是建设性对话作为一种途径，来帮助做出深思熟虑的决策并实现可持续业绩的典型例子。

而在当今这些大型的金融机构里面，这样的流程已经变得更加复杂。比如，在高盛，监督官系统与交易员系统并行，以此确保监督官与交易员每晚（必要时更频繁）都能开展关于市场价值的对话。高盛精心组织了这些对话，以至于对话经常涉及对资产、负债还有交易员的市场头寸的评估。

对于道明银行和富国，他们通过有选择性地参与冒险活动来最小化他们在金融危机中的风险敞口。而对于摩根大通和高盛，他们形成了全流程风险管理的观念，而且一旦他们发现了市场动荡的前兆，他们就会做出周密的决策来应对。

尽管如此，如果没有公司在风险管理文化、信息系统和总体风险管理的基础设施方面的投资，这些成功的公司面对危机就不会有这样的反应。信息系统为公司提供了全流程风险的情况，总体风险管理的基础设施则帮助公司尽早发现风险，并能够以稳健公开的方式进行内部对话，最后得出要限制公司在抵押市场的风险敞口的决定。

五、破产的公司

在这次危机中，破产的公司在管理上都呈现出了相同的缺点。比照成功公司的部分特征将有利于分析这些破产的公司。

（一）缺乏纪律和长远眼光

这些失败公司的其中一个典型特征就是一味追求短期的增长和利润，而不适当考虑其中涉及的风险。赫勃特·艾利森指出：

> 对于“增加利润”，公司内部没有设置相应的监管员。所以，增长永远都是不嫌多的。除非和公司的其他经营目标相抵触，没有节制地要求扩大和拓展经营活动最终都会无可避免地以超出必要限额而告终。公司

还让行政部门拓宽了合法性、审慎原则和道德的范畴，以此增加营业额。[①]

2005 年房利美跟高管们举行了一场战略规划会议，其中包含了一个题为“单亲家庭住房保障业务：战略的十字路口”的报告。[②]这份报告声称华尔街的公司在从事抵押产品这块业务上已经发挥越来越重要的作用。次贷、另类顶级贷款和可调利率贷款的增长不断促进私募抵押证券的发展，但是这些类贷款却并不在房利美传统的风险偏好范围内。而这样的趋势正在让房利美失去最大的客户即美国国家金融服务公司。

这份报告认为，房利美正处于战略的十字路口并面临两个极端选择——保持现状不变或者迎合市场现在的需求。如果房利美选择保持现状，它就可以维持强有力的债权约束，保护账本质量，保全资本以及稳定人心。然而，这样做也会导致公司成交量和收入更低，以及持续的市场份额损失和利润下降，从而影响与重要客户的关系。不过，房利美也可以选择调低自己的信用标准，迎合当前市场的需求，承担更高的风险以及波动更大的收入。如果这样做，房利美就可以促进增长，延缓市场份额的丧失。这份报告还直白地指出对于另寻市场，公司面临着巨大障碍，如缺乏实力和基础设施，以及对信贷风险的了解。与竞争者房地美一样，房利美最后还是决定去承担更大的风险。[③]这两所公司在房价见顶时进入了次贷市场。

前联邦住房金融局局长詹姆斯·洛克哈特（James Lockhart）告诉金融危机调查委员会说，这些政府资助企业想要去冒更多风险：

> 不幸的是，这些企业的狂妄已经延伸到了整个抵押市场。房利美想要扩大收购和开发建设贷款的规模。我们曾批准了一个低于 AA 级的试行计划，不过后来终止了。房地美实际想要大力发展非机构抵押债券的信用违约互换产品（ABX），于是就在这些抵押债券价格下跌时将其买进。到了 2007 年的 7 月和 8 月，随着非机构抵押市场下跌，这两所公司

---

① Allison, *The Megabanks Mess*.

② Fannie Mae, “Single Family Guarantee Business: Facing Strategic Crossroads”, June 27, 2005.

③ Fannie Mae, “Fannie Mae Strategic Plan 2007 - 2011 Develop Segments—Develop Breadth”, Board of Directors Meetings, March 2 - 3, 2007, Emphasis ommitted.

给联邦住屋企业督察局施加了很大的压力，最终在国会的支持移除了投资组合的上限和额外30%的资本约束。①

其他的公司也基本是在这个时间左右决定去冒更多的风险，包括雷曼、华互（如第二章所介绍的）。

由于战略方向的改变，这些公司都招致了更多的风险并因此遭受了重大损失。有些时候，如房利美和华互银行，在改变战略方案时至少也新增了相应的风险管理措施。而其他的公司特别是房利美和雷曼，CEO在公司承担了更多风险的时候解雇了能干的首席风险官。②美林银行按揭出纳处的前负责人安德鲁·戴维森，现为一名华尔街顾问，曾提到公司扩大风险承担以此与竞争者争夺市场份额所引起的监管问题，并指出这样的做法带来了太大的风险："竞争也许会强迫你退出市场，但是它绝不能成为你过度冒险的借口。不论竞争公平与否，都没有人强迫你去竞争。一旦公司选择去竞争，管理层就应当负起责任来。"③

按照定义，失败的公司就是指那些相对于风险，过度举债经营的公司。而实际情况已经超出了这个范围，特别是在2005年之后，失败的公司还指那些即使高举债，如果之前能够维持更多的资本缓冲就不会遭受如此重大的损失的公司。房利美和房地美可以享受得天独厚的政策优待，因而，在抵押市场相较于竞争者可以拥有更高的杠杆比率。而他们之所以追求高杠杆比率，是因为这样更有益于股东和公司管理层，至少在公司破产前是这样的。房地美在1989年成为投资者所有的公司之后，其每年报告的权益回报率都超过20%，在2002年和2000年甚至分别高达47.2%和39%。房利美在2001年报告的盈利率也高达39.8%。④这两所公司一直极力反对较高的资本要求，因为，留存更多的资本将稀释对股东的回报。

---

① Testimony of James B. Lockhart, Federal Housing Finance Agency, to the FCIC, April 9, 2010.

② See Duhigg, Charles, "At Freddie Mac, Chief Discarded Warning Signs", *New York Times*, August 5, 2008; United States Bankruptcy Court, Southern District of New York, *In re Lehman Brothers Holdings, Inc.*, "Report of Anton R. Valukas, Examiner", Section III. A. 1: Risk, p. 4 (footnotes omitted), March 11, 2010.

③ Davidson, Andrew, "The Financial Crisis: a Failure of American Enterprise", monograph, February 2011, p. 5.

④ See Federal Housing Finance Agency, *Report to Congress* 2008, May 18, 2009, pp. 110, 127.

许多公司都在资本要求上做文章，其中一个为监管机构熟知的伎俩就是资本套利。例如，雷曼兄弟就通过使用所谓的回购交易，在季末"卖出"资产以此让公司的资产看起来更庞大，不过，这样的"回购交易"只有在记录完季度收益之后才会进行。还有其他公司也会使用这样的办法。①在撰写本书之际，美国证监会正在考虑是否禁止这样的行为。

于是，一些公司开始用其他办法来实现在低资本情况下开展业务的目的，而这样的资本数目是未达到审慎标准的。为了将资产移出他们的资产负债表，并减少监管机构所规定的资本总量，花旗银行还有其他一些放款人将数十亿美元的资产出售给信托公司。而实际上存在有各式各样的风险投资组织形式来支持这样的行为，比如，利用涉及流动性认沽期权和放款人资助的结构性投资工具（SIVs）的途径。之后，信托公司又把基于这些资产的证券卖给投资者。而这样做的问题就在于，一旦市场开始动荡，这些公司就不得不回购这些资产以此满足流动性认沽期权的条件或者打消购买了这些证券的客户的疑虑。这样，资产就会在错误的时间回到公司，而此刻公司已经没有足够的资产来抵御损失了。

除了没能维持审慎的资本缓冲，失败的公司还往往缺乏充足的信息技术设施来管理他们的经营活动。许多公司都壮大于经济繁荣时期，却忽略了更新他们的信息系统，导致他们一直对公司风险状况很是乐观。②特别是那些通过收购而成长起来，但没能将经营活动充分整合进一个信息技术平台的公司，这样的情况更加明显。③有时候在一些大金融公司内部，某一个部门扩大了对抵押市场的风险敞口的同时，另外的部门由于没有共享消息却正在做相反工

---

① See McGinty, Thomas, Kate Kelly and Kara Scannell, "Debt 'Masking' Under Fire", *Wall Street Journal*, April 21, 2010, p. A－1.

② On the impact of growth on internal controls at Fannie Mae and Freddie Mac, see e. g., Stanton, Thomas H. "The Life Cycle of the Government－Sponsored Enterprise: Lessons for Design and Accountability", *Public Administration Review*, September/October 2007.

③ 这个问题不仅是缺少共同的信息系统这么简单；同时还存在着数据方面的问题。"一些集团还提到了缺失一个集团范围内的数据库，收集的数据缺乏一致性和时效性，以及数据访问和质量方面的问题……这些问题与其他问题一样，阻碍企业识别和统计风险和业务部门中的敞口。" Bank for International Settlements, Joint Forum, Working Group on Risk Assessment and Risk－Capital Concentration, "Cross－sectoral review of group－wide identification and management of risk concentrations", January 9, 2008 version.

作,这一现象说明这些公司缺乏综合的风险管理。①

由于没有为市场动荡做好准备,并损失了融资途径,许多公司终以破产结束。这些公司都是倾向于通过短期借贷来进行长期融资。他们认为,一旦公司情况开始恶化,就可以通过卖出高质量资产来获得所需流动资金,以此维持公司经营。没人预见这次金融危机会带来如此广泛而系统性的影响。一旦市场意识到以往象征着信贷质量的AAA评级不再必然体现私募抵押证券的信用质量,贷款公司就会停止放款,于是通过回购交易来筹集资金将不再可行。陷入困境的公司此刻就会发现,除非开出跳楼价,不然他们的资产将无人问津。如果这些公司还缺乏信息系统,来显示其对抵押贷款、抵押证券、商品房和杠杆贷款以及其他一些在金融危机中难以估计的资产的风险敞口情况时,这样的问题会更加严重。即使公司认为已经限制了对抵押贷款的风险敞口,他们也会常常发现自己还持有一些在库存未售抵押贷款,或者已经向贷款人承诺接受趸售贷款,又或者已经承诺当自己降低风险敞口时要在资产负债表上增加资产。

(二)缺乏强健的通信与信息系统

房地美和房利美都缺乏有效的信息系统,他们分别在2003年和2004年由于内部控制的崩溃而陷入过困境。金融危机调查委员会曾发布过一篇采访报道,对象是政府资助企业的监管部门FHFA的官员[FHFA前身是联邦住屋企业督察局(the Office of Federal Housing Enterprise Oversight,OFHEO)]:

> 联邦住房金融局的审查员约翰·科尔(John Kerr)(同时也在美国货币监理署工作多年)负责审查房利美,他认为房利美是他这30年来银行监管职业生涯中见过的"运营最差的金融机构"。联邦住房金融局的副局长斯科特·史密斯(Scott Smith)与之前的联邦住屋企业督察局的审查专家奥斯丁·凯利(Austin Kelly)一致认为房利美提供的数字完全不可靠,因为他们的"流程就像一碗意大利面一样混乱"。科尔和他的一位同事还说道,令他们感到惊讶的是,作为一所资产高达数千万亿美元的公司,房利美居然还使用着一些简单的技术:甚至还达不到社区银行使用的

① See Dash, Eric and Julie Creswell, "Citigroup Saw No Red Flags Even as it Made Bolder Bets", *New York Times*, November 23, 2008.

技术的平均标准。①

华互银行也有着类似的问题。这家公司发展迅速，在1990～2002年收购了20多家金融机构和抵押公司，包括有美国储蓄银行、大西银行、"舰队"按揭证券公司（Fleet Mortgage Corporation）、一角银行、匹兹堡按揭证券公司（PNC Mortgage）、长滩按揭证券公司（Long Beach Mortgage）。参议院常设调查小组委员会公布了一份美国储蓄管理局在2004年对华互银行的审查报告：

> 在审查的初期，我们发现，华互银行过去通过收购和前所未有的融资抵押活动所带来的快速增长给华互自身施加了很大的运营压力。从2003年下半年开始，市场行情开始恶化，由于没能充分整合好收购之后的银行抵押业务，解决运营问题，以及实现某些重要IT计划的目标，华互银行因此暴露出了其基础设施的弱点并从此开始给公司运营表现带来负面影响。②

委员会报道说，尽管华互确实有努力去采用同一个运营平台来"整合其几十个贷款平台、信息技术系统、公司员工，以及政策（由于其不连续性和有缺口，导致公司陷入贷款错误和贷款诈骗的危险中）"，华互最终还是不得不因为失败而注销了这个系统。③

（三）无法对早期的预警信号做出有效反应

当市场开始凋敝时，失败的公司无法应对早期的预警信号。他们似乎没有能力去提出足以引起公司高度警惕的质疑。其实，简单的质疑也会蕴藏力量，只要做出质疑的人像道明银行的埃德蒙·克拉克一样，能够主动地有判断力地去追寻答案。

---

① Financial Crisis Inquiry Commission, *Final Report of the Financial Crisis Inquiry Commission*, 2011, pp. 321–22 (footnote omitted).

② Senate Permanent Subcommittee on Investigations, Committee on Homeland Security and Governmental Affairs, Final Report, *Wall Street and the Financial Crisis: Anatomy of a Financial Collapse*, April 13, 2011, p. 87 (footnote omitted).

③ See Senate Permanent Subcommittee on Investigations, Committee on Homeland Security and Governmental Affairs, Final Report, *Wall Street and the Financial Crisis: Anatomy of a Financial Collapse*, April 13, 2011, p. 87 (footnote omitted).

于是,很多在委员会前作证的人都争辩说,住宅房地产的价格泡沫破裂根本不可能预测到。比如,花旗集团的 CEO 查尔斯·普林斯(Charles Prince)在后来就证明说:"现在回想起来,虽然做了全面的风险评估,但是鉴于后来房价在全国各地(甚至波及其他国家)完全出乎预料地全面崩盘,说明评估其实是错误的。"①

通过多次采访那些没能预测到房价突然暴跌(或者甚至是轻微的下跌)的公司可以证实,很多公司都只是忽略掉了这些价格下跌可能引发的风险。然而,风险管理并不应该只依赖这一个要素。因为,这些高举债的公司(即使这些公司不是全都在金融危机中破产了)能够使用一些措施,如分配经济资本来权衡某一项经营活动的风险以及如果这些风险实质化,可用资本被耗竭的可能性。②所谓的不良资产也许总量较小,在这些高举债公司的总资产中可能只占很小一部分,但相比公司的资本,其数目就可能很庞大。

许多公司的运营保持着极端的杠杆率。一家高举债的公司容许犯错的幅度远小于一家资本状况良好的公司。这就产生了一个关于资本分配基本功能的问题:对于某项特定活动或业务,为了避免公司支持这项活动或业务而耗尽可用资本总额,这家公司所能承受的损失最大是多少。

如果公司提出了这样的质疑,并有纪律要求必须拿出可靠的答案,那么,一旦风险可能超过回报他们就会马上意识到,而不需要等到普林斯所说的"房价完全出乎预料地全面崩盘"的地步。在 2005 年房地美 CEO 解雇了其首席风险官戴维·安德鲁柯尼斯(David Andrukonis)之后,阿努拉格·萨克塞纳(Anurag Saksena)接任成为了房地美新的首席风险官,他告诉委员会工作人员说:"他在 2007 年和 2008 年对房地美的行为表示担忧。因为明知基于当时投资组合的风险性,公司即将陷入资本亏绌的困境,房地美仍以高于预期速度消耗资本。与此同时,管理层还决定不再筹集更多资本。"③

美国国际集团也从事高杠杆业务。这家公司到 2007 年年底的总资产是 958 亿美元,但同时又担保了 9650 亿美元的负债和 2.3 万亿美元的生效保险,以此给未偿的 CDS 增加了 5620 亿美元的名义价值。④尽管美国国际集团几乎

---

① Testimony of Charles Prince, Citigroup, to the FCIC, April 8, 2010, transcript, pp. 3 – 4.

② The author is grateful to Albert Crego of the FCIC staff for this insight.

③ FCIC interview with Anurag Saksena, June 22, 2010.

④ American International Group. *Form* 10 – *K for the fiscal year ended December* 31, 2007, pp. 28, 33, 4.

没出现 CDS 的违约赔偿情况，但似乎美国国际集团也并没意识到他们需要资本来抵御由此制造的风险敞口。

还有一个问题是关于一些公司因为在资产负债表上持有 AAA 级的抵押证券而遭受重大损失的情况。例如，有些制造 CDOs 的公司如花旗集团，往往卖出低信用档的债券而存留 AAA 超高信用档的债券，因为他们无法以可接受的价格卖出这些超高信用档债券。他们认为存留 AAA 级别的债券是合适的，特别是对于那些信用评级达不到 AAA 评级的公司而言。

这个逻辑存在一个严重的谬论。如果一家公司无法以可接受的价格卖出多批债券中的某一批，这种现象对于整个交易说明了什么呢？一个隐含的结论就是：这家公司把低信用档的债券卖得太便宜了。如果当初订单经理将这个买卖看作一个整体，他们就会发现无法以可接受价格成交的现象其实意味着一个问题——在这笔交易上预定的名义利润是否准确反映了真实回报，包括是否适当考虑了 AAA 级债券的市场价值。正如一位金融专家告诉委员会的，"你的任务是要把产品卖出去，而不是堆积存货。众所周知，如果库存增加，则意味着你没有正确定价"。

罗伯特·鲁宾（Robert Rubin）在委员会作证时也曾解释过这个问题：

> 我首先想到的是，我是在 2007 年秋于花旗集团的某一次会议上得知这些超高仓位的。那次会议由查克·普林斯（Chuck Prince）所召集，会上还有花旗集团的所有高管，主要讨论的是当前固定收益市场有哪些值得考虑的动荡问题。在一次关于固定收益业务的发言中，我从中了解到花旗集团风险敞口中包含了一笔 430 亿美元超高信用档的 CDO。在场的业务和风险管理人员都认为这些 AAA + 级别的 CDO 类债券风险很低。但是，我当时就表示说 CDO 业务就是一种套利活动，也许是由于我长期与套利打交道的缘故，我相信在分派彻底执行完之前 CDO 交易是不可能完成的（特别强调）。①

换言之，风险官可能会问到一个简单问题：交易（即制造和卖出 CDO）的总金额是什么？卖出存留的 AAA 级债券的总金额，加上其他类债券实际卖出得到的价款，就能迅速反映出公司在整个 CDO 交易中的盈利或损失。类似

① Testimony of Robert Rubin to the FCIC, Hearing Transcript, April 8, 2010, pp. 16 – 17.

于房利美信贷主管的定价模式,公司的其他部门在贴现就说明这家公司正在做亏本生意,这样的现象可能预示着公司艰难的经营环境以及提醒这家公司需要采取更为谨慎的态度。①

还有一个简单的问题是关于来自企业自身或者外部的市场经验问题:哪些经验将对当前的业务产生重大影响? 过分依赖信用评级机构的评级结果而不做额外的尽职调查就是一个很好的例证。在2000年初期,工厂预制住房(Manufactured Housing, MH)行业开始衰退。康塞科金融公司(Conseco Finance Corporation)是一家大型金融公司,但是却在与住宅和流动房屋放贷人"绿树财务"(Green Point Credit)合并之后破产了:

> 由于贷款拖欠、止赎频发和亏损情况的持续恶化,工厂预制住房行业开始衰退。从1998年开始,金融产品的主要发行机构都经历了持续增长的贷款拖欠问题,绿树财务甚至面临了高达72.0%的拖欠增长率。对于1990年和2000年的贷款池证券化,这样的恶化尤为明显。②

房利美是证券化移动房屋贷款的AAA级债券的主要购买者。2003年房利美的首席信贷官起草了一份关于从亏损业务中吸取教训的报告。③ 其中一个教训就是:"不要过度依赖第三方的风险评估或者风险监管能力,包括债券评级机构。"2005年这位首席信贷官给丹·穆德(Dan Mudd)发了一封邮件称,"私募债券投资的信用评估主要依靠的是外部评级。尽管我们所投资的几乎都是AAA级债券,但是,仍有可能评级机构并没有正确评估债券中存在

---

① 另一个预示着超高信用档债券低价值的信号来自它们所产生的收益。See Tett, Gillian, *Fool' s Gold*, New York: The Free Press, 2009, p. 126。对于摩根大通来说:"一种解决办法就是将超高档债券置于摩根大通的账本里面,但是,摩根大通的高管 Bill Winters 并不认同这样的做法……Winters 认为,将资产堆积在资产负债表上是一个坏主意……超高信用档债券产生的收益太少了,以至于无法证明持有一笔可观数量的超高信用档债券的合理性。"

② Davidson, Andrew, Anthony Sanders, Lan - Ling Wolff, and Anne Ching, *Securitization: Structuring and Investment Analysis*, Hoboken, N. J.: Wiley Finance, 2003, p. 381.

③ Fannie Mae, "Quarterly Risk Assement YE 2002", memorandum from Adolfo Marzol to Timothy Howard and Dan Mudd, February 6, 2003, February, 2003. ("康塞科公司——我们限制对AAA级债券的投资是很明智的。但是,我们还极大地受益于一名专注于那类业务的信贷官员,使我们能够更早地发现市场不断变化的性质和评级机构所做分析的不足。")

的风险”。[①]然而,房利美并没有理会这样的提醒,在2005年、2006年和2007年相继购买了410亿美元、580亿美元、370亿美元的私募债券。原本房利美是打算购买AA级、A级和其他评级更低的次级债券,但是据美国联邦住房金融局官员在采访中说,由于当时房地美的监管机构(美国联邦住屋企业督察局)禁止这一行为,房地美才没有这样做。结果,在后来的这场金融危机中,房利美在其购买的AAA级债券上遭受了巨大损失。

(四)业务部门和风险经理之间缺乏建设性对话

失败的公司缺乏一种形式或者文化来为风险官和业务部门负责人建立平等的对话。这样的现象有时是因为公司的CEO过于专横,有时是因为公司创收部门的负责人过于傲慢。

尽管穆迪本身不是一所金融公司,但其风险经理与创收部门之间难调和的紧张关系却是一个典型例证。穆迪的一名合规官斯科特·麦克莱斯基(Scott McCleskey)向委员会官员描述了他在2006年年底与穆迪结构性融资部主管布莱恩·克拉克森(Brian Clarkson)的一次交流,他们当时正在董事会的晚宴上:

> 布莱恩·克拉克森直接走到我面前,当着包括董事会成员在内的其他人的面直接说,“你们合规部这一季度为公司赚了多钱?为零。为零”……虽然大家都知道他一向都不太遵守内部政策。但是无论怎么说,当着董事会的面说出这些话已经能够说明,他觉得自己是刀枪不入的。我只是把这件事当成一件趣闻来讲,旨在说明结构性融资部的负责人是怎样的一个人。在他看来,一切都是关乎盈利的。[②]

克拉克森之后晋升为了穆迪的董事长兼首席运营官。麦克莱斯基后来还报告了其他一些他履行职责时面临的困难:

> 我发现只要我的指导意见意味着减少盈利,或者设置分离要求来解决信用评级和业务发展之间的利益冲突,这些指导意见通常都会被无视。

---

① Fannie Mae, Memorandum from Adolfo Marzol to Dan Mudd. “Private Label Securities”, March 2, 2005, draft. (emphasis added).

② FCIC Interview with Scott McCleskey, formerly Moody's Investors Service, April 16, 2010.

> 到了2008年初期，我开始被故意排除在一些会议之外，而这些会议本身是涉及合规问题的，而且本需要我的大力指导才对。①

有时候，公司领导人往往口惠而实不至，要求公司发展壮大、承担更多的风险，同时也要求管理控制好这些风险。例如，房利美就是这样。2006年公司聘请了新的首席风险官恩里克·达来维基亚（Enrico Dallevecchia）。在一次房利美高管的外出静思会上，房利美董事长斯蒂芬·阿什利（Stephen Ashley）提到了房利美的战略定位和达来维基亚的角色：

> 银行已经登上国际舞台，变得越来越强大。同时，房利美也正被银行不断边缘化，其使用的方式在几年前还是无法想象的。我们一定要换个思维，创造性地看待风险、合规和控制。在以前，这些都不是房利美的强项。今天我希望这些领域的相关部门能够与业务部门通力合作，帮助公司更好地开发产品、解决市场需求。达来维基亚绝不是来阻止业务的发展的。②

不幸的是，正如首席风险官达来维基亚在给他的上级首席运营官的邮件中所写到的，他认为房利美没有给予风险管理所需要的优先权和资源。

许多公司一方面追求高收益和高市场份额；另一方面又立志要做好风险管理，但两者往往是脱节的。以此方式，美国国家金融服务公司在早期近10年发展迅猛，资产负债表上的贷款从2002年的210亿美元增长到2003年的500亿美元，再到2004年的770亿美元，然后到2005年的1070亿美元。③在美国国家金融服务公司给其投资者的一份报告中显示，公司的利润涨幅从2000年的5.86亿美元增长到2005年的41亿美元。这所公司还报告了其发行的抵押贷款占了市场份额的15.7%，并计划在2010年接近30%。④到2005年，

---

① McCleskey, Scott, Letter to the US Securities and Exchange Commission, March 12, 2009.

② Stephen B. Ashley, Chairman, Remarks, Fannie Mae Senior Management Meeting, June 27, 2006(emphasis added).

③ Countrywide Financial Corporation, *Form 10 - K for the fiscal year ended December* 31, 2005, pp. 39 - 40. 由于美国国家金融服务公司证券化了许多抵押贷款并将之进行售出，所以，实际发行量远大于其资产负债表上所记载的贷款数目。

④ Countrywide, *Fixed Income Investor Forum*, February 28, 2006.

美国国家金融服务公司的次贷发行量已经在美国市场排行第三。[①]在2005年、2006年以及2007年11月底，安吉罗·莫兹罗（Angelo Mozilo）给美国国家金融服务公司的CEO卡洛斯·加西亚（Carlos Garcia）发了邮件，表示他很担忧公司的发行业务以及公司持有高风险的选择性可调利率贷款的行为。然而，正如金融危机委员会在其最终报告中提到的，这所公司并没有停止发行这些抵押贷款以及在投资组合中持有这类贷款。

并不只有美国国家金融服务公司的领导层才传递含混不清的信息。只要市场在扩大，公司的CEO就很容易一边立志要做好风险管理和控制，一边又继续推进收入和市场份额的增长。

成功挺过金融危机的公司和在危机中失败的公司存在以下不同之处：

· 没人预测到房价会突然下跌；唯一不同的是，这些没被危机打倒的公司迅速地发现市场的变化已经超出他们的认知范围，并立即减少了风险敞口直到他们弄清楚真实情况。

· 成功的公司在2006年年底、2007年年初，甚至更早的时候就发觉了市场的不寻常变化，并且立即对原因展开调查。他们开始积极地“避险”［用德意志银行（Deutsche Bank）的话说］或者“关注本土更近的市场”（用高盛公司的话说）。

· 摩根大通CEO看待“要塞式资产负债表”与其他公司的CEO不同。他认为，要塞式资产负债表不只是为了抵御风险，它还有利于公司以优惠条件去收购那些由于市场周期而陷入困境的公司。因此，有效的风险管理不仅是保护性或者防御性措施，更能成为一种战略优势。

· 成功的公司及时地大力降低自己的风险敞口，以此避免了巨大损失，但同时却因为没能发现存在于公司内部的一些风险而在金融危机开始之后为此遭受了损失。

· 其他的公司在金融危机中失败是因为他们高举债经营业务（如政府资助企业、雷曼、花旗集团），或者在错误的时间承担了过度的风险（如政府资助企业、华互银行、雷曼），又或者过于集中在某一个狭小领域的资产（如房利美、房地美、美国国家金融服务公司、华互银行、贝尔斯登）。

---

① See Financial Crisis Inquiry Commission, *Final Report of the Financial Crisis Inquiry Commission*, 2011, p. 89.

他们其实很有可能在过去的困难时期就已经破产了,即使那时的压力还没有金融危机的时候巨大。

· 成功公司的决策过程反映出了其征求反馈意见和参与建设性对话的过程,通过这样的方式,公司的高层就可以在风险和回报之间进行权衡。风险回报的决策涉及的是概率问题而不是必然性的问题,而且要求能够在充分了解事实的基础上做出良好的判断。

第四章　公司治理与金融危机

典型的银行理事会类似于那些伟大和优秀的人的退休家园，在那里有退隐的行业巨头、卸任的政治家以及偶尔有非营利性组织成员。

——保罗·迈纳斯(Paul Myners)，2008 年

治理是决定一个组织作出决策的指引系统。从更正式的意义上说，一个组织通过治理行使权力并运用制度化资源来解决问题以及执行事务。治理反映了利益相关者对本组织以及组织内部各种机构之间的权力关系。在金融危机中，有效的治理图景便是高层管理者预防困境、避免错误以及合理应对出现的危机。

巴塞尔银行监管委员会(the Basel Committee on Banking Supervision)建议公司治理涉及董事会及高管层治理一个机构的路径。略微解释一下，该路径包括应如何：

1. 设置公司战略和目标；

2. 决定企业的风险容忍度(所谓的公司风险偏好)；

3. 经营公司每天的业务；

4. 保护投资者利益，履行股东赋予的职责，考虑其他公认的利益相关者的利益；

5. 把公司活动和行为与期望协同起来，这种期望便是公司将以安全平稳的方式、以诚信有德且遵守法

律法规的方式经营。①

完成这些目标需要协调或者至少互补首席执行官与高管层、董事会，以及监管者的行为。当然，问题在于权力和信息并没有在这三个团体中按比例分配。经常是强势的首席执行官束缚弱势的董事会，而董事会都无法合理地挑战管理层以便提供反馈，以及探究所提管理方案的缺陷。尽管这个观点值得我们更深入地探究，但不明确的是，从长远来看，如果首席执行官并不支持这种做法，董事会是否会对公司决策增加价值。② 有些机构缺乏一种能力，即为了支持做出明智决策而能够向高层管理人员或者董事会提供充分的信息。监督者似乎没有能力去抑制并不安全稳健的做法，尤其是对那些看似正在获取大量利益的公司便更无能为力。由此可见，有助于减少不良决策的制衡机制缺失了。③

另外，一个有作为的首席执行官能够与董事会、与利益相关者及监管者建立多重关系，有助于构建所需的制衡。首席执行官爱德蒙·克拉克（Edmund Clark）成功地引领多伦多道明银行（Toronto Dominion Bank）度过金融危机，

---

① See Basel Committee on Banking Supervision, *Principles for enhancing corporate governance*, Consultative document, March 2010, pp. 5 – 6. 巴塞尔文件的文本特别聚焦银行：

从银行业角度来看，公司治理包括权力和责任的分配，意即银行业务和事务的治理方式是通过银行董事会和高级管理层，包括他们：

· 设置银行的战略和目标；

· 决定银行的风险容忍度/风险偏好；

· 经营银行每天的业务；

· 保护储户的利益，履行股东赋予的义务，考虑其他公认的利益相关者的利益；

· 把公司活动和行为与某一期望结合起来，这种期望便使银行将以安全平稳的方式、以诚信有德且遵守法律法规的方式经营。

② 亚历克斯·波洛克（Alex Pollock）在这个方面适当地引用了沃尔特·巴奇霍特（Walter Bagehot）："最好的董事会能真正完成的事便是形成良好决策，这些决策针对经理向董事们提出的核心问题，也有可能是一些其他由他们的团队中一名或两名积极的成员为了讨论而精选出的要点。15 人或 18 人的会议完全无法胜任比这人数更多的业务交易……董事会对大宗交易进行监管所需要的实际时间要多于董事会事先商定的时间，而且实际所需要的监管时间和精力比经理们愿意付出的也要多……公司的董事们不可能主要且忧虑地参与公司事务却不考虑他们自身的工作。" See Alex J. pollock, "What Should Society Want from Corporate Governance?" *Financial Services Outlook*, American Enterprise Institute, February 2006, citing Bagehot, Walter. *Lombard Street*, London: Henry S. King and Company, 1873, p. 126.

③ See Finkelstein, Sydney, Jo Whitehead, and Andrew Campbell, *Think Again: Why Good leaders Make Bad Decisions and How to Keep it From Happening to You*, Boston: Harvard Business Press, 2010. 笔者感谢委员会工作人员德西·邓克（Desi Duncker）首次向笔者指出这本书。

清楚地说明了他关于首席执行官与董事会之间合理关系的见解，这种观点几乎提供了一种教科书式的范本：

> 优秀的执行管理团队需要一个强有力的董事会。如果他们打算增加价值，他们需要问一些难题。他们需要基于我们的假设来挑战我们。所以，我告诉我的董事会要游历整个组织；与执行官来往；寻找任何你想要的文件。如果任何执行官拒绝了，告诉我，我将会与其会晤并确保他们明白他们必须让你知晓这份文件。在每一次董事会议前，我都会逐条审查议程。我会告诉董事问题的症结之处并指出在哪一处他们可能就某些问题上想迫切要求更多的信息。①

保罗·迈纳斯是一名伦敦金融城（City of London）的前基金经理，担任过几家大型公司的非执行主席，他提出了相同的观点：

> 首先，董事会成员应当牢牢谨记他们最重要的职责之一便是挑战执行官。我的经验法则是从伏尔泰（Voltaire）那里学来的：通过一个人的问题来判断其人。董事会成员有没有提出正确的问题以及是否具备足够的坚持精神呢？在理论上很简单，但其身处于不过是偶然的日常质疑就被当成不合礼貌的举止之环境中却难以做到。②

巴塞尔银行监管委员会宣布了14条善治原则：

> ·原则1：董事会对银行负有全面整体的责任，包括批准以及监督银行实施其战略目标、风险战略、公司治理及公司价值。董事会也负有对高级管理人员监督的职责。
>
> ·原则2：董事会成员必须是称职的并保持其能够胜任岗位的状态，包括通过培训保有这样一种状态。他们必须清晰认识自身在公司治理中

---

① Clark, Edmund, "Corporate Transparency and Corporate Accountability—Today's Table Stakes for Senior Executives", remarks to the Executive Women's Alliance Conference, Vancouver, July 12, 2004.

② Myners, Paul, "Reform of Banking Must Begin in the Boardroom", letter, *Financial Times*, April 24, 2008.

的角色,并且有能力合理且客观地判断银行事务。

·原则3:董事会为其自身工作界定合适的治理实践并且采用适当的方式确保这些实践得以应用,以及定期审查这些实践以进一步完善。

·原则4:在一个集团架构中,母公司的董事会对整个集团充分的公司治理承担全面整体的职责并且确保这些治理政策和机制适应于本集团结构、业务和集团及其各个实体组织的风险。

·原则5:在董事会的指导之下,高管层应当确保银行的具体活动是否与商业战略、风险容忍度/风险偏好以及董事会批准的政策相一致。

·原则6:银行应当具备一个独立的风险管理职能部门(包括一名首席风险官或者同等职责的人),该部门需具备足够的权威、地位、独立性、资源以及与董事会接触的权利。

·原则7:必须不间断地在整个公司以及单个实体组织的基础上识别以及监控风险,并且,银行风险管理的精密复杂性以及内部管控的基础设施应当与任何变化并驾齐驱,这些变化涉及银行风险预测(包括银行资本收益的增长)及外部的风险环境。

·原则8:有效的风险管理需要在银行内就风险形成良性的内部交流,这种交流不仅需要跨越整个组织,而且还要通过向董事会及高管层汇报的方式进行。

·原则9:董事会及高管层应当有效运用内部审计部门、外部审计师以及内部管控职能部门所开展的工作。

·原则10:董事会应当积极主动地监督薪酬系统的设计及运作,以及应当监督和审查薪酬系统以便确保它如预期般运作。

·原则11:员工的薪酬应当与审慎的风险承担相一致:薪酬应当根据全部种类的风险来调整;薪酬的结果应当与风险结果相称;薪酬支出时刻表应当感应于风险的时间范围;现金、股权以及其他形式薪酬的混合应当与风险构造相协调。

·原则12:董事会及高管层应当知晓并熟知银行的经营架构以及这种架构可能产生的风险(即“知道你的架构”)。

·原则13:当银行以特殊目的或者以有关联的结构从业或者在某类有碍透明性或并没有达到国际银行业标准的行政辖区中执业,董事会及高管层应当对这些经营的目的、结构以及独特的风险了如指掌。他们也应当要弱化已识别的风险(即“熟知你的架构”)。

· 原则 14：银行的治理应当对其股东、存款人、其他相应的利益相关者和市场主体充分地公开。①

有些人可以发现一些原则(如关于风险管理的原则 8 或者关于复杂的组织结构的原则 13)是如何反映出金融危机中的经验教训的。这些原则是含蓄内敛的,而不是这份文件 2006 年版本那样显而易见的,2006 年版本仅陈述了 8 个原则。本书第九章探究了金融危机所揭示的经验教训是如何有助于改善公司治理的。

赫伯特 · 艾利逊(Herbert Allision)主张董事会能够且必须悉心关注公司文化：

> 每一个金融公司的董事会应当对全体员工开展规范及保密的调查,以便推导出员工的组织文化观——文化的价值(由与管理规范形成对比的日复一日之行为为证)、管理的优先事项、面对风险承担和合规的主要态度、客户服务以及工作环境。董事会应当如同详细查阅财务报表和财务控制一样关注评估文化。②

为了预先准备第七章所讨论的金融监管者所汲取的危机教训,监管者也需要伴随着公司财务状况评估公司文化的质量。

一、摩根大通(JPMorgan Chase)的公司治理和管理

在英国内斯特咨询公司(Nestor Advisors)对 6 家美国金融公司关于治理的研究中,摩根大通董事会的组成、组织架构以及能力获得好评：

> 摩根大通是同业者中唯一一家在其公司治理指导方针中明确要求风险监督的银行。此外,董事会建立了一个单独的风险委员会。在委员会里,有两名重要的非执行官……具备着丰富金融业经验以及大量所有权

---

① Basel Committee on Banking Supervision, *Principles for Enhancing Corporate Governance*, consultative document, March 2010, passim.

② Allison, Herbert M. (2011), *The Megabanks Mess*, Kindle Edition.

股份,他们以统一的方式审查所有领域的风险。①

内斯特咨询公司的报告将这种做法视为一种有利迹象,代表着在董事会中非执行董事的平均任期会比首席执行官的任期更长,此外,还标志着非执行董事的平均年龄比调查中几乎其他全部公司的非执行董事的平均年龄更加低。这被认为是对于董事可能太过于顺从首席执行官这个问题的某种保护。

摩根大通的首席执行官杰米·戴蒙(Jamie Dimon)创制了一种贯通高管委员会的构架和流程,以此来征求积极的反馈:

> 戴蒙的15位全明星成员组成了运营委员会,这些全明星由长期的忠诚雇员、摩根大通的资深工作者以及外部雇员混合而成……为了在戴蒙的团队中行得通,你必须能够承受住老板极有毁灭性的审问,并对你自己的立场要如同充满力量那样严防死守。此外,你必须忍受一种自由形态的管理风格,因为戴蒙会经常忽略正式的行政管理系统,要求经理不讲究业务中的上下级关系去收集信息。②

这些过程对发展信息流(包括负面信息),使其流向机构中需要使用它的地方。摩根大通有一项政策,要求经理向他们的上级汇报问题:这个想法便是高管层想要从下属中听到坏消息而不是从其他渠道中得知。用摩根大通执行官精炼的话来说,即"杰米和我喜欢把坏消息散播到大家都看到它的地方……把猛烈的抨击摆在台面上"。③

二、高盛集团(Goldman Sachs)的公司治理和管理

内斯特咨询公司也将高盛集团纳入其研究中。内斯特公司审视董事会后发现:

> 高盛集团董事会的"显赫人物"与它的同行者有点不同,因为许多同

---

① Nestor Advisor, *Governance in Crisis: A Comparative Study of Six US Investment Banks*, April 2009, p. 7.

② Tully, Shawn, "Jamie Dimon's Swat Team; How J. P. Morgan's CEO and His Crew are Helping the Big Bank Beat the Credit Crunch", *Fortune*, September 2, 2008.

③ Ibid.

行们似乎采取一种政策，寻找那些"上层决策人物"，而不是具备丰富和相关的金融业专业知识的人…… 正如幸存同行[摩根士丹利(Morgan Stanley)]，其高级执行官的薪酬是相当平等主义的，是摩根士丹利著名的"合伙"文化的确凿证明……这种现象再连同董事在董事会中的正常发声，表明权力均衡更少地意味着个体的权威。①

内斯特咨询公司发现，高盛让基本上全部非执行董事加入全部委员会，这一实践的价值在于："从风险监督观而言，这种实践可能颇为有效地为非执行董事提供全面的重要风险观以及使他们对集团风险容忍度及风险偏好上有一个集体的董事会见解。"②

另一个高盛集团管理的重要方面便是公司所称的"过度交流的文化；多种正式或者非正式风险讨论的论坛加上持续且源源不断的风险报告"。③ 正如高盛集团抵押贷款部的前负责人丹·斯帕克斯(Dan Sparks)告诉调查委员会工作人员的，"我的部分工作就是确保我所汇报的人能知道他们需要知道的事情"。④

三、雷曼兄弟(Lehman Brothers)的公司治理和管理

雷曼兄弟提供了一个反面例证。雷曼公司的破产监察员安东·沃卢克斯(Anton Valukas)报告称，雷曼公司的管理层将关于公司风险敞口级别不断发展的信息提供给董事会：

在每一次的董事会议中，就雷曼公司的经营业务和风险承担的级别和本质，董事们都听取了汇报。尽管这些报告指出了从2006年年底起雷曼公司业务中所提升的风险级别，但管理层却告知董事增加风险敞口是促进公司发展这深思熟虑战略中的一部分。董事们在整个2007年中都持续收到这样的报告，并且大体上重复被告知在次贷市场以及信贷市场

① Nestor Advisors, *Governance in Crisis: A Comparative Study of Six US Investment Banks*, April 2009, pp. 6 - 7.

② Ibid., p. 15.

③ "Risk Management at Goldman Sachs: Presentation to the McKinsey Advisory Committee", February 20, 2007, p. 6.

④ FCIC interview with Dan Sparks, Goldman Sachs, June 16, 2010.

中的发展。管理层向董事们保证他们正在采取审慎措施解决这些风险,同时管理层却把正在演化的危机视为一种追求反周期增长的战略机会。①

那么,为什么董事会造成雷曼的致命伤害?对于雷曼董事会默许的一个可能理由便是在董事中缺乏金融专家;另一个便是首席执行官强硬的性格特点:

> 雷曼的董事会也变了味儿,有人竟然能长期在董事会中享有不受节制的权力……在董事会中显著缺乏(非执行董事)金融业专家……监督我们同业集团中最复杂的资产负债表中的一份。②

即便到了最后,不像花旗集团(Citi)或者美林证券公司(Merrill Lynch)董事会那样,雷曼公司的董事会并没有收到公司首席执行官的辞职。

鉴于公司治理中摩根大通和高盛集团作为一种类型以及雷曼作为另一反面类型的对比例证,从董事会以及首席执行官开始,回顾并审视公司治理中的主要发挥作用的因素是恰当的。

四、公司治理和董事会

检视公司治理通常需要从董事会开始。在功能性方面,经济合作与发展组织(Organization for Economic Cooperation and Development,OECD)推荐说,董事会应当:(1)选择首席执行官并监督首席执行官的行为;(2)设置薪酬机制;(3)帮助发展和监督公司战略的实施情况;(4)监督管理层的质量,包括内部控制和风险管理;(5)对管理人员、战略、或者可能需要的活动进行介入以作出重大变化。

根据经济合作与发展组织的公司治理原则,董事会应当履行某些重要职责,这将在下文中阐述。

---

① United States Bankruptcy Court, Southern District of New York, *In re Lehman Brothers Holdings, Inc.*, "Report of Anton R. Valukas, Examiner", March 11, 2010, Vol. 1, risk, pp. 55 – 56.

② Nestor Advisor, *Governance in Crisis: A Comparative Study of Six US Investment Banks*, April 2009, p. 5.

1. 审查并指导公司战略、重大行动计划、风险政策、每年预算及商业计划;设定业绩目标;监督实施情况以及公司业绩;监督主要资本性支出、并购以及分离。

2. 监督公司治理实践的有效性以及按需制定变更情况。

3. 选择、给予报酬、监督、必要时替换主要执行官以及监督继任计划。

4. 将主要执行官与董事会薪酬与公司及其股东的长期利益一致起来。

5. 确保正式以及公开的董事会提名及选举过程。

6. 监督和管理管理层、董事会成员以及股东潜在的利益冲突,包括滥用公司资产以及在关联交易中滥用权力。

7. 确保公司会计和财务系统(包括独立审计)的统一性,并确保管理系统正常工作。尤其是要确保管理系统中的风险管理、财务管理和运营管控符合法律及其相关标准。

8. 监督披露和交流的过程。①

这些职能在平时减少了两种董事会职责:(1)为执行官作出参谋;(2)代表股东监督执行官。有时,这些功能可能会产生冲突。董事会为执行官作出参谋的程度在于董事们可能会受限于执行者的看法,因而无法完成作为一名良好监督者所应达到的高度。这个论点适用于经济学家威廉·布伊特(Willem Buiter)关于董事会的看法。在第七章中,布伊特认为,监管者会受制于"认知性监管俘虏",因为他们试图解决被监管公司的问题并采纳公司的世界观。乔纳森·梅西(Jonathan Macey)指出,欧陆公司法通过创立两套董事会制度来寻求消除功能性矛盾。一套董事会董事代表利益相关者监督公司,以及另一套执行性董事会协助首席执行官管理公司。

梅西还指出在董事会中放置更多知情者的方法表明了接纳参谋职能优于监督职能。② 因此,在适当权衡董事独立性和董事专业性方面,英国和美国的观点大相径庭。内斯特咨询公司提出了英国的观点:

> 原则上,当董事会成员中除了首席执行官外还纳入资深的重要执行

① 这段直接引自经济合作与发展组织的公司治理原则,即 *Using the OECD Principles of Corporate Governance:A Boardroom Perspective*,2008 的附件。

② See Macey, Jonathan R., *Corporate Governance: Promises Kept, Promises Broken*, Princeton, N. J.: Princeton University Press, 2008, chapter 4.

> 官，董事会才能更好地履职。正如英国联合准则（UK Combined Code）所陈述的："董事会应当包括执行性董事和非执行性董事间的平衡（以及尤其是独立的非执行性董事），以至于没有个人或者少数人的小团体能够控制董事会决策的作出。"
>
> 一般而言，我们强烈支持这种观点，因为：(1)执行官的广泛存在给董事会带来更多信息和不同的观点；(2)更多执行官直接对股东负责。在美国，董事会通行做法便是包括非常少的执行官。[①]

董事会也负责在非常态时期内招聘和选择首席执行官，解雇首席执行官，以及批准公司结构的变化——例如，通过批准购买或者创设一个机构性部门，或者通过批准公司清算，批准清算的情况发生于2008年摩根大通收购贝尔斯登公司（Bear Stearns）的时候。金融危机中，董事会执行接受首席执行官辞职的职责，诸如分别发生在2007年年中和年底的瑞士联合银行（Union Bank of Swlzerland，UBS）和美林证券公司辞职事件，董事会只有在大量损失发生之后才会采取行动。

就参谋的角色而言，董事会应当成为反馈以及指导高管层的来源。董事会应当成为"强有力、高性能的工作团体，董事会的成员应当互相信任也同时互相挑战并直接与高级经理就公司的重大事宜接洽"。[②] 当专横的首席执行官过分自信并脱离信息的重要来源会产生问题，当董事会发挥建设性及见多识广的反馈来源作用时，一个强大的董事会有助于弥补这个困境。[③]

事实上，许多董事会无法达到这种标准。之所以如此，是因为：(1)许多董事会成员针对公司所面临的复杂金融问题提供有用的反馈时竟无法胜任且并不具备必需的条件及能力；(2)许多董事会成员因首席执行官的委任而跻身董事会，但并未对质疑首席执行官的判断做好准备；(3)弱势的董事会主席可能会妨碍董事会发展尊重、信任以及直率的氛围，而这些都是鼓励异议却不

---

① Nestor Advisor, Ltd., *Governance in Crisis: A Comparative Case Study of Six U. S. Investment Banks*, 2009, p. 12. (footnote omitted)

② Sonnenfeld, Jeffrey A., "What Makes Great Boards Great", *Harvard Business Review*, September 2002, pp. 106 – 13, p. 106.

③ See Finkelstein, Sydney, *Why Smart Executives Fail, and What You Can Learn From Their Mistakes*, New York: Portfolio, 2003.

失敬重的文化之必要条件。①

这是英国沃克报告(Walker Report)的结论:

> 董事会讨论重大事宜的顺序应当为:由执行官作介绍和陈述,有序地对之质疑,决策可被采纳的政策及战略,以及完全许可授权予执行官去实施。在许多董事会情形中,在顺序中至关重要的"质疑"环节似乎被忽略了,此外,还需要毫不含糊且明确清晰地得以认可并且在未来安排于顺序中。最重要的是要有这样一种环境——在董事会做出有重大风险和战略问题的决策前,我们能够对该决策提有效质疑,且这种质疑是可期可行的。②

以6家美国金融公司董事会和董事有关的大量数据为基础,内斯特咨询公司在一份研究报告中总结道:"总体上来看,我们认为确实在我们的分析中出现了一些董事故步自封的壁垒模式由一名执行性领导者导致的不均衡权力模式、非执行性怠惰模式以及董事会面对一些世上最复杂业务的专业性上所呈现的令人费解的低水平程度模式。"③

内斯特咨询公司的研究指出,董事会已知的责任与董事会监督风险管理的需求之间存在明显脱节。研究指出,调查中的6家美国金融公司,包括贝尔斯登公司、雷曼兄弟、美林证券公司、摩根士丹利、高盛集团以及摩根大通,只有摩根大通明确授权董事会作为整体监督风险管理。摩根大通还是6家公司中唯一一家设立董事会委员会专门负责以综合方式对所有形式的风险开展风险管理。又一被充分研究的案例是雷曼的董事会,破产监察员发现,管理层显然不受任何质疑地告知董事会关于公司增加的风险偏好:"雷曼的管理层重复地向董事会透露雷曼意欲大幅度增加它的业务,增加它的风险预测,以及即

---

① 许多评论家都会严厉批评许多金融机构董事会的构成,保罗·迈纳斯是其中的一个,其认为:"典型的银行董事会类似于伟大和优秀的人之退休家园,在那里有退隐的行业巨头、卸任的政治家以及偶尔有非营利性组织成员。"Letter,"Reform of banking must begin in the boardroom", *Financial Times*, April 24, 2008.

② Walker, David, *A Review of Corporate Governance in UK Banks and Other Financial Industry Entities: Final Recommendations*, November 26, 2009, p. 12. 沃克受英国首相约委派,"根据贯穿整个银行业系统至关重要的损失和失败经验审查英国银行的公司治理"。

③ Nestor Advisors, *Governance in Crisis: A Comparative Study of Six US Investment Banks*, April 2009, p. 1.

便在疲软的市场中仍对风险欣然接受。董事会毋庸置疑地理解并通过雷曼的增长战略。”①

相关的治理判例法似乎排除了董事为其个人利益而不是公司利益履行职权,这便是忠实义务。从另一方面来看,如果董事忠实善意地处事,那么,他们就只需达到一个非常低的注意义务标准。例如,2009 年一件涉及花旗集团的“特拉华州案”认为董事不应当负责任,除非:“(a)董事完全没有实施任何报告或者信息系统或者控制;或(b)尽管实施了这样的系统或者控制,但有意地没有监控或者监督系统或控制的运作,致使他们无法得知需要他们关注的风险和问题。在任意一种情况下,苛以责任都必须要求说明董事知晓他们没有免除他们的信义义务。”②这是一种审查,事实上隔绝了董事松懈的结果。《联邦储蓄保险公司改进法》规定了对储蓄机构董事在作出重大决策方面存有懈怠的处罚,但如果真的出现,似乎很少对大型综合机构的董事适用。

五、首席执行官

在危机前的多年中,首席执行官也会犯错,导致大量损失,甚至导致他们公司的灭亡。这并不是第一次那些以往成功的执行官们在判断上陷入严重过错。达特茅斯大学塔克商学院(Dartmouth Business School)的教授悉尼·芬克斯坦(Sydney Finkelstein)在其他因素中指出了成功判断的效果:

> 想要知道你所寻找的最通用的警示标志之一吗?成功是怎样的,有很多种……极少数公司评估为什么经营有效(通常将功劳默认为“首席执行官是一个天才”)。但是,没有真正理解为什么成功会发生,就难以看出为什么它不是成功。你必须能够识别事务何时需要调整。否则,你某天早上醒来,却发现每件事情似乎在一夜之间都变质了。但成功不是——它是一个缓慢的过程,如果你去观察了,就能够经常被看出来。③

① United States Bankruptcy Court, Southern District of New York, *In re Lehman Brothers Holdings, Inc.*, “Report of Anton R. Valukas, Examiner”, March 11, 2010, p. 184. (footnote omitted)

② *In Re Citigroup Inc. Shareholder Derivative Litigation*, Delaware Court of Chancery, 964 A. 2d 106(2009), at 123.

③ Finkelstein, Sydney, *Why Smart Executives Fail, and What you Can Learn From Their Mistakes*, New York: Portfolio, 2003, pp. 251 – 52.

这一评论有助于将信贷泡沫与治理及风险管理联系起来：多年来，当房价增值、经济表现出非常稳健时，金融公司发展并且得到巨额受益，不论它们是否安排了人员、系统或者流程用于确保有效的风险管理。问题随着金融公司合并且变得越来越大型以及越来越综合而恶化了。只有一些公司——摩根大通于此在超大型公司中脱颖而出——注重建设基础设施，用于整合公司每一个部门的业务信息。随后，房价下跌，治理、风险管理以及基础设施的薄弱问题都变得显而易见了。道明银行的爱德蒙·克拉克表明了首席执行官应当如何处理自满风险的观点：

> 我经常跟人们说："将坏消息提出来讨论，好消息马上就会浮出水面。我想要听到的是发生了什么问题。我们解决它。"……这无关任何惊喜。我们不得不处理的任何数量的问题本来可以得到妥善处理，如果只要有人让我们早点知道……事实上，（员工）开玩笑称我只有当天塌下来的时候才高兴，当一切进展顺利，我又彻头彻尾地痛苦起来了。①

另一个首席执行官与员工交流的例子来自于摩根大通。前美联储官员马克·奥尔森（Mark Olson）告诉金融危机调查委员会工作人员他曾与摩根大通审计和风险委员会中的一名成员对话。奥尔森陈述了那名成员的观点，"全都是（首席执行官）杰米·戴蒙……四处走访并与贷款发行方的人员交流并同投资方的人员交流，以及他说，'我们不会买任何一点这种垃圾产品。让它远离我们的资产负债表'"。奥尔森总结说，"正是那种特质。领导人之间不同的品质造成了巨大差异"。②

在光谱的另一端，缺乏有效的风险管理可能对执行官还未显而易见，除非他们寻求这种问题。因此，花旗集团以及美国国际集团（AIG）的首席执行官告诉美国金融危机调查委员会，他们并没有意识到最终把他们公司打垮的风险敞口。美国国际集团的首席执行官马丁·沙利文（Martin Sullivan）告诉调查委员会，他第一次意识到公司在多板块信用违约互换（CDS）的敞口高达

---

① Clark, Edmund, "Corporate Transparency and Corporate Accountability—Today's Table Stakes for Senior Executives', remarks to the Executive Women's Alliance Conference, Vancouver, July 12, 2004.

② FCIC interview with Mark Olson, former Federal Reserve Governor, October 4, 2010.

780 亿美元是在 2007 年的某个时间。① 花旗集团的首席执行官查理斯·普林斯(Charles Prince)告诉调查委员会,在 2007 年年初,他对花旗账目上的担保债务凭证(CDO)部分一无所知。他第一次知道持有担保债务凭证是个问题是在 2007 年 9 月。②

花旗集团和美国国际集团模式是一种重大问题的症状,这个问题面对的是大型综合金融机构的首席执行官和其他高级经理:许多公司缺乏从整个公司的角度来整合风险管理的能力。例如,瑞士联合银行向股东报告公司的损失时指出了缺乏战略性协调。尽管涉及市场风险、信用风险的风险职能部门与财务部门联合分析个人交易,“这些职能部门似乎没有系统性地找到以战略联合的方式经营业务”。③

花旗的风险管理系统因经营业务未经跨部门(cross-cutting)讨论就把业务分割成简仓而受到损失。花旗集团有许多次贷敞口,这些次贷包括来自花旗金融、一家次级抵押贷款放贷机构、公司的住房抵押贷款担保证券部门以及公司的担保债务凭证部门。这些组织没有就次贷市场恶化及其潜在后果进行深入交流。这对于公司而言导致了重大的后果,因为首席执行官、高管以及董事会都缺乏关于公司内不断增长的次贷敞口的及时信息,使其能够在早期警告信号出现之时形成整个公司的一致应对。

最后,有一个关于傲慢执行官的问题,执行官容忍了一点异议,甚至以公司业绩为代价。这就是雷曼经验:

> 首席执行官理查德·富尔德(Richard Fuld)相较于他的高管同事得到最高的酬金。2007 年相较于他带领的 4 名直属高管,福尔德的平均所得几乎多了 3 倍。这是富尔德在公司中运用巨大权力的又一标志。这可以解释为在一定程度上,他在至少两项失败的并购协商上无可辩驳的权力,这些并购洽谈本可以在存续的最后几个月内救活公司。毕竟,他也担任了多于 13 年董事会主席以及公司的长期股东。没有人能真正质疑他

---

① Financial Crisis Inquiry Commission, hearing transcript, June 30, 2010, p. 151.

② FCIC interview with Charles Prince, Citigroup, March 17, 2010, pp. 72 – 74.

③ UBS AG, *Shareholder Report on UBS' s Write-Downs*, April 18, 2008, p. 40.

对公司的付出。①

金融危机调查委员会工作人员感受到了一种印象，即专横首席执行官问题遍布华尔街上。调查委员会听到了一种反复的说辞，即首席执行官们对增加市场份额备感压力，这是个问题——例如，穆迪投资服务公司（Moody's Investors Services）在压力之下不得不为了自身评级取悦发行机构。此外，这些压力还存在于大量金融公司，包括美国国际集团金融产品公司（AIG Financial Products）、雷曼公司、美国国家金融服务公司（Countrywide）以及华盛顿互惠银行（WaMu）。

六、利益相关者

有效的治理包括管理由一系列利益相关者可能引起的风险。

（一）股东

股东是公司的所有者以及公司治理的首要对象。股东期望他们的投资有所回报同时经常期望短期回报。② 沃克报告发现更一般情况下，这对机构投资者以及股东而言是千真万确的：

> 在近期危机阶段之前，机构性投资者和市场似乎广泛地默许银行（同样还有许多其他公司）资产负债表中快速换挡的举债经营（即杠杆作用）作为一种增加股本收益的方式。从股东的直接利益角度来看，并不必然不理性。那些股东身处于杠杆作用下有限责任经营的银行中，得到全部潜在的有利之处，而他们不利的情况便是无论银行在整个风险中损失多少都限于他们的股权。至少默许的环境以及就股东部分而言一定程度上鼓励采取高杠杆的环境将恶化一些银行（以及其他实体）所面对的

① Nestor Advisors, *Governance in Crisis: A Comparative Study of Six US Investment Banks*, April 2009, p. 4; Stanford Rock School of Business, "Lehman Brothers: Peeking Under the Board Façade", June 4, 2010.

② Committee for Economic Development, "Restoring Trust in Corporate Governance: Six Essential Tasks of Boards of Directors and Business Leaders", January 2010, p. 14（讨论了短期机构投资者的前景并陈述了"股本的平均持有期现在少于一年"）。

严峻问题。①

当杰米·戴蒙在2005年年底成为摩根大通的首席执行官之时,带来了他的堡垒资产负债表经营理念。正如先前所指出的,并不是全部股东都赞成戴蒙的做法——加强公司资本减少股本收益。到了2008年,“风水轮流转”。堡垒资产负债表让公司得以有力地了收购贝尔斯登公司以及华盛顿互惠银行的资产及业务。

这种模式可以普遍化。研究者分析了美国和海外大型银行样本的收益后发现,2006年收益最高的银行在金融危机期间收益最低。更具体地说,银行在危机期间最差的平均收益业绩为“-87.44%,但在2006年却有平均33.07%的收益。与之形成对比的是,在危机期间业绩最好的银行平均收益在16.58%,但在2006年却只有平均7.8%……一级资本充足率更高以及存款更多的银行一般在金融危机中业绩更好”。②

赫伯特·艾利逊指出,大型基金经理通过忽视治理事项以及“强迫银行增加收入,否则将会损失基金持有的份额”③来“教唆银行承担过多风险以及采纳劣质的商业做法”。这会发生乃出于基金经理自身的利益:

> 许多大型基金家族具备一个明显且令人不安的动机以避免与超大型银行比较它们的商业实践以及治理:基金与银行间也有利益冲突。基金的发起人会从提供投资服务[诸如401(K)计划]给超大银行中获得大量收入,同时许多基金发起人又依赖银行将其基金投放分销给公众。④

联邦国民抵押协会(Federal National Mortgage Association,Fannie Mae)以及联邦住宅贷款抵押协会(Federal Home Loon Mortgage Corporation,Fannie Mac)的案例中,利益相关者的压力,还包括了考虑满足股东的需求,促使公司

---

① Walker,*A Review of Corporate Governance in UK Banks and Other Financial Industry Entities*,p. 71.

② Beltratti,Andrea and René M. Stulz. “Why Did Some Banks Perform Better during the Credit Crisis? A Cross-Country Study of the Impact of Governance and Regulation”, European Corporate Governance Institute,Working Paper No. 254/2009,July 2009,pp. 2–3.

③ Allison,*The Megabanks Mess*.

④ Ibid.

在2005～2007年扩大市场占有率并增加风险敞口。即便在房价高峰期和峰后期，公司还在坚持这一做法。国民抵押协会的经验已经被重述了，同样的动态适用于联邦住宅贷款抵押协会。一份战略计划文件于2007年3月呈递至了住宅贷款抵押协会的董事会，强调了"特许经营权的压力"，突出了"我们正处于坠入我们收益期望之下的危险"这一事实。① 计划建议了存在的重大机会，需要通过在相邻的市场中发展来增加收入："我有一个机会，即在我们所遗漏的市场——次级贷款市场和次优级抵押贷款市场中发展。"②

一些前穆迪的工作人员指出，公司因为加大关注收益却在他们看来以穆迪确定评级的质量为代价而转型成为一个独立的股份制公司。穆迪信贷政策的常务董事杰罗姆·冯斯(Jerome Fons)证实：

> 穆迪2000年从邓百氏公司(Dun & Bradstreet)"分立"出来，随后便演变为一个独立的上市公司，管理层的关注重点逐渐转变为最大化收益。优先认股权和其他激励产生了巨额报酬的可能性。经理们考虑成为优秀的商人，而不是必然成为最好的分析专家，通过个人奋斗由寒微发迹。最终，这种对结算盈亏的底线关注促长了一种……兜售评级能够带来繁荣。③

有相似的证据表明，联邦国民抵押协会对于风险承担的偏好在政府支持型企业于1989年成为股份制以及受控公司后增长了。④

最后，正在不断增长的文献表明机构投资者呈现出短期的时间范围。基金经理倾向于因业绩而受偿，这些业绩在同行者中按季度计算。因此，他们的

---

① Freddie Mac, Freddie Mac's Business Strategy, Board of Directors Meeting, March 2－3, 2007, pp. 3－4.

② Ibid., p. 79.

③ Jerome S. Fons, Testimony before the Committee on Oversight and Government Reform, United States House of Representatives, October 22, 2008; See also Statement of Richard Michalek, Former VP/Senior Credit Officer, Moody's Investors Service, Submitted to Permanent Subcommittee on Investigations, Committee on Governmental Affairs, United States Senate, April 23, 2010; and Statement of Eric Kolchinsky Before The Senate Permanent Subcommittee on Investigations, April 23, 2010.

④ See Stanton, Thomas H., *Government-Sponsored Enterprises: Mercantilist Companies in the Modern World*, Washington D. C.: AEI Press, 2002, pp. 83－84.

利益并不与他们可能投资的公司之更长期福利绑定。治理的权威专家本·海涅曼(Ben Heineman)评论称:“有足够多用于举例说明的例证表明,许多首席执行官或者首席财务官对强大的机构持有者强加于公司的非常短期成果的压力万分惊恐。”①短期的时间范围阻碍了公司作出那种投资于风险防范和风险减轻所需的人力、体系以及其他元素,而这些可能对公司长期利益会发挥更好的作用。这种倾向的典型反例便是富国银行(Wells Fargo)的路径,富国银行作为成功企业之一,它从沃伦·巴菲特(Warren Buffett)那里获得了一项长期股本投资,以之作为开启公司对其经营采取长远打算的路径。

(二)债权人及其他交易方

正如我们在2007年8月及2008年9月的流动性危机中所见,短期债务的债权人能够并即将逃离一家他们认为正处于财务危机的公司。一种对抗这种压力的形式便是维持一部分更长期债务的负债。不像回购债权协议或者其他短期工具的投资者,持有更长期债务的债权人直至债权义务到期前都被锁定冻结了。

高盛集团对这个问题非常敏锐。高盛集团2006年年度报告明确地表达了公司关于保持额外流动性的政策,称为“全球核心剩余流动性”。高盛集团认为,该政策足以应对紧张的形势:“我们维持着全球核心剩余流动性以及其他一定数量没有负担的资产,这个数量的资产如果抵押或者卖了就能提供资金,有备于替换我们至少110%在接下来的12个月预定到期(或者债权人有赎回选择权)的无担保债务。”②

相反地,那些缺乏合理流动性管理的公司,尤其是当它们高度杠杆经营,很容易遭受挤兑,如果市场开始质疑它们的清偿能力。雷曼依靠流动性风险管理的商业模型,便是一个恰当的例子:

> 雷曼以大约250亿美元资本来维持大约7000亿美元资产以及对应的负债。但资产主要是长期的而负债大多是短期的。雷曼通过短期的回购债权协议市场为其筹措资金并且不得不每天在这些市场中从交易对方中借成百上千亿美元以便开始营业。信心是至关重要的。当回购债权交

---

① Heineman, Ben W. Jr., “Executive Compensation: Let's Look at Fund Managers' Pay, Too”, *HBR Now*, July 30, 2009.

② Goldman Sachs, 2006 *Annual Report*, p. 65. 同样的陈述出现在2007*Annual Report*, p. 77。

易方对雷曼丧失信心并减少投放其日常注资的那一刻，雷曼便无法为其筹措资金并继续经营。①

在危机中，流动性问题会给公司沉重一击；能够避免或者推迟流动性不足的认识可以使投资者对公司清偿能力恢复信心。本书第五章更详尽地讨论了这个问题。花旗集团全球交易业务的首席风险官托马斯·丰塔纳（Thomas Fontana）告诉金融危机调查委员会工作人员，在花旗有一句格言："金融机构死于心脏病；公司死于癌症"，意即"金融业倾向于更突发。丧失信心是最大的因素"。②

（三）雇员

在华尔街快速流动的环境中，雇员是重要的利益相关者团体。从某种程度来看，例如，一个公司的薪酬计划被认为比其他公司的更为小气吝啬，公司就冒着丧失自己的员工而落入竞争对手那里的风险。当一个公司面临着是否要进入或者退出一项特定的商业活动或者经营业务时，问题就更为尖锐化了。例如，前花旗集团首席执行官查理斯·普林斯解释他的主张，认为公司有赖于它的员工而"翩翩起舞"：

> 我彼时和此时的信念便是在这个经营业务（杠杆贷款）的一家公司不能单方面地从该业务中退出并保持未来从业的能力。经营一项证券业务很像管理一个棒球队，在球队中没有一个队员有合同，队员能够随时离开并转会至另一个球队。如果你不从事这些业务，人们就离开机构。所以在我的观念中，身处杠杆贷款的业务中，你不可能对你的银行从业者说我们在未来几年不准备跻身这个业务，除非等到事态变得稍微更具合理性。你不能那么做并期望在未来还有人留下来开展经营业务。③

（四）政治机构

国会议员以及行政机关的高级官员在制定法律创设政策中发挥着举足轻

---

① United States Bankruptcy Court, Southern District of New York, *In re Lehman Brothers Holdings, Inc.*, "Report of Anton R. Valukas, Examiner," March 11, 2010, Vol. 1, p. 3 (footnote omitted).

② FCIC interview with Thomas Fontana, Citigroup, August 13, 2010.

③ Financial Crisis Inquiry Commission, hearing transcript, April 8, 2010, p. 87.

重的作用,规制着政府许可的利益与义务,诸如美国联邦特许(注册)银行、储蓄金融机构,或者政府支持型企业的许可。政策制定者是金融公司重要的拥护者。①

法律构建了金融机构经营的框架,包括准入条件、规范允许的经营活动、破产的退出条件。法律也建立了监管框架,包括各个监管者的授权、管辖权以及权限。最后,国会监督是一种能适用于几乎所有金融公司或者金融监管者活动的工具。基于上述种种理由,政治机构构成了金融公司领导阶层重要的利益相关者团体。金融业是联邦候选人和政党竞选捐赠的最大的来源。本书第七章将探究这些问题及其内涵。

(五)政府监管者

法律确立了联邦或州层面上的监管者设立的合法性,规定了监管者的组织架构、与其他政府部门的关系、权限、管辖权以及权力。在 SEC 的被监管主体整合项目中,金融公司选择监管者的能力或者选择欧洲监管者而非美国监管者的威胁,给美国监管者将低监管标准带来了压力。美国国家金融服务公司(Countrywide)将金融监管从联邦储备局(Federal Reserve)和美国货币监理署(OCC)转变为美国储蓄机构监理局(Office of Thrift Supervision)时,这种变化就可以被看作监管博弈变化的信号。另一种监管力度的信号便是一些监管者,特别是货币监理署以及储蓄机构监理局愿意先发制人地抢先制定州级消费者保护以及掠夺式贷款方面的法律,因此,对于它们所监管的机构创造了一个更为有利的环境,那些被监管的机构因此无须适应不同的州所要求的商务实践。本书第七章讨论了金融机构的监管框架。

(六)客户

在金融服务业,客户是从金融机构购买产品或服务的个体或企业,或者说是产品或服务的出售对象。有时金融危机是由市场支配力中的巨大差异或者一些公司与其客户的复杂性为标志。结果便是公司及其客户的风险增加了,差异却弱化市场支配力,这些市场力量本可能会促进风险性实践受到控制。抵押贷款支持的私有证券之父正如卢·拉涅里(Lew Ranieri)曾问道:如果一方缺乏正确的技能和信息,那么,应该"由谁来维护这份协议?"②

---

① See Johnson, Simon and James Kwak, *13 Bankers: The Wall Street Takeover and the Next Financial Meltdown*, New York: Pantheon, 2010.

② FCIC interview with Lew Ranieri, July 30, 2010, Part 1.

那些并不富有经验的客户便是许多贷款者和一些投资者。许多借款者取得了他们最终无法承担的抵押贷款。结果不仅对借款者违约,而且对投资者的账簿也积累了风险。借款者是主要贷款方的客户,而那些贷款人反过来是二级市场的客户。联邦国民抵押协会和联邦住宅贷款抵押协会分别在2003年和2004年遭受重创,打击分别来源于投入很多资源和管理重心的需求,旨在重建它们的内部管控以便能够发布财务报告,因为它们面临来自大客户购买抵押贷款却不符合传统信贷标准的压力。初级市场中公司的合并给了这些客户传统上无法拥有的市场支配力。对于两家政府支持型企业的担忧便是客户会转化为竞争对手,他们最大的客户国家金融服务公司为了最终的投资者从发行到证券化建立了一条纵向一体化的产业链。华尔街公司,如美林证券公司以及贝尔斯登公司也纵向整合进军整个贷款发放市场。

评级机构面临来自它们的客户即大型抵押贷款相关的证券发行者的压力,因为需要对抵押贷款证券化和担保债务凭证提供有利的评级。评级机构的压力还来自那些有能力与一个又一个公司对抗的客户,这种压力意味着降低标准。

需要将客户作为利益相关者对待也与公司的声誉风险有关。很久以前,花旗集团的前主席沃尔特·睿斯顿(Walter Wriston)指出,"难以置信的是,竟然会有大银行脱离作为其控股公司的子公司。如果你的名字印在门上了,你全部资本和资产在现实世界中都将作为其后盾。律师会说你们是分离的主体,但是市场……却不这么看"。①

花旗集团在2007年决定为那些结构性投资工具(SIVs)承担财务责任时就重新认识了这个真相,这些结构性投资工具是由公司担保并在法律上与花旗集团及其资产负债表分离。其他华尔街公司,例如,贝尔和高盛也在其资产管理基金中保护投资者以防影响它们的声誉。

总而言之,金融公司面对的是需要尽量兼顾广泛类型的利益相关者。无法处理好特定的利益相关者,诸如股东、客户、或者政府可能会导致风险的积累。有一种悖论在于:一方面,一些诸如国家金融服务公司之类的利益相关者,其强势之处可以导致公司诸如联邦国民抵押协会和联邦住宅贷款抵押协会作出风险性决定;另一方面,其他的利益相关者——一些抵押贷款的借款者、抵押贷款相关的证券或者结构性投资工具的投资者、评级机构,以及监管

---

① 引自 Arthur E. Wilmarth, Jr., "Controlling Systemic Risk in an Era of Financial Consolidation," p. 16,脚注25。

者的弱势或者缺乏经验之处在于特定金融公司以及整个金融系统中助长了标准的放宽及风险的积累。

七、分散化管理

在一些案例中，包括联邦国民抵押协会、联邦住宅贷款抵押协会、美国国际集团以及花旗集团，这些机构根据所要解决的主要问题而分散化配置高管。在一些情况下，分散的管理层会关注那些被认为是重大的问题，而不是扩大他们的注意力将一些初露端倪的可能问题囊括进来。联邦国民抵押协会和联邦住宅贷款抵押协会内部控制的失败在2003年及2004年分别表现出来，要求政府支持型企业投入外部合约方确实的几十亿美元来挽救及时填写财务报表的能力。金融危机调查委员会工作人员访谈作为美国联邦住房金融局（FHFA）局长的爱德华·德马尔科（Edward DeMarco）时，他认为："很公正地说，重述的机会成本便是政府支持型企业没有花许多时间观察其他事情包括正在变化的市场。"德马尔科补充道，合理地说，补救的努力也把监管者从关注其他安全和稳定事宜中分散出来。①

美国国际集团的马丁·沙利文告诉调查委员会，当他在2005年就任首席执行官之位时，公司的审计告知管理层他们不能依赖管理层的证明之后"公司就处于危机中"。这意味着，美国国际集团需要延期提交10－K年报的表格，也意味着，"我需要定期与主要的州级和联邦监管者会晤，并与高管层合谋加强及促进美国国际集团的整体财务报告以及内部控制环境"。②

花旗集团的查理斯·普林斯告诉金融危机调查委员会的工作人员，在其2003年成为首席执行官之后，"我们几乎马上转向监管问题"，这些监管问题在花旗并购联合第一资本（Associates Corporation）（联合公司是一家次级贷款商）之后关系到美国客户业务的不当行为，引发花旗在日本许多诉讼，而在欧洲成为一个争议问题。③

---

① See FCIC interview with Edward DeMarco, FHFA Director, March 18, 2010, Memorandum for the Record.

② FCIC Financial Crisis Inquiry Commission, hearing transcript, June 30, 2010, p. 141.

③ See FCIC interview with Charles Prince, Citigroup, March 17, 2010, pp. 26－28. 内容在协议中，这份监管协议是与花旗所签且协议发生在普林斯成为首席执行总裁前，参见 Federal Trade Commission, "Citigroup Settles FTC Charges Against the Associates Record-Setting ＄215 Million for Subprime Lending Victims", September 19, 2002。

尽管这些管理分散化的措施并不是公司破产的必要前提条件，但却给那些经营不善的企业加剧其易遭受金融危机的打击提供了机会。

八、短期收益的成本

另一种脆弱性来自金融系统中个体参与者的短期视角。金融系统所有层面的公司通常都以形成的贷款产量和收入为基础给他们的信贷员、经纪人、交易者及其他人员发放薪酬。参议院常设调查委员会（the Senate Permanent Subcommittee on Investigations）针对华盛顿互惠银行（一家拥有 3070 亿美元资产和 43,000 名员工的储蓄机构）以及其附属子公司长滩抵押贷款公司（Long Beach Mortgage）总结道：

> 长滩抵押贷款公司和华盛顿互惠银行的薪酬系统（包括）错位的激励，用于鼓励高容量的风险贷款，但对确保高质量并符合银行信贷要求的贷款鲜少或者没有激励。例如，长滩抵押贷款公司和华盛顿互惠银行的信贷员如果发起更高的风险贷款或者超过已确立的贷款目标就会在每笔贷款上获得更多的收益。贷款办理人员根据他们处理贷款额的速度和数量获得报酬。如果信贷员和他们的销售助理收取借款方比具体规定贷款价格的银行利率表所要求的更高利率或利息点，或者在贷款合同中纳入了提前还款罚金，他们就会收到更多的报酬。那种附加的报酬方式激励了增加贷款营利性却没有增加贷款质量。①

抵押贷款的贷款方逐渐转变为由抵押贷款经纪人来发行抵押贷款。抵押贷款经纪人收取一点间接管理费用并为贷款方的工资提供灵活性。贷款方只有当贷款办妥了才支付经纪人，而不需要每月支付内部的信贷员报酬。随着抵押贷款市场年复一年地扩张或者紧缩，贷款公司相较于试图改变公司内部员工的规模而言，能够更容易地改变经纪人的数量。贷款方经常基于经纪人发行抵押贷款的收益用一种所谓的收益率差价的额外费用奖励他们的经纪人。

---

① Memorandum to Members of the Permanent Subcommittee on Investigations, "Wall Street and the Financial Crisis: The Role of High Risk Loans", April 13, 2010, available from the Permanent Subcommittee on Investigations, Senate Committee on Homeland Security and Governmental Affairs, pp. 14 – 15.

收益率差价的额外费用由贷款机构支付给抵押贷款经纪人。许多因素影响收益率差价的额外费用设定,但最重要的因素就是借款方贷款的利率……收取了高于平价贷款的更多利率且超过了可比较的标准贷款利率,就会支付给抵押贷款经纪人更多收益率差价的额外费用。①

这意味着,经纪人在高收益的抵押贷款上获得了更大的回报。分析一份由经纪人向新世纪金融公司发行的贷款发现:

我们找到与经纪人在市场中的支配力一致的证据,表明经纪人在更加复杂的抵押贷款方面以及可能并不明智的借款人方面发挥更大的影响。我们将估算的经纪人利益与未来不能如期还贷相联系,同时,我们发现在控制其他因素之后,贷款如果与经纪人的更高利益相联系会使未来无法如期还款的风险变得更大。这在抵押贷款市场中经纪人的激励机制与无法如期还款的风险之间建立了一种联系。②

此外,经纪人不论风险信息的质量如何都有增加贷款余额的激励机制:

几乎没有激励机制促使经纪人去关心抵押贷款申请所呈现的信息是否精确,只要收集足够的信息并促使抵押贷款银行从业者提供资金偿付贷款,进而获得经纪报酬即可。在贷款业绩中缺乏长期利益,经纪人不受许多负面后果的影响,这些不利后果来源于无法将最可提供的抵押贷款与借款人匹配起来,或者来源于提供给贷款批准签字所需的准确数据,这些数据用于分析贷款违约或者比预期更快提前缴付的可能性。③

短期激励的问题将金融链条延伸至大型金融公司以及它们的高级管理人员。前花旗集团首席执行官查理斯·普林斯向金融危机调查委员会表达了他

① Jackson, Howell E. and Laurie Burlingame, "Kickbacks or Compensation: The Case of Yield Spread Premiums", *Stanford Journal of Law, Business and Finance*, Vol. 12, No. 2, Spring 2007, pp. 289 - 361, pp. 291 - 92.

② Antje Berndt, Burton Hollifield, and Patrik Sandas, "The Role of Mortgage Brokers in the Subprime Crisis", April 2010.

③ Ibid.

对这个问题的担忧："华尔街的薪酬结构是一个许多人都批判多年的问题。对交易人员、银行业者等而言，薪酬模型是以收入增长为基础的，甚至不是以利益的增长为基础的。"①

一些公司基于挣得的收入（也就是佣金）来提供薪酬，而不是以长期利益为基础。一名叫约瑟夫·圣丹尼斯（Joseph St. Denis）的证人告诉金融危机调查委员会工作人员，美国国际集团金融产品公司就是这么做的，公司依靠奖金池来支付报酬，奖金池包括了业务部门带来收入的 30%。② 这种薪酬形式本质上是一种新业务进入部门的销售佣金，却无须对这项业务内在的风险数量负责任。

那些创造担保债务凭证公司的薪酬实践也助长了一种短期观点。例如，甚至在房价达到最高峰值以及公司的其他部门寻求减少其在次贷市场的敞口之后，瑞士联合银行的担保债务凭证团队却极大地增加了公司担保债务凭证的持有量：

> 这对瑞士联合银行担保债务凭证团队没有任何影响。如果团队每持有一美元具有超级优先权的证券，那么，其就会把即期收益作为溢价入账。如果每一美元的近期"收益"入账，担保债务凭证团队成员就会收到相应的高额奖金。团队成员就会有充分的激励尽可能增加资产负债表中担保债务凭证的数量，因为他们自身的奖金与眼前利益捆绑起来却不需要识别任何风险。③

公司经理与员工激励机制不重合的问题与保护金融系统的需求在两个层面发生影响。第一个层面是员工与公司之间激励机制不重合的问题。从某种程度上看，薪酬实践促进风险承担却没有对公司更长远利益作出适当考虑，尽管员工为公司承担了巨大风险，但员工可能会获益。

第二个层面涉及两方面利益，即员工和股东之间的内在利益冲突，以及金

---

① Financial Crisis Inquiry Commission, hearing transcript, April 8, 2010, p. 51.

② See FCIC interview with Joseph St. Denis, formerly AIG, Memorandum for the Record, April 23, 2010.

③ Acharya, Viral V., Thomas Cooley, Matthew Richardson and Ingo Walter, "Manufacturing Tail Risks: A Perspective on the Financial Crisis of 2007 - 09", forthcoming, *Foundations and Trends in Finance*, volume 4, 2010.

融系统作为一个整体的利益。这个问题之前讨论过,与股东和员工之间的利益相关,员工通过给予股票相关奖励作为报酬,其利益在于增加公司的杠杆使有利的收益更为可观。增加杠杆可能帮助股东对未来收入方面下了有利可图的赌注,但把金融系统暴露在更大的风险之中。① 因此,尽管高杠杆对联邦住宅贷款抵押协会并最终对金融系统和纳税人造成风险,但公司却拒绝在2008年发行新的股本。②

内斯特咨询公司在对6家美国金融公司管理人员的薪酬实践的调查报告中强调了这个问题:

> 但是,与先前的危机治理经验相反,管理层似乎并没有亏待股东——或者依据治理理论——代理人没有剥夺委托人的所有权。顶层管理人员似乎与长期所有者协调一致,在终止公司(也就是在调查中失败的公司)的情况中尤为如此……监管者,如同其他每一个人似乎已经忘记了,当谈及那些根据定义由于公司到期转变功能而形成的高额负债(也就是杠杆化)的情形,与股东利益完全一致可能是所有标准中最危险的一种。③

承担风险所获的收益可能是巨大的。卢西恩·别布丘克(Lucian Bebchuk)教授和同事对贝尔斯登公司以及雷曼兄弟中5名公司顶层管理者的薪酬待遇开展了一项研究,认为在公司经营失败时,尽管公司管理者所持有的股份也会遭受巨大的损失,但他们往往在此前就抛售了大量股票,并从支付的奖金中获取了大量的现金收益。这就使高管们在2000~2008年间有足够的激励机制去承担过度风险。④

当公司提供的薪酬是建立在产生的收入而非收益时,诸如发生在美国国

---

① See Bebchuk, Lucian A. and Holger Spamann, "Regulating Bankers' Pay", discussion paper No. 641, Harvard John M. Olin Center for Law, Economics, and Business, October 2009 revision.

② See Hilzenrath, David S., "Chief Says Freddie Won't Raise Capital; Mortgage Financer Cites Responsibility to Shareholders, Won't Increase Loan Capacity", *Washington Post*, March 13, 2008, p. D4.

③ Nestor Advisors, *Governance in Crisis: A Comparative Study of Six US Investment Banks*, April 2009, p. 17.

④ See Bebchuk, Lucian A. Alma Cohen, and Holger Spamann, "The Wages of Failure: Executive Compensation at Bear Stearns and Lehman 2000 – 2008", discussion paper No. 657, Harvard John M. Olin Center for Law, Economics, and Business, February 2010 revision.

际集团金融产品公司内,问题就恶化了。美国国际集团金融产品公司的风险官便是通过这种方式获得薪酬的员工之一。① 华盛顿互惠银行出现了类似的结果,因为高级副总裁和首席风险官的35%的薪酬来自住房贷款业务的考核,住房贷款业务又是公司业务的重中之重。公司衡量首席风险官在风险管理中的表现仅将其作为值25%比重的因素。②

人类学家何卡伦(Karen Ho)建议公司里的操盘手或者其他员工对高收益有一个基本贡献,因为这有助于弥补这种风险,即在经济衰退或者因其他原因,他们在公司中的任期可能会变短:

> 在通过薪酬系统处理危机弥散的背景下,华尔街根据绩效支付奖金的系统"激励"银行从业人员通过从事更多的交易、赚取更多的收入、寻求更多有利可图的行情、说服更多的人来投资基金以及股票市场等来竞争。他们的奖金不仅与他们能够为银行创造的交易量以及收效额直接挂钩,而且也被当成一种与他们工作的铤而走险相妥协的象征……银行从业者在结构上做好准备创造尽可能多的交易,无论这些交易是否最终都对公司"有益"。③

与之相反的是,高盛集团已经在其薪酬实践中寻求保持一种合伙关系的文化:

> 过程便是高盛文化的核心,意即公司奖赏及聘用顶尖人才的方法。高盛是最后几家上市的大型华尔街合伙企业之一,在1999年卖了合伙份额。当它还没有上市时,合伙人就是所有者,共享利润,而且在一些情况下,合伙人不得不投钱来填补损失。作为一家上市公司,为了保持那种团队精神,高盛继续提名合伙人。在1999年,合伙人有221人。④

---

① See FCIC interview with Joseph St. Denis, formerly AIG, Memorandum for the Record, April 23, 2010.

② See Senate Permanent Subcommittee on Investigations, Hearing on *Wall Street and the Financial Crisis: The Role of High Risk Home Loans*, April 13, 2010, Exhibit 64.

③ *Liquidated: An Ethnography of Wall Street*, p. 290.

④ Craig, Suzanne, "At Goldman, Partners Are Made, and Unmade", *New York Times*, September 12, 2010. See also FCIC interview with David Viniar, Goldman Sachs, June 16, 2010.

需要考虑的一个问题便是多大程度上激励结构或者公司文化，或者两者之间的一些组合，这种程度形成公司不愿意承担不受控制的或者过度的风险。① 在2008年成为花旗集团首席风险官的布莱恩·里奇（Brian Leach）探讨了花旗集团在危机前将风险与薪酬机制和文化相联系的努力：

> 实际上，存在一种年底记分卡审查流程，在这个流程中，我们事实上实行一些评估，关于我们认为某人是否对风险采取了正确的措施，他们是否了解风险，他们是否采取套期保值措施以避免风险，他们是否实际具备一种全面的风险观。我们用这些评估员工。随后，在此基础之上，对薪酬体系有所影响，所以……我认为在2008年我们具备一种真正有效的流程，在这种流程中，我检验并审查我认为我们可以对其产生影响的员工及项目……我能够与经理开展会谈并促使行为模式变化成我认为合适的那样。在2009年，我们开展了这个流程，但与薪酬体系的联系更为紧密。我并不确定哪一种更为有效。②

乔治华盛顿大学（George Washington University）的罗伯特·梵·奥德（Robert Van Order）教授提出了一种重构一些合伙关系中激励机制的方式。他会让公司发行或有资本——也就是说，如果公司经营困难时，或有资本就会自动转化成为权益资本。随后他就会给公司雇员以或有资本的形式支付奖金，这些或有资本会在员工退休的时候才归属于他。这有助于将员工的激励与股东协调一致，而无须为了管理层创造一种激励来增加公司的杠杆。正如何卡伦的研究中所表明的，问题随后就变成了薪酬的这一限制是否会完全驱使员工跳槽到采取更少限制薪酬实践的公司中去。

薪酬创造了激励，这在危机中起到主要作用。绝大多数公司基于当年的成绩支付那些创造巨额收入的员工以奖金（如美国国际公司、雷曼、穆迪）。薪酬激励在区分成功企业与不成功企业是非常重要的；但是，需要注意的是，成功企业同样也基于创造的收入支付红利给他们的操盘手。公司文化和经营环境比起单单的薪酬而言更为重要。

---

① See e. g. , Business Week, "The Leadership Factory: Paulson is Just the Latest Product of Goldman's Public Service Culture", June 12, 2006.

② FCIC Interview of Brian R. Leach, Citigroup, March 4, 2010.

最后,一个公司的薪酬实践与风险管理实践之间的功能性关系值得深思。一名经验丰富的华尔街观察者告诉调查委员会工作人员,一旦一个系统基于人们所做的交易支付报酬是恰当的,"没法阻止这些人。没人知道有什么可以足以阻止他们"。①

但是,良好的流程和强大的文化会有所作为。高盛集团的大卫·维尼亚(David Viniar)认为:

> 并不存在一种能够让风险得到良好控制的薪酬结构。但是,我们必须寻求一种能够很好管控风险的管理架构。对风险管理具有负面作用的薪酬结构是存在的,但在我看来我们很难把这种具有负面影响的薪酬结构改造成具有正面作用的结构。因为,利用薪酬结构很难导出良好的风险管理。我们应该做的是设计一个良好的风险管控系统,来使我们达至良好管理风险的目标。②

九、身处关键职位却不称职的经理们

快速增长通常导致公司比其人员和系统的能力发展得更为快速。随着金融部门的规模发展壮大,公司通常无法认识到其人员与系统需要更强大的能力只为了维持不落后而已。当企业属于小型的时候,经理们与之相处的时间可能会使其自身成熟,但是,经理们只不过缺乏足以管理大型综合企业的技能。超出内部控制系统和人事发展的不利影响已经在联邦国民抵押协会以及联邦住宅贷款抵押协会中完全得以纪实性地描述。这两家政府支持型企业获益于许多税收、监管和其他好处,包括在高杠杆下运作的法定权限,上述这些允许它们多年来迅速发展。从表4-1可以得知,联邦国民抵押协会以及联邦住宅贷款抵押协会不仅在组合业务而且在它们担保的未清偿抵押贷款支持的证券方面迅速增长。

---

① 在保密条件下引用来源。

② FCIC interview with David Viniar, Goldman Sachs, June 16, 2010.

表 4-1 联邦国民抵押协会和联邦住宅贷款抵押协会增长表(1975~2008 年)
(年末抵押贷款持有量加上抵押贷款支持的证券未清账款)

1975 年	1980 年	1985 年	1990 年	1995 年	2000 年	2005 年	2008 年
373 亿美元	776 亿美元	2630 亿美元	7400 亿美元	1.3 万亿美元	2.3 万亿美元	4.0 万亿美元	5.3 万亿美元

资料来源:美国联邦住房金融局 2010 年年度报告,表 4、表 4a、表 13,以及表 13a。

这种增长反映了两家公司及其经理及系统更低的金融敏锐性,以及相较于政府提供给它们竞争对手的好处,它们得到了更大规模的政府补贴。因此,2003 年 1 月联邦住宅贷款抵押协会宣布它需要重新陈述 2002 年、2001 年以及可能 2000 年的财务结果。2003 年 6 月联邦住宅贷款抵押协会宣布首席执行官及公司的其他负责人的解雇、辞职以及退休。2003 年 12 月监管者、美国联邦住房企业监督办公室(Office of Federal Housing Enterprise Oversight,OFHEO)公布了一份联邦住宅贷款抵押协会的内部控制失效的详尽报告。

联邦住宅贷款抵押协会反映出来的问题促使联邦住房企业监督办公室提起了一项针对它的特殊调查。2004 年 9 月联邦住房企业监督办公室制作了一份关于大量违规行为的临时性报告。同年 9 月,并依据一份联邦国民抵押协会与联邦住房企业监督办公室的协议,公司董事的特殊审查委员会雇用前美国议员沃伦·拉德曼(Warren Rudman)及其律所,即美国宝维斯律师事务所(Paul,Weiss,Rifkind,Wharton & Garrison LLP)进行调查。2006 年 2 月 23 日拉德曼议员及其律所报告了许多不正当行为,证实了联邦住房企业监督办公室的调查结果。拉德曼报告及联邦住房企业监督办公室的联邦住宅贷款抵押协会报告都纪实性地描述了工作人员是如何在两个组织内提拔的,以及如何谋取到重要却对这样大型综合组织不适当的职位。拉德曼报告显示,例如,联邦国民抵押协会如何将一名没有经过审计员培训或者从业经验的内部候选人提拔为内部审计部门的高级副总裁(Senior Vice President for Internal Audit)。[①] 在联邦住宅贷款抵押协会,首席财务官也是从内部提拔上来的,“对一般公认会计原则(Generally Accepted Accounting Principles,GAAP)、财务会计或者披露规则几乎一窍不通”。[②] 这是一个太迅速发展的问题,超过了

① See Paul,Weiss,Rifkind,Wharton & Garrison LLP,*Report to the Special Review Committee of the Board of Directors of Fannie Mae*,2006,p. 456.

② Office of Federal Housing Enterprise Oversight,*Report on the Special Examination of Freddie Mac.*,2003,p. 91.

管理层的任职能力。人们可能胜任为一家小公司履行职责但无法在一家万亿美元的公司中胜任。

在政府支持型企业中,技能级别的问题尤为尖锐。这些企业通常基于处理政治风险能力雇用一些高级管理人员以及选择它们的董事会,而不是根据与管理上万亿美元的抵押贷款相联系的操作性风险。这些抵押贷款不是由企业在组合中持有就是在抵押贷款支持的证券中所担保。①

快速增长也在抵押贷款发行方中引发严重的员工配备问题。1997 年一名富有经验的房地产专家帕特丽夏·琳赛(Patricia Lindsay)加入了新世纪金融公司(New Century Financial Corporation)首先成为一名批发性批准签署人并随后成为一名负责为公司发现欺诈的工作人员。新世纪金融公司是一家抵押贷款公司,在 2007 年破产。琳赛告诉调查委员会,相较于早些年,21 世纪金融公司开始雇用不太合格的贷款发行者。在她看来,缺乏专业的资质加上收入为基础的激励结构,进而降低了新世纪金融公司在其消亡前所发行的抵押贷款的信贷质量:

> 业务经理,作为新世纪金融公司的职员从经纪人处引入贷款,他们的报酬主要来源于他们所带来办妥的贷款佣金……许多销售经理以及业务经理缺乏房地产或者抵押贷款的经验。他们缺失作出明智贷款决策必须的经验深度。这些同样的销售经理有能力对贷款指导准则创建例外条款,这会导致贷款因为这些例外条款而谈妥,有时则会遭到经验丰富的估价人、保证人或者风险管理人员的反对。②

其他时候,在专业岗位缺乏得以胜任的工作人员的原因在于,并非依赖技能和训练的考虑因素来决定调动高级管理人员这一显而易见的模式。这发生

---

① 例如,1996 年国会预算办公室报告称:"政府支持的房地产企业管理层为了将其对股东的信托责任和它自身的财务利益相协调,管理层致力于把企业资源中重要(却保密)的份额用于对抗——或者防范政治风险……尤其联邦国民抵押协会毫不隐晦其试图影响关于政府支持型企业的联邦政策作为控制政治风险的方式……同样重要的是,当评估行政人员的业绩时,联邦国民抵押协会明确地包含其对维持'特许经营权'的贡献。"See Congressional Budget Office, *Assessing the Public Costs and Benefits of Fannie Mae and Freddie Mac*., 1996, pp. 36 – 37(footnotes omitted).

② Testimony of Patricia Lindsay, New Century Financial Corporation, to the FCIC, April 7, 2010.

在2007年年底的雷曼公司身上,当时,公司将首席风险官玛德琳·安东西奇(Madelyn Antoncic)替换为首席财务官克里斯·欧米拉(Chris O' Meara),以及用曾领导公司对冲基金投资银行业务的伊尔琳·卡伦(Erin Callen)替换欧米拉。欧米拉是一名富有经验的首席财务官但缺乏安东西奇所具备的风险管理背景;同时,卡伦缺乏欧米拉作为首席财务官的经验。①

能力是风险官必不可少的素质。以金融建模领域为例,本书作者曾与一名负责一家业绩较差的公司的风险管理业务的副董事长交流,询问他关于房价下降的假定是什么。他回应,他使用变化的房价假设并添加变化的可能性。笔者问道:"哦,你的意思是蒙特卡罗统计模拟方法(Monte Carlo simulation)?"他用略带惊讶的口吻回答说是的,因为他没想到笔者竟然知道这个术语。随后笔者问了另一家公司一流的风险管理官是否也使用蒙特卡罗模拟方法,她(几乎愤愤不平地)回答说当然不,因为那假设了一个普通的风险分布。她的观点暗含其承认需要构建模型来捕捉"黑天鹅"现象或者尾部风险的可能性,这些比起普通假设的分布可能更加频繁地发生。看来在最好的情况下也似乎很难将前一名风险工作人员培养至后一名那样专业精深的水平。

其他的影响力也发挥着作用,评级机构中有能力的员工流失到对冲基金以及投资银行中。亨利·特伯(Henry Tabe)评论说:"除了分配评级,允许结构性投资工具不断进入信贷市场,评级机构还充当一些结构性投资工具的分析师和经理的温床。"他发现"在评级机构的结构性投资工具分析师典型地被银行和管理公司用丰盛的薪酬'一揽子'方案挖走";更多评级机构的资深分析师和经理会离开并"助力于赞助的银行及资产经理发行新的结构性投资工具"。②

这消除了评级机构的重要智囊。评级机构是潜在的守门人,却把这些重要知识转移给了构建结构性投资工具,并利用评级机构赞美这个结构的公司。

---

① See FCIC interview with former Lehman Chief Risk Officer Madelyn Antoncic, July 14, 2010; FCIC interview with former Lehman Global Head of Risk Management Christopher O' Meara, July 17, 2010.

② Tabe, Henry, *The Unraveling of Structured Investment Vehicles: How Liquidity Leaked Through SIVs*, *UK: Thoth Capital*, 2010, pp. 54 – 55.

十、治理与金融危机

对 12 家公司的治理及风险管理的考察提供了有益的经验教训。尽管许多公司有恰当的治理架构以及风险管理系统,表面上看来似乎非常复杂精深并且富有效用,但这些架构系统中的许多证明并非如此。

一些公司甚至并没有达到安全的治理和风险管理所应当具备的水平。美国国际公司、贝尔斯登公司、联邦国民抵押协会以及穆迪投资服务公司(尽管后者并不是一家金融公司)却在这一点上脱颖而出。专横的首席执行官以及消极的董事会问题会使风险官的工作无法实现。董事会拥有太少通晓财务的成员也会导致同样的结果。罗伯特·鲁宾(Robert Rubin)告诉资深监管者组织(Senior Supervisor's Group),"当金融工程变得更为复杂,它只会恶化而不是减少复杂性"。①

复杂性是一个严重的问题。正如雷曼在每个季度末都使用回购债权协议,或者正如花旗创设结构性投资工具以及规定流动性卖权(liquidity puts)那些案例一样,与复杂性的部分相联系的便是避免监管以及超过认可的限度内增加杠杆的期望。正如这些案例所显示的,复杂性和更高的杠杆创造了易受打击的脆弱性以及减少了公司应对反复无常的市场的能力。除此之外,尤其对于大型复杂金融机构而言,还有对于更小型的机构而言,关键职员的能力也是一个问题。有效的风险管理——更不用说一般管理——要求在关键岗位上有足以胜任的领导阶层和员工,他们能够作出良好的判断力来应对不确定性,而这些不确定性已经成为日益加剧复杂的金融服务行业中司空见惯的事。

第三章详述了一些相关的成功故事。摩根大通的领导层强调堡垒资产负债表,强调构建基础设施确保信息在整个机构中流动,以及强调有效风险管理。高盛集团注重信息的快速流动以及迅速应对风险出现的早期信号的能力。这两家公司的经验证明"太大而不能倒"并不应当意味着"太大而无法管理",尽管那对其他大型公司,诸如花旗、美国国际公司以及联邦国民抵押协会亦会如此。

高盛建立了管控人员系统,与组织的交易者平行,并确保了这两方观点确切地应在每晚以及必要时更经常性地开展关于市场价值的会谈。无论一家金

---

① Senior Supervisors Group, "Notes on Senior Supervisors' Meetings with Firms, Citigroup, Inc.", November 19, 2007, p. 21.

融公司采取何种风险管理系统,在高质量的信息基础上,双方中能干及独立的参与者能够确保经常性开展这些会谈是明智的。随后对话需要扩大,以至于整个组织的交易者和管控者,尤其整个大型综合金融机构能够有机会获得那份信息以及接触到那些判断。

然而,治理不力再一次压倒最完善的风险管理架构。雷曼兄弟就是一个恰当的例子。公司创造了牢固的风险管理流程,包括用于作出有效风险决策的审议类型。然而,随着公司决定扩大规模和加强市场地位以及增加风险偏好,这些深思熟虑的审议类型极大地转变成为顶层管理人员实行决策的工具,以此增加公司的风险偏好以及超过重要的风险限制。①

关于监管者能在多大程度上对治理和风险管理实践增加价值是个大问题。在与金融危机调查委员会工作人员的访谈中,一名大型破产金融公司的监督者使用了“督促”一词来描述他为了让公司提高其风险管理程序所付出的努力。与负责监管联邦国民抵押协会的工作人员访谈表明,可能因为政府支持型企业的政治力量,一种类似的方法难以促使公司更迅速的变化。监管者能否克服信息不对称来理解受监管公司实际的而不仅是形式上的情形?本书评述认为,大量公司在它们破产之前获得了丰富的收益。监管者能否介入而不仅督促一个明显获利同时也承担不可接受的风险之公司?监管者能否实际上对大型金融机构的治理和风险管理流程增加价值?这些问题值得深入探究。如果答案是肯定的,那么便是有用的,监管者便是金融公司风险官的天生盟友。第七章将探讨这些问题。

公司执行官的薪酬制度及激励问题也是一个难题。显然,正如瑞士联合银行的报告所发现的,以及美国国际集团金融产品公司的经验所显示的,一些薪酬的形式无法将员工激励,尤其是操盘手和创收者与公司的长期利益相协调一致起来。从另一个方面来看,股东从公司获得收益,这些公司要么过度杠杆化,要么对外部利益相关者或金融分流施加成本或风险,鉴于这种情况,将激励与股东太直接地匹配起来也是不明智的。这些考量因素需要在某种情况下得以衡量,在这种环境中,顶级的创收者可能会具备显著的议价能力以及可靠的机会使其能够跳槽到提供更适宜薪酬的公司中去。

---

① See FCIC interview with former Lehman Chief Risk Officer Madelyn Antoncic, July 14, 2010; FCIC interview with former Global Head of Risk Management Christopher O' Meara, July 17, 2010.

这与另一个问题相联系：就风险承担方面，由房地产泡沫所鼓励的逐底竞争。许多公司——瑞士联合银行、花旗、联邦国民抵押协会以及贝尔公司——随着它们角力赶上加速的金融市场而降低了它们的标准。股东处罚了那些诸如摩根大通和多伦多道明银行维持自律性的公司。

最后，善治与有效风险管理中最重要的因素似乎只可能是公司文化。政策制定者、监管者、首席执行官以及董事会需要对文化敏感，将其当成一种需要发展和培养的事物。何卡伦的工作似乎指出了转型文化的困难，尤其是关于薪酬系统以及风险承担的短期方向。但是，昂贵且尴尬的过错，诸如发生在本书所检视的绝大多数公司，可以为改善的治理文化以及风险管理的出现提供一个好的开端，以此来补充此处所建议的有价值的实践所应严格遵守的必要规定。

有些公司经受住了危机，有些公司在危机中破产了，它们之间的治理差异在于：

· 第一类公司（摩根大通、多伦多道明银行）的首席执行官积极参与减少风险的决策；而第二类公司（德意志银行，Deutsche Bank）重大经营业务部门的部长启动程序；第三类公司（高盛）的首席财务官带领顶层的管理者团队，与抵押贷款部门同心协力减少公司的风险预测。①

· 成功公司的治理依靠公司文化，尤其是与风险管理，以及首席执行官和资深的公司高级行政人员的良好判断力相关的文化。成功企业有一种由高层培育起来的文化，促进业务部门和风险或管控部门和顶层间的经常联系。

· 当公司经历了几乎停业（如1994年的高盛或者1998年的雷曼），这份经历提供了对有效风险管理一再强调的推动力。在雷曼，这种关注仅维系到了2006年管理层开始承担增加的风险，2007年以一名没有经验的风险任职人员替换了其首席风险官。

· 成功公司具备信息系统，允许整个公司及时提出对风险以及风险中变化的观点。

· 也许金融公司面临的最大治理问题便是来自股东，或者诸如基金

① For Deutsche Bank, see FCIC interview with Patrick McKenna, Deutsche Bank, August 2, 2010.

经理之类代理人的压力，这些人要求创造短期效果。这对于投资有效风险管理系统以及考虑长期风险收益交易的经营策略产生了抑制因素。

· 失败公司的治理呈现了重大瑕疵，例如：(1)一名专横的首席执行官，他的错误判断未经董事会约束；(2)管理流程无法应对变换中的市场环境所增加的风险。

· 尽管调查委员会对于这点上的调查并不全面彻底，但幸存下来的公司似乎拥有高质量的董事会，其董事会通过决策帮助管理层思考。然而，这些董事会质量反映了企业文化以及企业首席执行官的判断能力。即便是那些最终因为过度承受风险而替换首席执行官的董事会（如花旗或者美林）也等了太久，因其直到损失实际发生且对公司回天乏术了才有所作为。

· 有效的风险管理需要花费支出以及规章制度来限制其他公司可能在风险事件中获得收益。首席执行官的支持（更好的是董事会也支持）是至关重要的。

· 由薪酬体系产生的关于激励的影响：

贯穿金融系统的参与者以薪酬系统为基础运作，这套薪酬系统鼓励他们承担短期风险。

公司坚持从紧控制，有助于抵消短期薪酬的作用，这些公司发现，有些雇员包括一些产生高收入的雇员更喜欢跳槽到那些提供更多自由以及收益没有约束的公司。

一些公司（美国国际公司在此表现出色）没有充分意识到激励的后果，而这些激励是由公司的基于短期效果雇员以及业务部门的薪酬制度所创造的。

第五章 风险管理和金融危机

并不存在一种能够让风险得到良好控制的薪酬结构。我们必须寻求一种能够很好管控风险的管理架构。对风险管理具有负面作用的薪酬结构是存在的,但是在我看来我们很难把这种具有负面影响的薪酬结构改造得充满正能量。利用薪酬结构很难导出良好的风险管理。我们应该做的是设计一个良好的风险管控系统,来使我们达至良好管理风险的目标。

——大卫·维尼亚(David Viniar),2010 年

尽管有瑕疵的风险管理是造成金融危机的根本原因之一,但是,首席风险官和风险经理人的角色是在相对广义的文化、治理和管理中唯一能够将成功企业和失败企业区分开来的要件。

风险管理是指一个组织辨识和分析威胁,研究替代方案,并接受或减缓这些危害的过程。就其当前的形势而言,风险管理不仅根据风险管理职能的组建,而且根据评估风险的方式都是一门新兴学科。公司是否将风险管理功能与创收业务分离开来,或是将风险管理并入业务部门,还是采取一种混合方式,这因公司而异。成功企业诸如摩根大通、高盛集团、富国银行以及多伦多道明银行都以不同的方式管理风险。这些企业的共性就是在整个公司层面遵从风险管控机能以及考虑管理风险收益权衡的重要性。不成功

的企业通常解雇它们的风险官们（如联邦住房贷款抵押公司），或者将它们的风险官们撇在一边（如雷曼兄弟公司），或者孤立它们的风险官们（如美国国际集团），抑或在公司中边缘化它们的风险官们（如美国国家金融服务公司），再不然就漠视风险官们（如房利美）。企业风险管理专家史蒂芬·希姆斯特拉（Stephen Hiemstra）解释说，很多公司都将风险管理理解为一项合规性工作而不是一项艰巨的任务。①

一、公司抵御危机需要具备的特质

金融危机爆发之时可以从多方面摧毁公司。没有风险敏感性的公司在事先保护自己或者充分应对危机爆发方面都完全毫无准备。成功企业的经验勾勒出一幅相当清晰的关于风险管理政策和实践的图景，而大型综合金融公司如果想要获得渡过危机的机会，就需要这些风险管理政策和实践。② 风险管理包括平衡风险和收益以至于公司能给其自身及其股东提升价值。风险管理的要件包括人力、系统和过程各司其职地完成如下事项：

·迅速地发现新风险，包括确认多样风险以及影响整体公司的风险；

·向高级管理层及董事会传递关于风险和收益的合适信息；

·果断地对风险和不确定性做出适当的决定，包括风险规避、风险抑制、风险分担以及风险承担；

·设定公司的风险偏好并将公司的风险决定与之相联系；

·监控公司的资金配置以便支持公司业务及这些业务带来的风险；

·合理地做出风险决定并根据新信息调整这些决定。

于此，我们应考虑防控风险的准备工作，发现风险出现的早期警告信号并采取相应的措施。

---

① See Hiemstra, Stephen W., "An Enterprise Risk Management View of Financial Supervision", *Enterprise Risk Management Institute International*, October 2007.

② 奥纬咨询公司（Oliver Wyman）为贝尔斯登公司在2008年准备了一份咨询报告，这一领先的风险管理实践的概要总结也同样有益。这份总结在处理风险管理方面尤为引人入胜，它将风险管理视为业绩为导向的过程而不只是一种纸上谈兵。Oliver Wyman, "Bear Stearns Management Committee: Risk Governance Diagnostic Recommendations and Case for Economic Capital Development", February 5, 2008, slide #5.

应对危机的准备工作意味着一家公司需要知晓金融业会周期性地面对频繁出现的严重震荡。这一认识会引领成功公司比其同行建设成更能迅速恢复活力的组织。一个公司的恢复能力由以下内容构成:(1)一份良好的资产负债表和考虑到了流动性风险的资产负债管理;(2)资产定价以便列入购买和决定处分资产时的风险评估;(3)一种能够让坏消息流向高层,而不是将此类消息隐匿于公司低层的风险基础设施,因为公司低层无法认识到这些消息会产生的全部影响。成功公司的信息系统捕捉整个企业范围的风险,而失败公司的信息系统却做不到。光是创设强大且有效的管理系统既昂贵又耗时,更不必说维持一个顶级风险组织的花费了。

发现早期警告信号意味着公司经常质疑经营业务的基础,尤其是那些成功的经营业务。这可能包括尽职调查,诸如对公司购买的新型复合证券履行审慎调查和审计的义务,还包括仔细监测交易方风险,或者查明可能影响经营业务的环境变化。一旦公司意识到全国房屋产权保有率在2004年达到峰值以及标普/凯斯—希勒房价指数(Case - Shiller House Price Index)在2006年年底达到最高的时候那种情况便有可能发生。

那么,一家公司需要了解它所发现信息的内涵。如果对于依托住房抵押贷款担保证券的抵押贷款组合的尽职调查显示,抵押比发行人声明和保证的品质更为低廉,那么,对于投资公司意味着什么?对公司来说,在复合型证券或衍生品中存在或者缺乏特定的合法承诺事项的影响是什么?如果房价停止增值,为何攸关公司及其投资?不难发现,如果公司缺乏强大分析能力以及没有程序确保信息传递至公司可以分析和解决的部门,那么这些简单却重要的问题无法轻易地得到解释。

信息流不仅依靠一项完备且覆盖整个企业范围的风险基础设施,而且依赖一种要求坏消息迅速涌至某种业务的公司文化。花旗集团阐明了缺乏这样一种基础设施及交流沟通机制就会出现的问题。美国金融危机调查委员会公布了资深监管机构组织与花旗集团高级管理层的访谈笔记:

> 管理层认为,它在其消费者银行中采取了有效措施去防止承受"异国情调的"次级贷款风险,但还是存在沟通不足遍布各项业务:公司分散的本质创建了筒仓。例如,尽管个人业务银行察觉到来自于贷借款人的风险增加了,但是,信贷组合打包业务被指定为增长业务并且建立了可观的非对冲头寸。在信贷周期的末期,风险偏好在追求收益的过程中增加

> 了。2007年年初，为了适应那时增加和预期的交易量，杠杆融资限额增加了1倍。限额也同样在担保债务凭证（CDO）仓储业务中增长了。①

换言之，即便当公司的一个部门意识到并且分析出次贷及担保债务凭证市场会成为困扰，公司的其他部门却增加了它们面临风险的可能性。这直接与在第三章中讨论的摩根大通形成对比。当银行的消费者零售业务部门对抵制贷款违约情况和风险的上升情况作了报告后，摩根大通银行斩断了次级抵押贷款的风险敞口。

如果公司风险防控准备充分，要想及时行动来甄别环境变化，公司就必须有效回应。这包括通过将存有风险的资产从公司的资产表中消除以及采取套期保值措施以规避风险。降低风险要及时，如果开始得太晚了，如雷曼公司仅在2008年才开始“去风险化”，那么，效果仍可能不足以避免灾难的发生。化解风险也需要考虑跨企业内的链接，许多大型综合金融公司（并且花旗集团再次提供了一个很好的范例）从它们提供给次贷发行者的仓储式信用贷款额度，或者从它们自身等待证券化的抵押贷款管道中无法辨识它们在次贷市场中所需承受的敞口。

随着危机带来的恐慌，当金融公司意识到它们不能准确地评估它们或者他人所拥有资产的价值，实施应对措施的重担落到了公司财务主管身上。②在应对风险的过程中，经验丰富的财务主管意识到洞察和现实的重要性。在存款保险制度产生之前，这在功能上等同于银行挤兑。此时与彼时一样，事务的本务才是关键。③ 风险防范的准备工作再次发挥了实效。财务主管通过指向投资者的资产与负债的匹配度来打消投资者的顾虑。高盛集团通过从沃伦·巴菲特那里获取一笔重大投资来粉饰其市场地位。我们知道，沃伦·巴菲特以其对金融的敏锐能力而著称。如果沃伦·巴菲特在危机的风口浪尖之

---

① Notes on Senior Supervisors' Meeting with Firms, "Citigroup, Inc.", November 19, 2007, p. 2.

② 此处金融危机调查委员会工作人员与摩根士丹利（Morgan Stanley）财务主管大卫·王（David Wong）于2010年10月15日的面谈提供了大量信息。

③ 2007年8月以及2008年9月的市场恐慌反映了存款保险之前的那些日子里银行挤兑的动态。处理这样的挤兑需要想象力、行业准则以及幸运。银行在大萧条期间成功处理银行挤兑的故事，参见Eccles, Marriner S., *Beckoning Frontiers: Public and Personal Recollections*, New York: Knopf, 1951, chapter 2。

时会购买股权，那么，其他投资者还有什么好担心的？作为一种使投资者恢复信心的方式，其他公司转向国家财富基金，用股本投资的方式增强其资产负债表。最终，在2008年9月迎来了危机的顶峰，两家存活下来的投资银行——高盛集团以及摩根大通——需要转型为银行控股公司。投资者对于大型复杂金融机构的组织形式的观点已经因为贝尔斯登公司、雷曼兄弟、美林证券公司的失败而受到影响，以至于幸存公司需要一种逐渐抵消的强势感，而这种强势感只有美国联邦储备局才能够提供。

首先，考虑风险管理职能部门及风险官的作用；其次，探究影响金融公司的风险类型；最后，研究在金融公司中受到推崇的关于组织和实施风险管理职能的最好实践。

二、金融公司中的风险管理

上天会眷顾有充分准备的公司，但金融危机仍向我们展示，即便是成功抵御危机的公司在防范、甄别、回应和实施风险应对措施方面仍然面临挑战。观察成功企业可能会留下一种印象，即当风险管理被正确理解了，就成为一门可复制的科学了。这是一种错误的观念。事实上，风险管理有时需要由复杂及可获得的衡量标准作为支持，而有时却不需要这种依托，因而应当被解读为一门艺术。判断与任何衡量标准同样重要。

这有助于将风险管控机能分成两个部分：(1)风险监督，这是董事会的职责并且包括公司风险偏好的设置；(2)风险管理，这不仅包括风险管理框架，还有风险管理过程，这些都是公司管理的职责。下面的部分涉及风险管理的组织和流程。相较于管理层，在第四章已经谈及董事会的职责，在后文有价值的风险管理实践中会更深入地论述董事会的职责。

三、风险官的作用

越来越多的公司通常在首席风险官的监督下创立了一套风险管理职能部门，通常在首席风险官的监督下，以此来促进风险相关信息的流动传递以及帮助高级管理层做出合适的风险收益决定。风险管理文献表明推荐一名负责整个公司范围的首席风险官与试图将风险管理职能嵌在每一个主要业务部门里，这两者之间存在着紧张关系。有些公司不仅有首席风险官而且还安插了其他风险官。这些风险官需要向业务部门的主管报告工作，还需要附带向首席风险官间接汇报工作。与此相反的另一种情况是：风险官向业务部门间接汇报工作为辅,而向首席风险官直接汇报工作为主。后者效果更佳。迈克尔·鲍尔(Michael Power)总结了问题的症结:

> 正如所有组织机构的控制者,首席风险官既作为一名“被俘虏的”知情人,又是一名被剥夺权利的局外人,既从业务部门中获得拨款,同时又被其边缘化的过程中如履薄冰。他们有责任在公司内推销新的“监管”理念,而这些理念可能损害公司业务的现有模式。从这个角度而言,因为潜藏在公司行政人员蓝图中的角色冲突,首席风险官的位置本质上充满不稳定性。①

一名统筹公司全局的首席风险官的优势在于他能够综观整个公司的风险。此外,首席风险官也享有高位足以令业务部门主管对其肃然起敬。内嵌式风险管理官的优势在于,他们面对部门经理时更熟悉和理解商业决策并且比起那些不了解流程的人能够量身定制出更为合适的应对措施。但是,内嵌式的风险经理可能会易受“认知性俘虏”的影响,这是一种与维伦·比特(Willen Buiter)所认为的关于公司与其监管者之间关系相似的现象。正如比特所解释的,通过将金融监管者带入其所欲监督的机构认知思维方式中,“认知性监管俘虏理论”有助于解决近期的灾难。“认知性监管俘获”把金融监管者带入被监管者的认知状态,这是促使当前危机形生的原因。认知俘获并不是腐败的结果,而是利用这一过程的监管者或者其他延伸性监管主体(如风险控制官)“渗透式地把目标、利益和对既得利益现实的认知内在化;而这些被渗透的对象原本是他们打算监管的”。② 这可能在董事会身上发生,这在第四章中讨论过,也同样会出现在风险官身上。

雷曼首席执行官理查德·富尔德(Richard Fuld)把玛德琳·安东西奇(Madelyn Antoncic)发配至一个较低的岗位之前,她是一位称职的首席风险官。玛德琳·安东西奇告诉危机调查委员会工作人员,安置风险官与业务部门之间的关系需要谨慎处理,首席风险官应当监督这样一种关系:

---

① Power, Michael, "Organizational Responses to Risk: The Rise of the Chief Risk Officer", chapter 5 in Hutter, Bridget M. and Michael Power, eds., *Organizational Encounters with Risk*, Cambridge: Cambridge University Press, 2005, pp. 147 – 48.

② Buiter, Willem, Lessons from the North Atlantic Financial Crisis, revised May 28, 2008.

> 这种关系中不应该有冲突，但他们之间不应当相互勾结。必须要有一个理智上独立，思想上坦诚的人，足够成熟而不至于喝下迷魂药（Kool Aid），成为交易台中的一部分。他知道他从何处获得报酬——他从我这里获得报酬。他工作的全部概念便是掌控经营活动摆脱困境，但同时完成风险报告和分析并确保业务不会带来危机。[①]

一个广为流传的问题涉及风险官的权威和地位。资深监管者组织曾报告过，"在公司内部，创收者的地位和影响力显然超过那些风险管理和管控的职能部门"。[②] 这与许多公司中存在的一种观念有所联系，风险管理职能部门消耗资源并设法设置限制，阻碍公司充分发挥它的增长潜力。[③] 支撑风险管理的基础设施也可能比一个公司需要的更弱。根据资深监管者组织的说法："公司需要重新审视优先权的事宜，传统上，它们给予创收业务部门的优先权超越了报告和管控职能部门。"[④]

当公司编制预算时，风险职能部门的低地位便展现无遗。2006 年联邦国民抵押协会的首席风险官恩里克·达拉维切（Enrico Dallavecchia）参加了一次董事会的会议。在那次会议中，公司告诉董事们，公司承担一些新的重要信用风险，并且运营这些信用风险。达拉维切回到办公室却发现他所在部门的预算将减少 16%。达拉维切给他的上级，即一名首席营运官写信说：

> 我对我所得的预算构成没有发言权，也没有贡献。我唯一可以假设的便是那些构建这份预算的人知晓建立首席风险官状态以及了解去年首席风险官裁员 25% 的事实。当公司的平均数为 10%……为我的预测做

① FCIC interview with Madelyn Antonicic, July 14, 2010. 由安东西奇博士明确表达的方法与"有原则的密切关系"之观点相似。这个观点由前警官马尔科姆·史百路（Malcolm Sparrow）所定义。See Sparrow, Malcolm K., *The Regulatory Craft: Controlling Risks, Solving Problems, and Managing Compliance*, Washington D. C.: Brookings Institution Press, 2000, p. 177.

② Senior Supervisors Group, *Risk Management Lessons from the Global Banking Crisis of* 2008, p. 2.

③ See Rossi, Clifford V., "Anatomy of Risk Management Practices in the Mortgage Industry: Lessons for the Future", Research Institute for Housing America and Mortgage Bankers Association, May 2010, p. 46.

④ Senior Supervisors Group, *Risk Management Lessons from the Global Banking Crisis of* 2008, p. 4.

> 好明年的预算,并且在预算中还要有16%的削减最好是我见识浅薄或者可能是我杞人忧天了。我认为这有辱我以及我下属们的智商。在我的职业生涯中,房地美的风险管控是我所遇到的最单薄的公司之一。我们勉强开始处理风险管控,在工作中为公司挽回了大量的损失而我们今年的预算还要被削减16%?①

使首席风险官或者在业务部门安排风险管理官处境尴尬还存在其他微妙的原因。当业务部门的主管需要数据可供得出某个特定决策可能受益的情况时,风险官可能只会提供关于潜在风险可能性的判断。这会导致一名风险官难以提交那些种类的数据,这些数据可能会用于说服公司高级行政人员关于风险收益权衡的实质。②

即便是可获得那些数据,他们也只能依赖那些无法核实的假设。联邦国民抵押协会的工作人员告诉调查委员会工作人员,他所在的部门制作了定价模型,该模型显示,公司所购买的抵押贷款的定价不合理。该工作人员描述他所汇报的执行副总裁的问题说:"你能否向我展示出为什么你认为你是对的而其他人都是错的?"③此外,公司的高管层以及对于普通人一般而言都会倾向于忽略小概率事件的影响,即便是这些事件可能会产生显著效果。

高管层必须加强与风险官以及业务部门的建设性交流,然后做出明智且缜密的决策:

> 诸如由有效的内部审计职能部门以及风险管理职能部门所代表的那些内部管控对确保业务关系管理在一个受到控制的环境中运作发挥事关重要的作用,因为在这个受控制的环境中,风险/收益决策能够以完全明

---

① Enrico Dallavecchia, email to Michael Williams (COO), July 16, 2007. Typographical errors in original.

② "滋生针对某些风险管理偏见的发展便是业务、风险和财务部门之间信息内容的差别。例如,风险管理职能部门提供不确定结果的预测,诸如预期损失或者强调资本。业务和财务经理典型地依赖决定性模型以及诸如市场份额,生产情况,以及收入增长的效果。"Rossi, "Anatomy of Risk Management Practices in the Mortgage Industry", p. 46.

③ Financial Crisis Inquiry Commission, *Final Report of the Financial Crisis Inquiry Commission*, 2011, pp. 181 - 82.

智的方式做出。基本问题便是独立的管控职能部门有能力成功挑战管理层。①

何卡伦(Karen Ho)在研究风险管理官在投资银行企业中的地位中指出:

回首过去,我们有个重要发现,在绝大多数投资银行中,风险管理是中间部门,不是有威望的产生收益之销售部门的一部分。就这一点而论,直到灾难来临前,在结构金融以及抵押贷款支撑的证券中的交易者们以及银行业者都被捧为在交易两端都能盈利的功臣。不像传统的风险经理,他们被视为抑制收益性,销售部门的银行业者以及交易者们都能把他们关于风险管理的观点当成产品一样出售。②

最终,一名风险管理官必须要准备好“被迫离职”,正如一名大型金融公司的前风险官在访谈中所述。亚历克斯·波洛克(Alex Pollock)采用凯恩斯的著名论断:“市场可以保持非理性的时间比你的受雇时间更长。”风险官必须接受被开除,因为,有太多拥护者想要把游戏继续下去。

另一个前首席风险官作过相似的表述,“我认为一名首席风险官应该对被开除从不畏惧”。如果重大风险来袭而公司的领导层又对之不予理会,这可能是唯一的选择。否则,风险官面临一种选择的困境,究竟是成为高管层心头大患,还是过于温和顺从,在风险随之出现时作为该受到风险破坏的公司首席风险管理官而闻名。

换个角度来说,首席风险官需要支持:

首席执行官在重视风险以及提倡风险管理重要性方面必须起到积极作用。通过目睹首席执行官对风险的喜好,下级部门也将被迫照着首席执行官所规定的方式去做。这种参与促进风险信息、观点以及战略的良性交流贯穿整个公司。首席执行官必须确保风险管理是每一个职员的责

---

① Federal Reserve Bank of New York, “Summary of Supervisory Activity and Findings, Citigroup, Inc.”, transmitted April 15, 2008, p. 4.

② Ho, Karen, *Liquidated: An Ethnography of Wall Street*, Durham: Duke University Press, 2009, p. 322.

任。允许将这份风险管理的责任推卸给首席风险官就是失败的秘诀。①

如果首席执行官无法支持风险职能部门,尤其是在机构破产以及盛气凌人的首席执行官模式下,一名前风险官指出,一名风险官"必须有能力让首席执行官强硬"。这意味着,强大的董事会支持风险职能部门,风险官可以直接向董事会报告,更好的便是向有实力的董事会风险委员会报告。如果没有首席执行官的支持,这在任何时间都不是一个可以扮演的简单角色。

成功的公司为其风险官提供支持。在高盛集团,管理者和交易员这两套平行系统勾勒出的信息流框架,确保把信息流在字面含义上的每天输送到首席财务总监及其他负责监管公司风险的人员那里。在与金融危机调查委员会工作人员的访谈中,高盛工作人员反复陈述说管理者、"联盟"的其他成员以及交易员都获得了升职,积累了其他重要的职业资本。高盛告诉金融危机调查委员会工作人员的确存在这样一种员工职业晋升模式:从公司的创收部门转岗到管理部门,然后再转岗到原来的创收部门。

富国银行采取了不同的方式。富国银行首席执行官约翰·史坦普夫(John Stumpf)告诉调查委员会工作人员,"我们认为在公司中,风险越接近客户,越容易被公司内独立主体以高强度监管而优质管理"。② 富国银行的首席风险官迈克尔·洛克林(Michael Loughlin)向金融危机调查委员会工作人员提供了一些实例,即他办公部门的监督如何侦察出大型业务部门的风险缺陷并给予修复,以及在一些案例中,带给业务部门管理的改变。③

四、大道至简的力量

为了向公司的商业决策提供有意义的建议,风险管理官及其他经理(以及在第四章中讨论过的董事会)必须能够清晰把握公司经营活动,且不论是否在公司业务范围及其他风险收益权衡的基本因素中适用评估定价以及经济资本分配模型,这种对公司经营活动的把握程度要足以提出直击要害的问题。

最基本的问题便是:我能明白这里发生了什么吗?高盛集团抵押贷款部

---

① Kevin M. Blakely, Testimony, Senate Committee on Banking, Housing and Urban Affairs, Subcommittee on Securities, Insurance, and Investment, June 19, 2008, p. 19.

② FCIC interview with John G. Stumpf, Chairman and CEO, Wells Fargo, September 23, 2010.

③ See FCIC interview with Michael Loughlin, Chief Risk Officer, Wells Fargo November 23, 2010.

门的前负责人丹·斯帕克斯(Dan Sparks)告诉委员会工作人员,在2006年年底,抵押贷款组合在市场价值上的意外损失在公司内迅速引发了一场讨论:"如果你无法解释它,那么你就需要小心了。"那些对话的结果便是,在其他市场参与主体对市场环境做出反应的很久之前,公司决定对次级债务的风险敞口持中立态度("平稳不变")。[①]

正如以爱德蒙·克拉克(Edmund Clark)和多伦多道明银行(TD Bank)的方法所见,最简单的问题可能是:我们了解这个金融产品以及它的特性吗?另一个不错的案例来自风险管理协会(the Risk Management Association)主席凯文·布莱克利(Kevin Blakely):

> 例如,当我还是一个首席风险官的时候,我获得了一种通过使用一美元计价反向——浮动法国法郎——德国马克指数摊销利率互换(a U.S. Dollar Denominated Inverse – Floating French Franc – Deutsche Mark Indexed Amortizing Swap)增加收入的机会。这使我震惊,因为这种赚钱工具太复杂了以至于它在功能方面是无用的,由一群意图展现他们自己多么有创造力的"金融工程师"所构建,很像那些搭建出今天的担保债务凭证的那伙人。[②]

这不是在反驳风险模型在作出判断方面的价值。但正如其他工具那样,模型有其优势和短板:

> 风险模型是一种手段,但不是目的。风险并不扎根于风险模型的构造上,但却源自于对风险模型过分依赖,以至于对定性评估产生了贻害。如果风险模型的缺陷和假设能够很好地得到理解,风险模型就会变得有

---

① See FCIC interview with Dan Sparks, Goldman Sachs, June 16, 2010.

② Kevin M. Blakely, testimony, Senate Committee on Banking, Housing and Urban Affairs, Subcommittee on Securities, Insurance, and Investment, June 19, 2008, p. 7.

用，但是仍无法替代董事会和管理层的判断。①

贝内特·戈卢布（Bennett Golub）以及科南·克鲁姆（Conan Crum）有着类似的观点：

> 为了易于操控以及便于使用，风险模型有必要简化出一个纷繁复杂且瞬息万变的世界之性质。然而，在重压之下，那种简化的代价就是损害了准确性以及结构完整性。因此，鉴于风险模型的普遍缺陷，风险模型及金融分析需要经常监控它们的有效性和相关性。构建于模型中的潜在假设需要经常评估是否仍然有效？如果已经无效了，那么，使用这些假设的模型所造成的影响是什么。②

在此，仅有一个简单的问题是不够的。公司，尤其是董事会要决定公司需要承担多少尾部风险是不易的。公司高级职员以及董事们必须能够就模型与技术人员沟通，这些技术人员可能知识渊博，但可能没有向这些（有多方面知识和经验的）通才们解释影响，而这些通才们也不具备同样的技术训练。③

判断也同样关键。因此，高盛的首席财务官大卫·维尼亚（David Viniar）解释说，公司使用它的最大流动性外流量模型来计算公司需要保持多少可用的流动性数量，随后，财务主管和首席财务官会再审查这个数据，每一个人都进一步增加了流动性要求直到最终的结果比模型原始建议的数据高了大约50%。④

---

① Yale School of Management, "Pay, Risk, and Stewardship: Private Sector Architecture for Future Capital Markets," Policy Briefing No. 5, consultative draft, 2009, p. 19. 这份政策简报也同巴奇霍特（Bagehot）的观点一样认为："银行业的业务应该是简单的；如果复杂的话，就错了。银行业者动用可能立即需要偿还的资金，他应该触碰的唯一证券便是那些容易畅销并容易理解的。" Walter Bagehot, *Lombard Street*, London: Henry S. King and Company, 1873, pp. 244 – 45.

② Golub Bennett W. and Conan C. Crum, "Risk Management Lessons Worth Remembering From the Credit Crisis of 2007 – 2009", p. 16. Golub and Crum are Vice Chairman and Chief Risk Officer, and Associate, Risk & Quantitative Analysis, respectively, at Blackrock, Inc..

③ 沿着这些问题的故事来自于马萨诸塞州剑桥市，这个故事中学生在杂货店快速结算通道的运输带上放了25件物品，然而，在运输带上顾客最多只允许放8件物品。结账的职员问他说："你从麻省理工学院（MIT）来且你不会阅读，还是你从哈佛大学（Harvard）来且不会计数？"

④ See FCIC interview with David Viniar, Goldman Sachs, June 16, 2010.

另一个例子是关于所谓的反向压力测试。首先，从一个问题开始：如果一个机构蒙受数十亿美元损失，是什么引发了这样的情况？

> 分析就会随即反向推导，当开展压力测试时，基于实际头寸以及主要敞口来确定这样的损失是如何发生的。如果假定的损失真的非常大，有非常大的可能性在于，导致这样一种损失的潜在事件顺序会包含蔓延的元素或系统性力量。因此，反向压力测试很可能要求机构解决通常无法在压力测试中捕捉的难题。即便恰当运行反向压力测试，开展这样一项反向压力测试也可能是一项极具挑战性的工作，因为其需要高级管理人员的参与。在这些工作结果可能会被高管层所分享的背景下，这些人员不仅来自产生收入的职能部门，而且还要来自监控的职能部门。①

国际清算银行（the Bank for International Settlements）的工作组指出了对于重大系统性事件公司使用反向压力测试的益处：

> 不可否认，系统性震荡的精确时间、诱因和发展难以被预测，然而，准确预测特定市场事件对将系统性风险纳入一个情境中是没有必要的。透彻分析并完全了解经济和金融环境，加上进一步预测环境变革，辨识不同的风险因素何以可能消失殆尽，识别潜在市场紊乱的驱动因素和可能传染蔓延的方式，以及公司在这些事件中自身的行为都能增加金融跨业公司的准备工作，以及增强稳健良好的状态以应对危机事件。②

杰米·戴蒙（Jamie Dimon）于危机爆发前在一个访谈中曾经说过，"唯一一件需要告诉股东的事便是，'我们今天过得糟糕极了'。但另一件要说的事便是，'昨晚我们申请了（美国联邦破产法）第十一章的保护'"。③

反向压力测试最重要的效果之一可能属于一种方法。通过这种方法，不

---

① CRMPG III, *Containing Systemic Risk: The Road to Reform*, report, August 6, 2008, p. 84.

② Bank for International Settlements, Joint Forum, Working Group on Risk Assessment and Risk-Capital Concentration, "Cross-sectoral review of group-wide identification and management of risk concentrations", January 9, 2008 version, p. 35.

③ Deutsch, Clayton G., "Building the global bank: An interview with Jamie Dimon", *The McKinsey Quarterly*, 2006, No. 4.

管是从公司收入还是从风险管理的角度来说,反向压力测试揭示了忽略筒仓(silo)的事件。例如,类似于联邦国民抵押协会的公司是否将信用风险职能从管理其他风险的职能中分离开来?这样的风险管理筒仓能够防止管理层无法获得整个公司视角的风险种类,这种风险可能会击垮整个公司。许多公司通常在首席财务官或公司财务主管的职权范围内,将流动性风险从其他类型的风险中分开管理。通过强调流动性风险的重要性,反向压力测试能够利用这些筒仓促进公司内开展改善的讨论。这样的筒仓包括组建涵盖两种观点的横切风险委员会。随着当其他公司或者公司本身采取措施应对压力时,反向压力测试也可以增加公司对二阶效应的敏感性。

问题随后就演变为一家公司如何创造一种文化,用于响应有能力的风险官之风险管理工作以及贡献。

五、有价值的风险管理实践

越来越多美国公司开始采纳一种风险管理的方法,称为企业风险管理。与在危机前许多金融公司的危机管理职能部门相反,随着公司实际开展企业风险管理,该种管理意欲成为公司战略不可或缺的一部分。企业风险管理不仅是一套模型和可能或不可能与公司实际行为相联系的定量措施。联邦企业风险管理协会(Association for Federal Enterprise Risk Management)主席道格拉斯·韦伯斯特(Douglas Webster)提出了一条关于企业风险管理有益的定义:“企业风险管理就是为了优化实现企业目标和目的的机会而管理整个企业内所有关键风险。”①

韦伯斯特认为,更一般意义上企业风险管理区别于风险管理在于两个关键构成要件:

> ·政策和流程的一致性,通过一种典型地由首席风险官领导且集中式的风险管理监督流程得以实现。这力图确保整个企业风险管理实践的一致性(但并不对这些风险负责任,这些风险仍由业务经理承担处理);
>
> ·综合识别在不同功能领域(也就是不同的筒仓)间的风险以及风险治理,用于确保认知风险以及风险缓解行为在一个职能领域或者业务部门是如何影响其他职能领域或者业务部门。

① Douglas Webster, Communication to the Author, December 2, 2011.

这非常契合美国反虚假财务报告委员会发起组织（Committee on Sponsoring Organizations of the Treadway Commission，COSO）对企业风险管理的原始定义：

> 企业风险管理是一种程序，它受到一个企业的董事会、管理层以及其他人员的影响，适用于全企业范围内的战略布局，旨在辨识潜在可能影响企业的事件，并将风险控制在企业的风险偏好以内，针对达成企业目标提供合理的保障。①

企业风险管理对业务分布广泛的组织尤为必要，这些组织包含不同部门，有可能产生大量的风险，危及较大公司蓬勃发展的状况甚至是存亡。企业风险管理框架包含一些关键元素：（1）根据公司战略调整风险偏好；（2）谨慎地识别以及抉择出可供选择的风险应对措施（即风险规避、风险降低、风险分担以及风险接受）；（3）减少操作性意外和损失；（4）辨别并管理大量跨企业风险；（5）考虑各种潜在事件以至于管理层摆正自身位置去识别以及主动认识机会；（6）对于金融公司而言，有效地评估全部的资本需求以及加强资本分配。② 这些原则清晰并且恰如其分的普遍。问题在于应用及确保风险管理不仅是一种形式上的操作。③

有效的企业风险管理基础是在高层管理者之间且以整个公司信息为依托而展开的一系列对话。这些会谈关注两个关键问题：（1）我们公司所面临的阻碍我们达到自身任务目标的风险是什么？（2）我们如何降低最严重风险的影响？一旦开启会谈，公司可以对它们需要增强风险管理的领域作出明智且有成本效益的决策。一个企业风险管理的特别关注点是为了确保会谈发生在

---

① Committee of Sponsoring Organizations of the Treadway Commission, *Enterprise Risk Management—Integrated Framework, Executive Summary*, September 2004, p. 1.

② See Committee of Sponsoring Organizations of the Treadway Commission, *Enterprise Risk Management—Integrated Framework, Executive Summary*, September 2004, p. 1.

③ 关于企业风险管理以及金融危机的一系列论文，参见 Society of Actuaries, the Casualty Actuarial Society and the Canadian Institute of Actuaries, "Risk Management: The Current Financial Crisis, Lessons Learned and Future Implications", published by the Enterprise Risk Management Institute International（"ERM – II"），2008。

跨组织部门间以至于风险持续不断地受到治理并且是基于理解一个领域中的风险是如何影响其他领域后管理风险。① 高盛集团以及管理者体系由公司使用市场价值会计所支撑,用以对每天交易头寸定价以及积累企业层面的概观,这些反映了企业风险管理尤为复杂的形式。

相反,美国国际集团是一个金融公司的经典案例。在公司内,这些会谈没有最显著地发生在公司首席风险官与美国国际集团金融产品公司之间。美国国际集团的情况恶化得非常严重以至于普华永道(美国国际集团的外部审计机构)于2008年2月6日给美国国际集团董事会主席写了一封信,敦促在公司治理和管理方面作出重大变化。信中包含了务必加强集团风险管理的陈述。关于企业风险管理方面,普华永道方面写道:"我们期望企业风险管理的主管能够实现两项关键技能组合:第一项便是拥有理解风险、评估风险以及评价风险的能力(即风险偏好);第二项便是构筑一种风险防控基础设施的能力。用这种设施管理,防控贯穿公司(如美国国际集团)的风险。"②普华永道的警告来得太迟已经无法拯救美国国际集团。

危机过后,资深监管者组织(the Senior Supervisors Group,SSG)在2009年要求20家全球主要金融公司对其近期的风险管理实践自我评估。除了评估报告外,资深监管者组织还补充了与其中15家公司的访谈以及对主要风险管理研究的评析。在这些基础上,资深监管者组织提出了需要对重要领域继续改进的集合观点。尽管资深监管者组织没有就企业风险管理展开讨论,但是,它的许多观察结论与企业风险管理的思想非常契合。结合其他研究的推荐内容,资深监管者组织的观察结论为统一制定10条有价值的风险管理实践提供了很好的基础。

(一)加强董事会、高管层的监督以及风险管理的资源、地位和权威

改善治理的重要因素之一是需要增加董事会成员的专业技能,以使他们能够理解公司的运营,尤其是加强对风险管理的理解。风险被最优化管理的企业通常在全公司范围内建立了一种文化,有助于促进风险相关的信息流动,以及确保管理层在针对特定业务以及公司整体方面都能做出明智的风险收益决策。只有强势文化关注机制而非重要问题的判断,这样才能防止风险管理

① 关于企业风险管理的一份优质综述详见于 John Fraser and Betty J. Simkins, editors, *Enterprise Risk Management*,2010。

② Tim Ryan,"American International Group, Inc. Meeting Notes",PwC,February 6,2008.

功能异化为合规审查。这种缺陷会因为在处理公司复杂的业务时过度依赖建模的作用而加剧,而非如前文所述那样对模型的使用辅之以合理的判断和答复简单驱动问题的探索,作为补充。

花旗集团首席执行官查理斯·普林斯(Charles Prince)关于花旗集团杠杆贷款的著名评论反映出一个重要问题:"当乐声停了,关于流动性方面,事情就会变得很复杂。但是只要音乐不停,你就必须站起来跳舞。我们仍在跳舞。"①公司只有拥有真才实干以及见多识广的高管层和董事们,才能保持一种行为规范,防止因为从众心理(亚历克斯·波洛克称为"认知性羊群效应")而作出潜在的危险决策,尤其是当这些决定涉及放弃短期回报,而其他公司却获得了这部分收益。董事会及高管层都需要明白公司及其员工所从业的环境以及影响该环境的因素。

尽管不同公司在处理首席风险官与董事会之间的合理关系有着差异,有一点是明确的:首席风险官要有直接向董事会以及董事会中非执行董事汇报的能力。② 现在看来,在公司内部一种有前景的汇报结构便是嵌入风险职员直接向首席风险官汇报的构造,以及其可通过虚线报告关系的模式向所在业务部门的负责人汇报。

对风险职能部门而言,合适的能力、资源和支撑的基础设施便是判断的问题以及难以在指导准则中详细说明。如高盛集团这样的公司在它 1994 年经历过几乎歇业后,与那些近年没有经历过这些的公司相比,倾向于更多地向有效风险管理方面分配资源。另外,雷曼兄弟的首席执行官理查德·富尔德拼命把公司从 1998 年灾难中救出来,却随后仅在 10 年内又使公司陷入破产境地。

(二)确保董事会将公司的风险偏好统合起来,详细说明合理衡量标准,以及监管公司是否遵守被统合起来的风险总量

为了释义资深监管者组织的报告,公司应当为其董事会和高管汇编以下内容:(1)相关的风险措施(如基于经济资本的分配还是压力测试);(2)风险程度是如何对照限制的观点;(3)需要维持应对不同程度损失的风险措施所需的资本程度。董事会必须根据公司不同的营业范围,对其逐一且从全公司角度来统一制定公司风险偏好。

---

① "Citigroup chief stays bullish on buyouts", *Financial Times*, July 9, 2007.

② 参见 e. g., "ICGN Corporate Risk Management Principles", p. 7。

这再次强调了董事会成员的资质以及他们在数量上和基于已知情况的判断上来处理公司经营复杂性的能力。正如资深监管者组织所指出的，“一项治理中的关键局限性来源于……公司所需承担的风险以及公司的董事会认为公司会承受风险之间的悬殊有多大”。①

风险管理协会的凯文·布莱克利有类似的观点：

> 董事会应当确保在他们这个级别中有人可以认知金融危机。在美国，我们有法律规定审计委员会要有人精通金融报表。但是我们没有这样要求董事会中有风险管理专业人员的规范，这样一种漏洞比绝大多数会计差错都会带来更大的危害。②

（三）以公司的风险偏好以及产生收入部分的风险调整本质来协调公司薪酬机制

在第四章中讨论过的公司薪酬机制仍继续在演变。最新的一份调查直言不讳地摆出了问题：“如果人们不需要作出明智决定而是作出愚蠢的决定就可以变得富有，他们对钱会作出明智决定的概率分别是多少？”③

一种方法应当涉及首席风险官在公司中构建薪酬机制。在危机后执政的花旗首席执行官维克拉姆·潘迪特（Vikram Pandit）管理下花旗就采取了这种方法。布莱恩·里奇（Brian Leach）在2008年加入花旗集团并成为首席风险官。他告诉美国金融危机调查委员会的工作人员，薪酬机制的设定需要大量的判断：

> 毫无疑问……在一个商业体制中，任何一个主体都是一个利益导向型的主体，收益在事实上驱动着每一个特定的行为模式。从定义角度来

---

① Senior Supervisors Group, *Risk Management Lessons from the Global Banking Crisis of* 2008, p. 4.

② Kevin M. Blakely, Testimony, Senate Committee on Banking, Housing and Urban Affairs, Subcommittee on Securities, Insurance, and Investment, June 19, 2008, p. 11.

③ Lewis, Michael. *The Big Short*, New York: Norton, 2010, p. 257. 例如，纽约城金融公司尽管承担了大量亏损但在2008年却支付总计170亿美元的分红。See White, Ben., “What Red Ink? Wall Street Paid Hefty Bonuses”, *New York Times*, January 29, 2009; Office of the New York State Comptroller, “New York City Securities Industry Bonus Pool”, February 23, 2010.

说，我认为这就是一个激励性薪酬结构需要发挥的作用。在交易环境中，你可能想让交易对手承担适当风险。这种做法是一种艺术。我要特别强调的是"适当的"这个词。因为显而易见的是，你希望企业组织所寻找的是一种良好的、最优的并且合理的风险收益。①

即便如此，薪酬机制在实践中的适用并不是这么简单。一个主要的局限性在于，担心那些熟练掌握如何产生高收益的员工可能会跳槽，会从这些实践与风险相关的薪酬机制的公司中跳槽到以更少限制形式提供薪酬的公司中去。在风险敏感度方面，逐底竞争以多种面貌呈现出来。

（四）发展并维持信息技术的基础设施以便公司集合并且监控交易方之间的风险敞口、经营业务、风险元素以及其他维度

风险管理基础设施的不充分问题比许多公司仅缺乏投入风险管理职能资源的状况更为严重。许多陷入金融危机的超大型公司是通过并购成长起来的。暂且不论那些合并后的公司风险管理情况，通常的情况是这些公司很难真正地将不同部门的业务系统地整合在一起。要发展出一套将大型复合金融机构中上百甚至上千个不同的附属部门都统一起来的风险观，其难度不言而喻。

（五）确保公司能利用诸如交易相对方、产品和地缘来识别风险集中度的能力

考虑到市场变化的速度，资深监管者组织推荐企业能够"在大约屈屈数小时内"就要合计出相较于机构交易方它们自身的总市场风险敞口和净市场风险敞口。这便是在金融危机中屈指可数的企业所展现的灵活性。即便它们还没有拥有很快确认风险集中度的能力，但公司必须解决一些限制，如不完整的基础设施或者需要人工来编制数据。资深监管者组织总结道，公司必须建设技术平台"以便处理意外的大量困境……为了信用、流动性、市场及其风险衡量标准而有效产生聚合数据以及有效管理信息"。②

（六）使用压力测试将风险传递给高管层以及董事会

原则上，一家公司应当用一系列方案来实施健全的前瞻性压力测试，也应

① FCIC Interview of Brian R. Leach, Citigroup Chief Risk Officer, March 4, 2010.

② Senior Supervisors Group, *Risk Management Lessons from the Global Banking Crisis of* 2008, p. 26.

当进行反向压力测试来确定会对公司或者一项特定营业范围引起重大应激事件的方案和风险。资深监管者组织指出,基础设施的限制阻碍了公司构建不仅是短期或者战略上的压力测试,用以应对高管层以及公司董事会的要求。

花旗集团的布莱恩·里奇(Brian Leach)解释了反向压力测试的重要性:

> 如果你能够预见到有一种可能对公司产生重要威胁的方案,那么,你应该停止实施该种方案。你必须将这种方案抛弃。因此,我们一直在对自己风险限度投入很多的便是确保我们不会发生这样的情况,即不论是面对担保债务凭证抑或是面对其他风格的情形,你都不会将机构为了那些置于风险之下。此外……这就是我所指称的"风险偏好",不同的机构有不同的风险偏好。①

(七)发展一种能够随市场条件和风险敞口的变化而变化的风险管理能力

在此,资深监管者组织强调深度探讨并理解应对市场变化中公司风险敞口的能力。这包括在特定的敞口中理解特定的"风险动因"。② 一旦一个公司理解在敞口中的潜在变化,它就能主动积极地避免或者限制风险。资深监管者组织指出,只有一些公司在近期的危机中证明了这项能力。

(八)构建一个严谨的估价职能部门,包括对整个公司执行统一定价以及及时认定损失

有些公司发现多种体系以及估值模式阻碍着它们在整个公司层面维持一致的定价政策的能力。财务部门与公司中负责执行主要估值过程的部门必须独立,同时在公司中需要具备足够的地位以及影响力。估值冲突需要通过有建设性的对话得以显露并迅速解决。认定损失的及时性能够让公司可能在亏本的情况下处置资产,但比起其他情况可能损失得更少。

(九)标准化实践流程,减少未证实的场外衍生品头寸并增强对担保物的管理技术

场外衍生品是由两家公司在交易所外或者无须利用其他中介机构,互相

---

① FCIC Interview of Brian R. Leach, March 4, 2010.

② Senior Supervisors Group, *Risk Management Lessons from the Global Banking Crisis of* 2008, p. 26.

协商并私下交易的合同。关于场外衍生品头寸,公司需要使经营程序一体化以至于它们可以在同一天匹配。(毋庸置疑,随着市场进一步深化创新,这种时间限制会减少)公司也需要采用并实现标准技术平台,此外,还要减少未清偿的衍生品交易承作金额,减少的程度便是从全公司角度而言这些衍生品交易并不会发生什么影响。担保物管理技术包括对合同的提升以至于触发提出实现担保权的条件被管理层得知,并且这些条件在不良事件发生时对保护每一个交易方都是合适的。①

(十)提升融资以及流动性风险管理的实践能力

公司必须在财务管理职能部门、风险管理职能部门以及相关的业务部门间提升协调与互动,也必须加强公司层面的流动性报告以及其他交流。协调尤为重要,因为流动性风险管理方式需要同时考虑资产和负债。一个有效的衡量标准涉及一家公司期望多少天保持资金流动:这能够被解释为资产负债互为匹配以此来限制公司需要承受的短期融资数量。考虑到公司可能遭受的压力,可靠的压力测试也同样需要。这可以促进防御措施的发展,诸如以风险为依托的估价不仅考虑信用质量,而且还考虑流动性风险,这种估价模式改善了考虑紧急情况的合同条款以及对可接受的回购债权协议(repos)及其他短期交易的担保物设置高标准。资深监管者组织自己指出,这些有价值的实践随着公司和监管者更加全面理解危机所带来的教训而不断地发展。

六、风险类型

风险管理包括一系列风险,这些风险随着环境和创新而不断发展。公司必须支付对价去承担这些风险中的部分风险,如信用风险和利率风险。分析这些风险是必要的,当这些风险超出了公司风险偏好,就需要控制或者规避。其他风险必须要最小化,包括操作风险和声誉风险。其中,几乎需要不计代价地解决声誉风险,否则,一个公司的客户会对这家公司失去信心。最后,一些风险——以及流动性风险对许多危机中的公司至关重要——必须加以防范。一个公司财务总监把防御流动性风险比作买保险,一人判断风险并支付对价

---

① 维拉尔·阿查亚(Viral Acharya)将契约条款的公布视为把衍生工具合约置于交易的关键性优势;市场于是能够随着公司看待其他公司如何调整它们担保物管理的方法而作出应对。Comments at the 47th Conference on Bank Structure and Competition, Federal Reserve Bank of Chicago, May 5, 2011.

使其减弱到合理限度。通过研究成功的公司是如何实施风险管理以及这些公司误读或者并未妥善解决风险时所承担的成本，风险管理的复杂性得以显现。

风险种类多样且有差异，不同的评论者对其类型化也不同。因此，本书对资产负债错配期间的讨论是作为市场风险讨论的一部分，而有人却可能将其描述为流动性风险。新形式风险——如模型风险——伴随市场或者经营方式的改变而产生。[①] 本部分将考量五种风险：流动性风险、信用风险、利率风险、市场风险以及操作风险。评价这些风险的重要因素便是风险速度或者风险实现的速度。正如第二章中所述，丧失流动性（即准备进入融资）会导致一家公司在几天之内破产。相反，信用风险的副作用则倾向于长期内才发挥影响。正是风险速度解释了为什么那么多破产公司的经理们证实他们的博弈并没有失败，因为信用风险需要很长时间才能出现，其在还没有产生实质性损失的当口丧失流动性就把公司推向了破产的境地。

（一）流动性风险

流动性是一种金融公司在没有出现不可接受的损失情况下能够为其积累资产同时又当资产到期时得以履行义务的能力。[②] 当市场恐慌从2007年8月开始蔓延，公司突然发现它们难以筹措到正在开展的经营活动所需的资金。从负债角度而言，在债务到期时，公司发现自身并没有重新投入资金来替代投资者所提取的资金。从资产角度而言，公司面临价格混乱，有时会被迫贱卖。当美国国际集团把它接近250亿美元的信用违约互换保护（CDS protection）卖给高盛集团时，文件规定高盛享有追加担保权以防由信用违约互换保障的潜在抵押物价值下跌。美国国际集团对逐渐增多的担保追加无能为力（也就是一个流动性问题），最终导致了其衰亡，不管公司是否在为信用损失而支付信用违约互换所需的保护，在事实上终将使公司承担那么多。

市场曾经对流动性风险非常自满。在这个纪元里，许多公司洋溢着乐观，但一旦市场开始恐慌了，这种乐观就是不可承受之重。由俄罗斯债务危机引起的1998年短暂混乱推动了公司行为关于流动性的细微变化。现在教训得以汲取：

---

① See Office of the Comptroller of the Currency（OCC），*Supervisory Guidance on Model Risk Management*，OCC Bulletin 2011－12，April 4，2011.

② 改编自 Basel Committee on Banking Supervision，*Principles for Sound Liquidity Risk Management and Supervision*，September 2008，p. 1。

信用风险明确地证明，假设市场总是可以源源不断地提供所需的流动性是荒唐的。正如运营一家重要的医疗中心却没有备用的发电机是非常不明智的，同样，近乎胡作非为地以依靠市场持续获得流动性的方式去运营一家金融机构也是轻率的。许多投资者自鸣得意，因为市场流动性总是被假定为"取之不尽，用之不竭"，都获得了惨痛教训。①

流动性风险可能是最难对付的风险，因为流动性风险不仅依赖资产负债表中的资产与负债的匹配，还与市场反应有关，而市场的连锁反应却难以预测。合同规定的条款以及公司间的权力关系突然就可能以意想不到的方式开始发挥作用，诸如当交易相对方要求实现担保。当交易方开始破产时，包括摩根大通以及高盛集团在内的所有公司都变得脆弱不堪。在一定程度上，一旦市场萧条一段时间，政府扶持可能便是唯一选择。

（二）信用风险

信用风险是一种鉴于诸如借款方这样的交易方无法履行到期义务而导致损失的风险。所有种类的金融公司无法辨别次级及其他非传统抵押贷款以及由它们衍生出的抵押相关的证券所含有的内在风险。这关系购买者大量依赖于未经检测的风险模型，而这些风险模型包含了关于国内价格变化模式过分乐观的假设。购买者同样也大幅度地依赖信用评级机构对自有品牌的抵押证券以及担保债务凭证中顶级部分所赋予的 AAA 评级。甚至假定公司在没有独立履行尽职调查却接受评级几乎是谨慎的，过度依赖于评级违背了著名的风险管理原则：

即便大型金融公司确信评级的准确性，这样无法解释公司过分集中于投资组合中资产相关的抵押贷款的决策。一条现代金融风险管理的核心原则就是需要分析投资组合风险以及防范意外事件。正如我们并不期望一个大型综合公司的全部证券投资都在一小群公司所在的或者在特定行业内的 AAA 级别公司，我们不期望这样一个公司太专注于一个部门

① Golub, Bennett W. and Conan C. Crum. "Risk Management Lessons Worth Remembering From the Credit Crisis of 2007 – 2009", p. 25.

以至于在这个部门中发生一个严重的长尾事件就能损害公司的清偿能力。①

有些公司同样也从交易方的风险中受到了意料之外的损失。美国国家金融服务公司至今是联邦国民抵押协会最大的客户。因为,美国国家金融服务公司是联邦国民抵押协会房屋抵押贷款最大的供应商,相较于对其他发行者,联邦国民抵押协会收取美国国家金融服务公司更低的费用。然而,证人告诉美国金融危机调查委员会从美国国家金融服务公司购买的贷款产生了数量上不成比例的严重不良债务。当联邦国民抵押协会被政府托管后,其适用了抵押贷款购买合同的追索条款以便将其抵押放回至美国银行,这一行为收购了美国国家金融服务公司,从某种程度上说,这些抵押贷款违反了陈述及保证条款。

这展示了一个被金融危机揭示的与交易相对方有关的重要问题:购买具有欺诈性或违反担条款的贷款的公司仅从那些没有停业的公司那里行使了追索权。例如,美利凯斯特抵押公司(Ameriquest Mortgage)以及新世纪抵押公司(New Century Mortgage)的主要次级抵押贷款发行公司一旦破产就会使抵押贷款购买者们无法行使追索权。其他诸如雷曼兄弟的公司也同样歇业了,因而留给它们债权人的便是通常需要花时间解决却无法在接近原始价值得以解决的索赔权。

(三)利率风险

利率风险是引起20世纪80年代存款和贷款崩溃的主要原因。这场危机由储蓄借贷业中大规模的资产负债不匹配性触发。与之形成对比的是21世纪初期的低利率水平大体上造就了一种独特的风险形式。因为许多投资的回报非常低,而公司对追求收益率有着格外强烈的积极性,所以为了增加收益便投资于高风险资产。这便能解释诸如次级贷款和次级证券何以大受追捧,而传统的优质抵押贷款就不那么受到热衷了,这些贷款有着更高的信用品质,但对投资者而言却收益不高。

通常情况下,一种风险形式可以转化成另一种。房屋所有权人尽管申请了浮动利率抵押贷款,而且尤其是那些采取诱惑利率的抵押贷款,前期优惠利

---

① Lang William W. and Julapa Jagtiani, "The Mortgage and Financial Crisis: The Role of Credit Risk management and Corporate Governance", *Atlantic Economic Journal*, 2010 p. 16.

率使按揭的前两年或者三年内只需偿还少量贷款,但这些所有权人面临着一种前景(这不可能实现预期的最大限度),一旦他们被重新调整到更高的利率就无法偿还抵押贷款。如果这样,利率风险可能会转化为信用风险。

(四)市场风险

市场风险是一种因市场价格浮动而遭受损失的风险。市场风险因资产、负债之间的严重不匹配会对公司尤为有害。除了其他因素外,由于金融公司频繁投资长期资产却只需短期负债的趋势,2007~2008 年的市场震荡造成了显著的影响。这种实践的极端案例发生在资产担保商业票据(asset-backed commercial paper,ABCP)市场。资产担保商业票据是一种在不多于 270 天期限内到期的商业票据。但资产担保商业票据的发行主体(又称为渠道、导管、管道、载体,conduit)购买抵押贷款证券,这些证券需要经年累月的持有才可能到期。当投资者对他们的投资不再延期(展期)交割,就有可能发生资产支持商业票据的挤兑。2007 年 7 月便发生了这种情形:当时,投资者们担忧德国工业银行(IKB)的资产担保商业票据投资的信用质量。银行并没有支持其资产担保商业票据的导管公司,同时筹划了公私主体的救助计划。随着投资者在同年 8 月初就从其他资产担保商业票据投资中撤离,资产担保商业票据市场立即备受压力。几十亿美元的资产从资产担保商业票据市场上撤离,尤其是从单一出售方项目(single - seller programs)中撤离,这种项目是仅由一名发行人提供资产的资产担保商业票据抵押贷款项目(mortgage ABCP programs)。

另一个期限错配(maturity mismatch)的例子发生在拍卖利率证券市场,该市场允许州和地方政府通过长期借款且定期(通常少于 1 个月)设定浮动利率的方式降低借款成本。当金融市场承受压力的时候,恐慌蔓延到了拍卖利率证券市场。由于投资银行面临财政压力,它们不再投标出价提供资金去允许州政府和地方政府续借贷款。这意味着拍卖失败了,并触发了借贷协议中的条款,引致州及地方的利率大幅上升。

贷长借短的实践多年来都取得了成功,当市场动荡,这一实践却突然威胁到了公司甚至是一些地方政府的生存。

(五)操作风险

操作风险是指一种公司和体制都未按照预计运作的风险。对抵押贷款发放者或者二级抵押市场公司而言,操作风险可能包括电脑自动核贷系统没有合理审查筛选抵押贷款以及根据风险对抵押定价。

高盛集团抵押贷款部的前负责人丹·斯帕克斯告诉委员会工作人员，高盛曾试图通过收购一家抵押贷款发放公司来发展其抵押业务。除了价格，操作风险是决定要不要收购一家公司的重要因素。一项标准便是被收购企业的综合体系能否与高盛集团的综合系统合为一体。“某些部分不兼容，你也得运营那家公司”斯帕克斯说道。他补充说作为操作性行业的抵押贷款发放公司与高盛的交易性业务颇为不同。①

模型风险是操作风险的一部分：

> 金融公司对未经检验的风险模型过度依赖以及过分自信，这会导致低估风险……市场参与者大大低估了抵押贷款市场的可能下跌风险……对于统计分析的过分依赖致使公司忽略了对房地产景气的本质，非理性繁荣的实质以及与道德风险及逆向选择相关且日益增长的问题作更多的定性判断……
>
> 大部分公司依赖相当短期的数据历史记录而这些数据并没有覆盖经济形势严峻时期。建模者通常在建立两种模型间抉择，一种模型涵盖更长的时间周期但是数据元素却不多且数据质量很低，与之相对的另一种模型有更多的数据元素且数据质量更高但却覆盖较短的时间周期。
>
> 通常而言，公司选择更复杂的模型，其在较短时间周期内数据质量更高。②

操作风险的另一方面涉及公司可能为它的交易者创造的扭曲激励。这包括对公司所使用的风险模型进行博弈的激励机制。下文的例子涉及无所不在的风险价值(VaR/value-at-risk)模型：

> 前摩根大通银行家蒂尔·古迪曼是一名伟大的风险价值倡导者，当他谈及其所认为的另一个风险价值短处时，几乎是沮丧的。对他而言，对风险价值进行博弈是一个大问题。这发生在银行开始报告自身的风险价值。为了调动经理们的积极性，银行开始对他们不仅在赚取利润的情况下给予报酬，而且在低风险下赚取利润也支付报酬。这在理论上听起来

① See FCIC interview with Dan Sparks, Goldman Sachs, June 16, 2010.

② Lang and Jagtiani, “The Mortgage and Financial Crisis”, pp. 12 – 13.

很不错，但是，经理们通过提高古迪曼斯所谓的“非对称风险头寸”开始操控风险价值。从总体上来看，这些产品或者合同所带来的利润不大也很少产生损失，但它们一旦产生损失，该损失就很大。这些头寸使经理人的风险价值看上去不错，原因在于风险价值忽略了巨大损失发生的小概率性，同时这些大额损失也只会在真正灾难来临的情况下发生。一个很好的例证便是信用违约互换，其本质上是一种担保公司不会违约的保险。销售信用违约互换的收益不大却稳定——同时需要偿付那个保险的可能性可以被看成是微不足道的。这99%以上不可能发生，所以并未出现在风险价值数额中。人们没有看到那些隐性头寸的规模，其隐藏于风险价值没有测算出的1%可能性中。①

虚置的风险管理系统是操作风险的另一种形式。如果高管层认为风险管理系统比它实际上提供了更多的保护，那么这尤其是个问题。即便当花旗集团的一个部门紧缩其购买证券产品的抵押贷款标准，而公司的另一个部门却继续扩大担保债务凭证业务。相似的情形发生在美国国际集团中，当时，公司的一个部门减少其在次贷市场的敞口，而其他部门却继续增加其敞口。② 一个全公司层面的有效风险管理系统本应协助公司避免这样的结果或者至少降低公司的敞口。

法律风险也是操作风险的一部分。当高盛集团在其向美国国际集团购买信用违约互换保护(CDS protection)的合同中添加其精心起草的条款，它保护自身以防法律风险。与之相反的是美国国际集团的高管，包括首席执行官、首席财务官以及首席风险官一直都不理解这些条款的内涵，直到2007年年中的最早先时候，公司售出了几十亿美元的信用违约互换后才恍然大悟，因为这些信用违约互换都包含着如果信用违约互换的市场价值有所跌落，则保证向信

① Nocerra, Joe, “Risk Mismanagement”, *New York Times Magazine*, January 4, 2009.

② 美国国际集团的外部审计师普华永道(PwC)于2007年11月29日的会议中告诉首席执行官马丁·沙利文(Martin Sullivan)，首席财务官斯蒂文·本辛格(Steven Bensinger)以及内部审计主任迈克尔·罗默(Michael Roemer)，“在2005年年底，当美国国际集团投资公司和UGC公司增加了次贷的敞口，而FP公司和美国通用财务公司(AGF)却减少了它们次贷的敞口——这一事实似乎展示了美国国际集团缺乏将风险敞口的评估贯穿至一个部门的能力”。其结合其他项目，同时说道：“上述事实产生了风险管理的控制性担忧，因为风险管理可能成为实质性的薄弱之处。”PwC, note of November 29, 2007 Meeting.

用违约互换购买者提供担保的合同条款。美国国际集团的首席风险官告诉金融危机调查委员会工作人员，当高盛购买了很多信用违约互换后，并于2007年7月向美国国际集团第一次发出追加担保通知时，管理层意识到了合同条款的潜在影响，这在公司范围内引发了巨大恐慌。[①]

美国国际集团的失败是一个很重要的案例，它说明了详尽地测度风险然后得出重要结论的必要性。允许信用违约互换产品购买者有权要求追加提供担保的合同条款不仅攸关由信用违约互换涵盖的证券业绩的恶化，而且也与证券的市场价格息息相关。这将使证券的信用风险转变成流动性风险。之所以对美国国际集团来说是致命的，原因在于美国国际集团的控股公司层面缺乏涉及整个公司范畴的流动性需要的相关信息，以及公司并未准备好流动性头寸使其足以有能力应对提供担保通知。相较于信用风险，流动性风险突然间就出现了。公司无法理解美国国际集团金融产品公司所立约的本质，这意味着美国国际集团丧失了其自认为有的时机来应对证券信用质量的任何恶化，而信用违约互换写在了这些证券上。

（六）声誉风险

这种风险因公司行为以及对其行为的认知而侵害公司信誉。科技及媒体的发展使公司需要承受前所未有的重大声誉风险。[②] 举例而言，那些华尔街公司在破产以及接受政府资金前享受丰厚利润，但却尤其容易遭受声誉风险。

声誉风险同样也有其他举足轻重的意义。最为重要的可能在于，即便是没有法律要求让其这么做，公司也会发现自身在满足客户及其他交易方的需求方面存有压力，唯恐不负责任地与这些合约方交易会丧失市场信心，而失去市场信心恐怕比向交易对方提前赎回而赔偿发生的损失更为昂贵。随着市场开始受到破坏，公司为了打消交易方的疑虑以使交易方不会恐慌并且不再与公司交易，这份维护声誉的压力在公司身上滋长。

一个关于声誉风险效果的经典案例发生在花旗集团，当时花旗集团为了维护它的信誉而自认有义务支持它资产负债表外的结构性投资工具（structured investment vehicles，SIVs）。这同样也发生于众多其他公司，包括贝尔斯登公司以及高盛集团，它们迫切感到有必要帮助资产管理基金摆脱困

---

① FCIC hearing transcript，June 30，2010，pp. 154 – 57.

② See e. g. ，Seidman，Dov. *How*：*Why How We Do Anything Means Everything... in Business* (*and in Life*)，Hoboken，N. J. ：Wiley，2007.

境尽管没有任何法律义务迫使其为之。在贝尔公司案例中，公司花了数十亿美元紧急援助其一个对冲基金的投资者们于危难之中，一位分析师（没有提及贝尔公司的名字）详述了公司的压力：

> 首先，这一举措可能会避免其他债权人对资产进行突如其来的清算，而这些债权人可能会对正处危机的担保债务凭证市场造成不利影响。其次，其他债权人可能会使用"道义劝告"，因为在某种程度上他们信赖证券公司的名字以及信誉才借钱给该公司管理的对冲基金。最后，公司可能会计核算出如若回避不管这个对冲基金而导致对其信誉的进一步损害可能最终比接管财务所产生的潜在损失更加厉害。然而，应该指出的是，在公司没有提供援助给担保债权人的情况下，次级基金在事实上理应被允许破产了。①

一名华尔街分析师对贝尔基金评论说："如果贝尔公司对此不闻不问一走了之，那么投资者将会亏掉所有的钱，同时贷款方也会损失所有的钱，然而，一旦它们对金融界里的每一位如此不管不顾，那么金融共同体就会让它们停业关门。"②

长期以来，声誉风险与更加传统风险种类一样对公司意义深远。一名分析师追溯了声誉风险的发展，表明了投资银行与客户之间关系的变化，即当投资银行间还是合作关系时，其与客户间维系着基于关系的业务往来，而后转变为以交易为基础的商业往来。③

成功抵御危机的公司与没有经受住危机的公司之间关于风险管理的区别如下：

> · 在更广义上说，风险管理是有效管理的一个子集。对于管理公司

---

① Bank for International Settlements, Joint Forum, Working Group on Risk Assessment and Risk - Capital Concentration. "Cross - Sectoral Review of Group - Wide Identification and Management of Risk Concentrations", January 9, 2008 version, p. 31.

② Creswell, Julie and Vikas Bajaj, "$3.2 Billion Move by Bear Stearns To Rescue Fund", *New York Times*, June 23, 2007.

③ See Davis, Gerald F., Managed by the Markets: *How Finance Re - Shaped America*, Oxford and New York: Oxford University Press, 2009, pp. 122 - 24.

以及获悉整个企业全局的风险视图而言,坚实完备的信息基础设施是有必要的。

·风险管理可能会流于形式而不是有效的流程。这点能在瑞士联合银行的例子中体现出来。瑞银在2006年详尽披露了公司的风险管理系统和流程,但它在2008年又向股东发布了一封说明信,信中描述了同一风险管理系统的广泛漏洞。

·在一个决定忽视风险的公司担任一个风险官并不容易;一名风险官必须乐于向公司的当权者说出真相并甘于做好以被解雇为收场的准备。人际交往技术对于首席风险官来说至关重要。

·随着市场、程序和产品变得越发复杂,基本问题是做出明知判断的关键。例如,如果市场显示出异常现象,公司必须自问:这里发生了什么是我们没有理解的呢?

·许多公司的定价模型发出信号表示市场过热。得以幸存的公司的反应包括关于市场过热影响的精细化探讨。失败公司的反应包括漠视信息,抨击制造信息的信审官之判断,或者开除风险官。

·模型风险在许多公司中是重要议题。得以幸存的公司使用一系列模型作为告知判断的工具但不盲目依赖它们。幸存公司也不盲目依靠评级机构的评级,但却履行自己的尽职调查。

·流动性风险是让金融公司垮台的终极风险,它意味着没人想要借钱给这些公司。在大规模使用隔夜资金、回购债权协议以及复杂衍生品的年代,大部分公司有能力管理流动性风险却不甚清楚,尤其是那段发生在诸如2007年8月至2009年9月间的市场恐慌期。至此,成功的公司相较于那些失败的公司再次展示了它们的高明和实力。

·对诸如高盛集团那样的公司而言,声誉风险已证明是棘手和昂贵的。声誉风险的管理要求区别于其他风险管理系统的过程。在此,若要劝服经理放弃那些可能是合法但似乎对公司外部利益相关者不太公平或合理的交易,文化价值有其独特的重要性。

第六章 公司组织、商业模式与危机

我提倡将政府支持型企业从所有权未定的区域转移出来。很多事件已表明，在与财政、资本、市场、住房、股东、债券持有人、房主、私有和公共利益等相关的危机中，保持前述各要素利益之间的平衡是何等困难。我们应当研究经济和市场在完全由私人或政府支持型企业来提供服务时是否会变得更好。

——丹尼尔·穆德，2008 年

组织形式在经济危机中发挥了重要作用。一个公司组织以其必须运行的方式来定义规则。管理者们在那些规则中工作以创造有利的环境或者改变他们的组织状态。对组织形式的改变在危机前就已出现，如华尔街公司从合伙关系转变为股份公司，在危机中高盛和摩根斯坦利转变为由美联储支持和监督的银行控股公司。

本章首先考虑各类金融公司的规范结构，其后是这些公司在危机前所采用的商业模式的含义。其中，最为重要的商业模式是俗称为存储业务的组合贷款与俗称为移动业务的基于交易的金融。

从组织的角度来看，金融公司间的竞争发生在任何地方，但人人机会均等。3 个主要因素是：(1)公司的规模和复杂程度；(2)公司运行所依照的章程和法律框架；(3)它是否是合伙或投资者所有。

一、规模与复杂程度:合并、纵向一体化和集团化

抵押贷款行业的产业组织在危机之前的几年里有着显著的变化。自20世纪90年代开始,技术与法律变化的结合帮助推动了抵押贷款产业和一般金融公司之间的实质性合并。技术发展增加了经济体提供贷款的规模,大型服务商,如全国金融公司开始服务于超过1万亿美元的抵押贷款。在贷款组织方面,技术意味着一个携带便携式电脑的抵押贷款经纪人或贷款工作人员能够前往客户处,输入其贷款申请信息,并根据借贷人中央数据库中的信息快速地做出一个“同意”或“参考”的决定。在同意的情况下,该同意须以核实贷款文件为条件。一个参考(以实现公平借贷法律为目的,并非是一个对抵押贷款信用的否定)意味着该借贷申请在可能被同意前需要接受额外的审查。

对房地美和房利美来说,相较于向其出售抵押贷款的主要银行而言,20世纪90年代中期的科技进步为这两家政府支持型企业的增值与收益提供了一个机会。表6-1反映了被政府支持型企业采用的自动承销制度的承销功能的转变情况。

科技也是证券化和日益复杂的证券化类型的驱动力。随着计算能力的提高,建立能够为担保债务凭证(CDO)监控复杂现金流的科技平台成为可能。例如,从抵押贷款借款人的月付(“抵押人”,在业界的说法)到抵押贷款证券,到抵押贷款的特定部分,再到担保债务凭证之特定部分的持有者(参见第二章,图2-5)。仅从确保支付都能及时到达正确的地方这一立场上看,衍生证券如担保债务凭证于20世纪90年代在技术上是否可行,目前尚不能明确。

法律变化也同样发挥了作用。1994年《尼尔洲际银行及分支效率法案》通过消除以前曾使许多银行机构只能在个别国家运行的地域限制实现了银行业的合并。当该法律变化与新科技相关的生长优势以及规模经济相结合时,便产生了金融服务公司包括那些服务于抵押贷款的部门重大合并的结果。抵押贷款发起人和最大公司的市场份额规模性增长。1995年排名前25位的发起人已持有39%的市场份额,2007年这一比例增加到了市场的90%,几乎达到了原来4倍的规模。

另一变化发生在产业结构中。这一变化是不同企业努力的结果,它导致按揭市场由平行市场向垂直市场转变,企业由此可以对按揭市场发挥全面的影响力。

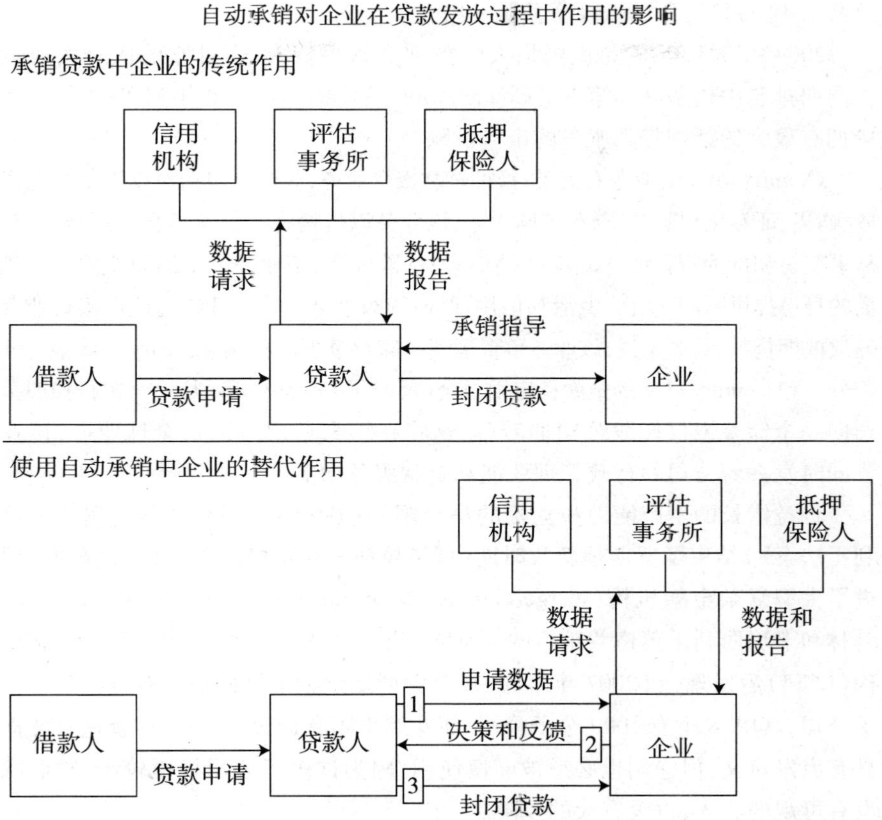

图 6-1　在抵押贷款发起过程中自动承销的作用

资料来源：Office of Federal Housing Enter Prise Oversight, 1995 Report to Congress (Washington, D. C.: Government Printing Office, 1995), fig. 1, P. 4.

注：贷款人有机会直接与评估事务所和抵押保险人交易。

为此，Countrywide 新设了一家高速增长的公司——Countrywide 证券公司。2004 年该证券公司将约 720 亿美元的次级抵押贷款和其他次级贷款转化为了证券。2005 年华尔街投资银行——贝尔斯登、雷曼兄弟和美林证券等——要么设立抵押贷款公司，要么收购主流的抵押贷款公司。随着抵押市场的扩展和房价的上涨，大公司试图占有更多份额的价值。

全球金融公司（Countrywide Financial Corporation，CFC）可能是从合并与纵向一体化中受益最大的公司，2007 年该公司已有 2120 亿美元的总资产和总共1.48万亿美元的抵押贷款服务组合。

2004~2007年,它是美国最大的抵押贷款放贷人,而且它的次贷发放量在同期排名中也是高居第三。Countrywide在2004年、2005年和2007年3年中拥有最大的抵押贷款服务的市场份额。

Countrywide的业务有五类:抵押贷款银行业务,该业务包括对抵押贷款的发放、购买、证券化和服务;资本市场业务,该业务以机构经纪自营商身份运行,专门从事交易和抵押贷款证券的承销(MBS);保险业务,该业务以承销商或独立代理商的身份提供财产、伤亡、生活和信用保险;银行业务,通过CFC的抵押银行业务发放抵押贷款,具体来说,该业务负责运营一家存款保险机构、Countrywide银行北美分行和Countrywide的金融稳定委员会(反映了Countrywide从一个银行控股公司向一个储蓄银行控股公司的转变,这将在第七章中讨论);全球业务,该业务同时发挥着公司的行政管理职能和贷款服务功能。

日益增长的生产能力和宽松的法令限制(1999年的《格雷姆—里奇—比利雷法案》)结束了罗斯福新政时期由《格拉斯—斯蒂格尔法案》所设限制,促进了大型复杂金融机构(alarge complex financial institutions, LCFIs)的成长。赫林和卡玛西利用英格兰银行的标准来判断一个机构是否是大型复杂金融机构(LCFI)后发现,到2007年年底,每个大型复杂金融机构都会有至少几百个子公司,其中,8个有1000个子公司,而花旗集团有近2500个。尽管这些数据具有启发意义,但它们也必须被谨慎使用,因为许多子公司规模较小,它们既没有可观的收入,也没有大的风险。

如图6-1所示,大型复杂金融机构包括了从事提供多种金融服务的主要子公司。①

二、大型复杂金融机构和金融危机

经营失败的主要公司的类型多种多样,包括两家政府支持型企业——房利美和房地美,两家投资银行——贝尔和雷曼,两家商业银行控股公司——花旗集团和瑞士联合银行集团,一家保险公司——美国国际集团以及两家

① See Herring Richard, Jacopo Carmassi., "The Corporate Structure of International Financial Conglomerates: Complexity and its Implications for Safety and Soundness", chapter 8 in Berger, Allen N., Phillip Molyneux and John O. S. Wilson, eds, *The Oxford Handbook of Banking*, Oxford: Oxford University Press, 2010, figure 8.2.

储蓄银行控股公司——全国金融公司和华盛顿互助银行。这表明，金融业的主要组织问题也许是美国主要金融公司日益增加的规模和复杂性。赫伯特埃里森认为，"在默许多样化和协同作用的需求时，大型银行的董事会承受了太多种类的全球业务，而这些业务连董事和高管都很难理解，更不用说经营了"。①

从图 6－2 中的英格兰银行可以看出，2000～2006 年期间，最大的金融公司增加了 1 倍多的规模。

表 6－1 大型复杂金融机构子公司行业的崩溃（2007 年年底）

大型复杂金融机构	银行	保险公司	共同基金 & 养老基金任命的信托/托管人	其他金融子公司[1]	非金融子公司[2]
荷兰银行控股公司	50	7	129	204	280
美国银行公司	30	24	396	282	673
巴克莱银行	49	21	309	239	385
法国巴黎银行	88	74	102	433	473
花旗	101	35	706	581	1009
瑞士信贷集团	31	4	91	63	101
德意志银行	54	9	458	526	907
高盛集团	7	4	48	151	161
汇丰银行控股公司	85	30	245	381	435
摩根大通公司	38	17	229	145	375
雷曼兄弟控股公司	9	3	84	210	127
美林公司	16	9	85	89	68
摩根士丹利	19	22	225	170	616
苏格兰皇家银行集团	31	29	188	450	433
法国兴业银行	81	13	93	270	387
瑞银集团	29	2	121	66	199
行业总数	720	310	3490	4263	6729
行业占比	5%	2%	22%	27%	43%

资料来源：全球银行与金融机构分析库控股的子公司。方法见表 6－1 注释。

* 见表 6－1 的脚注。

① Allison, Herbert M. (2011). *The Megabanks Mess*. Kindle Edition.

1."其他金融子公司"包括私募股本的子公司。

2."非金融子公司"包括所有既不是银行,也不是保险公司或金融公司的公司。它们既可以涉及制造活动,又可以涉及交易活动(批发、零售、经纪人等)。我们也已经把基金会和研究机构分到这一类别中。

资料来源:Herring, Richard and Jacopo Carmassi, "The Corporate Structure of International Financial Conglomerates: Complexity and its Implications for Safety and Soundness", chapter 8 in Berger, Allen N., Phillip Molyneux and John O. S. Wilson, eds, *The Oxford Handbook of Banking*, Oxford: Oxford University Press, 2010, figure 8.2.

金融服务公司也变得更加复杂。图6-2显示了以英格兰银行的标准为

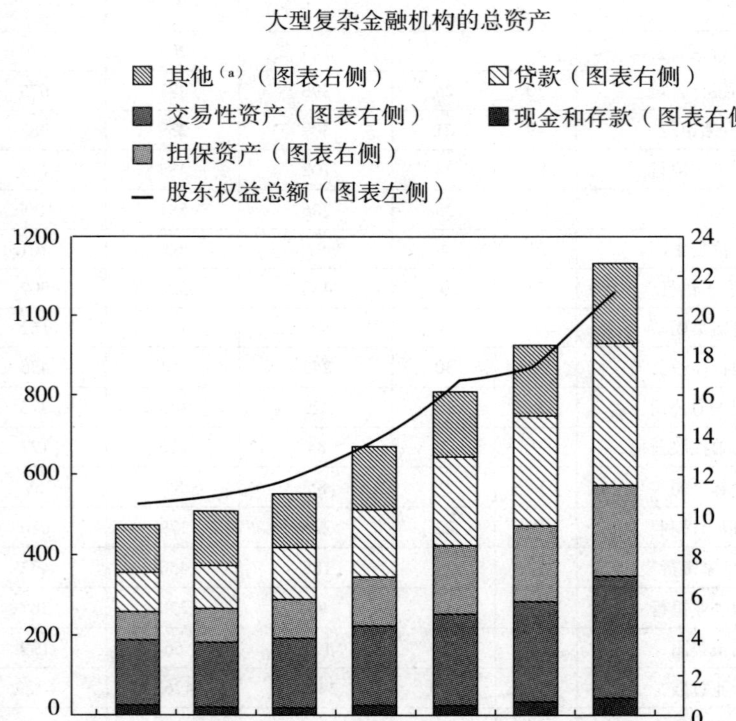

图6-2 大型复杂金融机构(LCFIs)的贷款资产

资料来源:Bloombergl(彭博),证监会档案,已公布的会计报表,银行计算结果。

(a)其他包括(其他项目的)应收账款投资,商誉和财产。

基础,研究者调查所得的16家大型复杂金融机构的子公司的规模和数目以及其他信息。①大型复杂公司常常被认为是"太大而不能破产"。这种看法使它们相较于比它们规模小的竞争对手,能够以更低的成本贷款。大型金融机构债务的投资人相信政府可能会在危机来临时保护他们并以此来获得安慰。于是,它们愿意接受对所青睐的公司债券的投资带来较低回报。降低借贷成本之后进入的规模经济允许大型复杂公司来主导证券化等关键功能。

事实上,所有的这些公司在国外都有几十家子公司,并且他们所得收入的很大一部分来自国际业务。这一条可以通过添加其他名称如美国国际集团来加以补充,直至该集团破产,它拥有在130个国家经营的至少223家公司和116,000名雇员。② 尽管图6-3的个别方框太小以致难以阅读,但它呈现出了美国国际集团结构的复杂性,而其复杂性相比于表6-2所列的花旗、摩根或其他一些集团已经是很小了。③

金融危机中包含贝尔斯登、雷曼兄弟、花旗集团、美国国际集团、华盛顿互助银行、房利美和房地美在内的多家大型复杂公司的破产表明,多数公司太大而不能破产也同样可能太大而不能经营。

表6-2 大型复杂金融机构的概观*

1	2	3	4	5	6	7	8	9
大型复杂金融机构	总资产(10亿美元至2006年)[1]	子公司总额[1]	国外子公司比例	国外税前净收入比例(2006)[2]	赫芬达尔—赫希曼指数—业务收入[3]	国家的数量[4]	离岸金融中心子公司的数量[5]	离岸金融中心子公司的比例[5]
瑞银集团	1964	417	96%	62%	2903	41	38	9%
巴克莱银行	1957	1003	43%	44%	2179	73	145	14%
法国巴黎银行	1897	1170	61%	51%	1843	58	62	5%
花旗	1884	2435	50%	44%	4122	84	309	13%

① See Herring Richard and Jacopo Carmassi, "The Corporate Structure of International Financial Conglomerates: Complexity and its Implications for Safety and Soundness", chapter 8 in Berger et al., eds., *The Oxford Handbook of Banking*, figure 8.1.

② See US Government Accountability Office, "Troubled Asset Relief Program, Status of Government Assistance Provided to AIG", GAO - 09 - 975, September 2009, p. 5; American International Group. *Form* 10 - *K for the fiscal year ended December* 31, 2007, p. 7.

③ See US Government Accountability Office, "Troubled Asset Relief Program, Status of Government Assistance Provided to AIG", GAO - 09 - 975, September 2009, pp. 6 - 7.

续表

1	2	3	4	5	6	7	8	9
汇丰银行控股公司	1861	1234	61%	78%	3945	47	161	13%
苏格兰皇家银行集团	1711	1161	11%	34%	1966	16	73	6%
德意志银行	1483	1954	77%	80%	3931	56	391	20%
美国银行公司	1460	1407	28%	12%	4256	29	118	8%
摩根大通公司	1352	804	51%	26%	2086	36	54	7%
荷兰银行控股公司 * *	1300	670	63%	77%	1381	43	37	6%
法国兴业银行	1260	844	56%	46%	4128	60	64	8%
摩根士丹利	1121	1052	47%	42%	4476	46	203	19%
瑞士信贷集团	1029	290	93%	71%	3868	31	53	18%
美林公司	841	267	64%	35%	4089	25	23	9%
高盛集团	838	371	51%	48%	5391	21	29	8%
雷曼兄弟控股公司	504	433	45%	37%	7807	20	41	9%

*2007 年年底(除非另有说明)。

* * 在大型复杂金融机构最近期的名单(苏格兰银行 20076)发布后,由 3 家银行组成的财团(苏格兰皇家银行、富通银行和桑坦德银行)收购了荷兰银行。

1. 资料来源:全球银行与金融机构分析库。子公司数据是指大型复杂金融公司持有最少 50.01% 的控制权而作为其最终所有者的控股子公司。

2. 资料来源:各大型复杂金融机构税前净收入的年度报告有 5 个例外:花旗集团的税后净收入以及巴克莱银行、法国巴黎银行、雷曼兄弟控股公司、美林公司的净收入。

3. 资料来源:奥利弗怀曼。赫芬达尔—赫希曼指数介于 0 ~ 10000,它是根据各业务收入的比例计算的。值越大表示专业化的程度越高。值越低意味着多样化经营的程度越高。

4. 大型复杂金融机构在该国至少有一个控股子公司的国家数量。

5. 金融稳定论坛确认的离岸金融中心(2000 年)。我们排除了瑞信银行和瑞士联合银行集团的瑞士子公司以及汇丰银行的中国香港特区子公司。4 个子公司被归类到离岸金融中心中，因为它们名字中的指定地点即使在全球银行与金融机构分析库中也无法确定它的母国。

资料来源：Herring, Richard and Jacopo Carmassi, "The Corporate Structure of International Financial Conglomerates: Complexity and its Implications for Safety and Soundness," chapter 8 in Berger, Allen N., Phillip Molyneux and John O. S. Wilson, eds., *The Oxford Handbook of Banking*, Oxford: Oxford University Press, 2010, figure 8.1.

在金融危机爆发的前几年，大型复杂金融机构（如华盛顿互助银行、花旗集团和美国国际集团）已经演化出一批遍及全球的独立组织，并且发挥着各种各样的功能。特别是从这些组织通过并购得以迅速发展并表现出不同的文化和实践以来，它们很难被管理。只有包括摩根大通在内的少数几家公司愿意自找麻烦来促使它们的所有活动进入一个共同的操作平台。公司也未能在它们庞大的帝国建立共同文化，花旗集团的首席执行官查尔斯·普林斯曾开玩笑说，花旗集团没有一种好的文化，而是有五种或六种好的文化。摩根大通、高盛和富国银行则是典型的反例。

三、法律特许

有时政府会为一些特殊目的而特许设立一个公司，这是联邦保险存款机构和政府支持型企业这一类，与投资银行以及所谓"影子银行"系统的抵押贷款公司和证券经销商这一类之间的主要区别。一个投资银行或抵押贷款公司只要在它选择的国家内提供公司章程。相反，当政府特许一个银行或者储蓄所或者政府支持型企业，它就转变为了一个政府决策的商业问题，而在普通的企业中则是由市场范围决定的。政府的许可和相关的法律框架决定了范围广泛的问题：

· 进入市场：被特许的机构并不像普通的公司一样能够仅靠提供公司章程就进入市场，它必须得到进入市场的许可。因此，美国货币监理署（OCC）许可国家银行，储蓄机构管理局（《多德—弗兰克法案》颁布后与货币监理署合并）许可联邦储蓄机构，联邦储备局批准对银行控股公司以及《多德—弗兰克法案》颁布后储蓄所控股公司的许可，国家监管机构许可国有银行、储蓄所和保险公司。在颁发的许可中最为少见的是直接由国会颁发的许可，正如房利美和房地美的情形。这些许可特别具有价

图6－3 一个大型复杂金融机构在2008年12月31日的组织

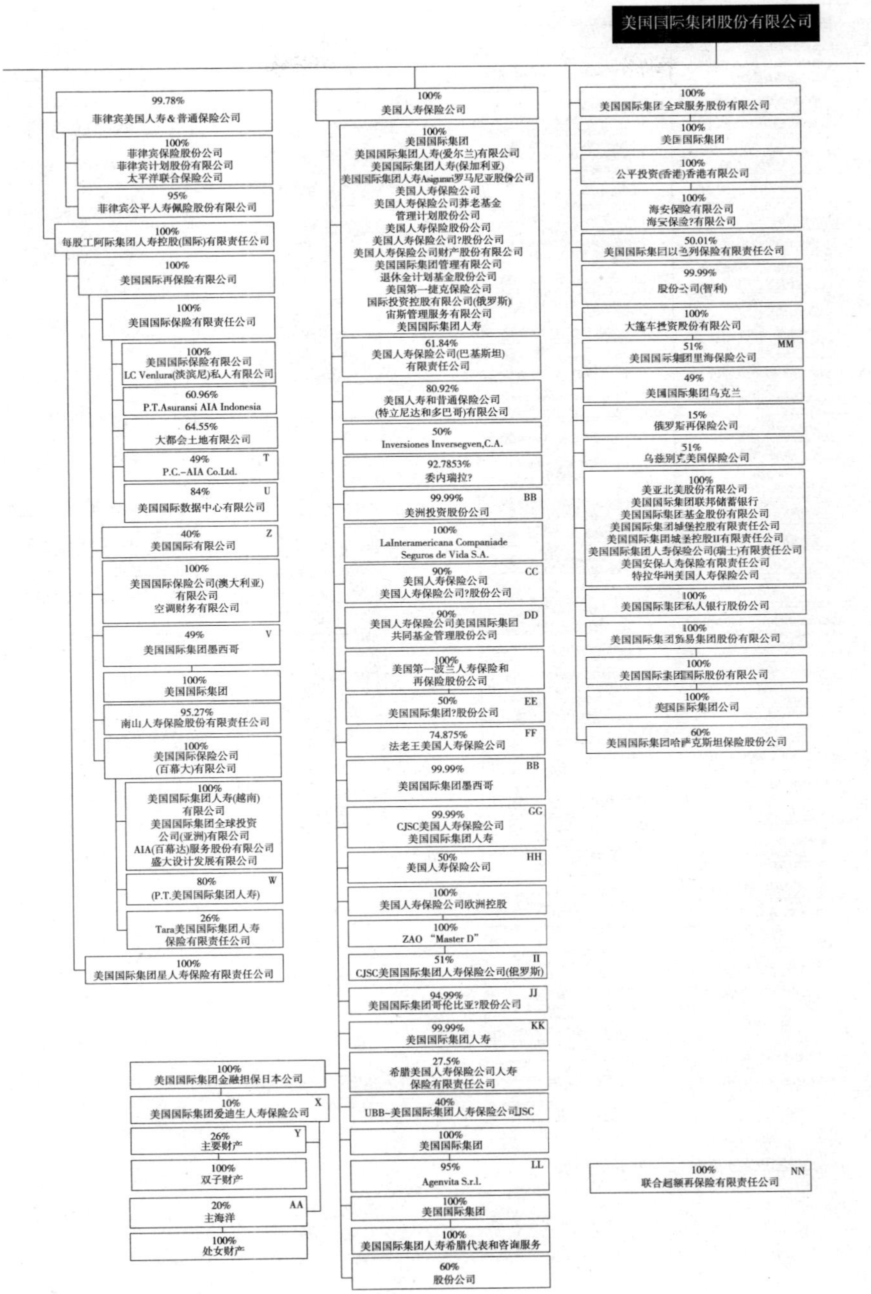

美国国际集团股份有限公司
99.78% 菲律宾美国人寿＆普通保险公司
100% 菲律宾保险股份公司 菲律宾计划股份有限公司 太平洋联合保险公司
95% 菲律宾公平人寿佩险股份有限公司
100% 每股工阿际集团人寿控股(国际)有限责任公司
100% 美国国际再保险有限公司
100% 美国国际保险有限责任公司
100% 美国国际保险有限公司 LC Venlura(淡滨尼)私人有限公司
60.96% P.T.Asuransi AIA Indonesia
64.55% 大都会土地有限公司
49% T P.C.–AIA Co.Ltd.
84% U 美国国际数据中心有限公司
40% Z 美国国际有限公司
100% 美国国际保险公司(澳大利亚) 有限公司 空调财务有限公司
49% V 美国国际集团墨西哥
100% 美国国际集团
95.27% 南山人寿保险股份有限责任公司
100% 美国国际保险公司 (百幕大)有限公司
100% 美国国际集团人寿(越南) 有限公司 美国国际集团全球投资 公司(亚洲)有限公司 AIA(百幕达)服务股份有限公司 盛大设计发展有限公司
80% W (P.T.美国国际集团人寿)
26% Tara美国国际集团人寿 保险有限责任公司
100% 美国国际集团星人寿保险有限责任公司
100% 美国国际集团金融担保日本公司
10% X 美国国际集团爱迪生人寿保险公司
26% Y 主要财产
100% 双子财产
20% AA 主海洋
100% 处女财产
100% 美国人寿保险公司
100% 美国国际集团 美国国际集团人寿(爱尔兰)有限公司 美国国际集团人寿(保加利亚) 美国国际集团人寿Asigurari罗马尼亚股份公司 美国人寿保险公司 美国人寿保险公司养老基金 管理计划股份公司 美国人寿保险股份公司 美国人寿保险公司?股份公司 美国人寿保险公司财产股份有限公司 美国国际集团管理有限公司 退休金计划基金股份公司 美国第一捷克保险公司 国际投资控股有限公司(俄罗斯) 宙斯管理服务有限公司 美国国际集团人寿
61.84% 美国人寿保险公司(巴基斯坦) 有限责任公司
80.92% 美国人寿和普通保险公司 (特立尼达和多巴哥)有限公司
50% Inversiones Inversegven,C.A.
92.7853% 委内瑞拉?
99.99% BB 美洲投资股份公司
100% LaInteramericana Companiade Seguros de Vida S.A.
90% CC 美国人寿保险公司 美国人寿保险公司?股份公司
90% DD 美国人寿保险公司美国国际集团 共同基金管理股份公司
100% 美国第一波兰人寿保险和 再保险股份公司
50% EE 美国国际集团?股份公司
74.875% FF 法老王美国人寿保险公司
99.99% BB 美国国际集团墨西哥
99.99% GG CJSC美国人寿保险公司 美国国际集团人寿
50% HH 美国人寿保险公司
100% 美国人寿保险公司欧洲控股
100% ZAO “Master D”
51% II CJSC美国国际集团人寿保险公司(俄罗斯)
94.99% JJ 美国国际集团哥伦比亚?股份公司
99.99% KK 美国国际集团人寿
27.5% 希腊美国人寿保险公司人寿 保险有限责任公司
40% UBB–美国国际集团人寿保险公司JSC
100% 美国国际集团
95% LL Agenvita S.r.l.
100% 美国国际集团
100% 美国国际集团人寿希腊代表和咨询服务
60% 股份公司
100% 美国国际集团全球服务股份有限公司
100% 美国国际集团
100% 公平投资(香港)香港有限公司
100% 海安保险有限公司 海安保险?有限公司
50.01% 美国国际集团以色列保险有限责任公司
99.99% 股份公司(智利)
100% 大篷车投资股份有限公司
51% MM 美国国际集团里海保险公司
49% 美国国际集团乌克兰
15% 俄罗斯再保险公司
51% 乌兹别克美国保险公司
100% 美亚北美股份有限公司 美国国际集团联邦储蓄银行 美国国际集团基金股份有限公司 美国国际集团城堡控股有限责任公司 美国国际集团城堡控股II有限责任公司 美国国际集团人寿保险公司(瑞士)有限责任公司 美国安保人寿保险有限责任公司 特拉华州美国人寿保险公司
100% 美国国际集团私人银行股份公司
100% 美国国际集团贸易集团股份有限公司
100% 美国国际集团国际股份有限公司
100% 美国国际集团公司
60% 美国国际集团哈萨克斯坦保险股份公司
100% NN 联合超额再保险有限责任公司

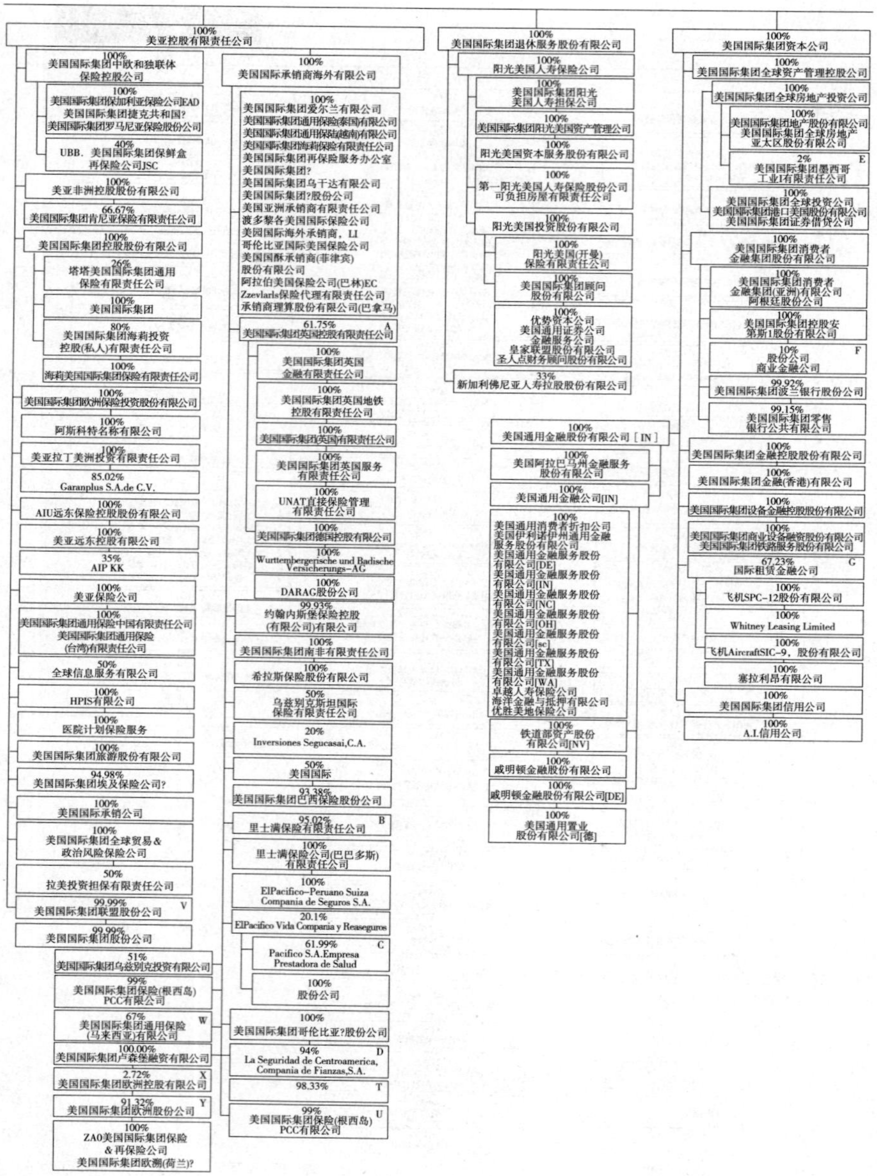
100% 美亚控股有限责任公司
100% 美国国际集团中欧和独联体保险控股公司
100% 美国国际集团保加利亚保险公司EAD 美国国际集团捷克共和国? 美国国际集团罗马尼亚保险股份公司
40% UBB．美国国际集团保鲜盒再保险公司JSC
100% 美亚非洲控股股份有限公司
66.67% 美国国际集团肯尼亚保险有限责任公司
100% 美国国际集团控股股份有限公司
26% 塔塔美国国际集团通用保险有限责任公司
100% 美国国际集团
80% 美国国际集团海莉投资控股(私人)有限责任公司
100% 海莉美国国际集团保险有限责任公司
100% 美国国际集团欧洲保险投资股份有限公司
100% 阿斯科特名称有限公司
100% 美亚拉丁美洲投资有限责任公司
85.02% Garanplus S.A.de C.V.
100% AIU远东保险控股股份有限公司
100% 美亚远东控股有限公司
35% AIP KK
100% 美亚保险公司
100% 美国国际集团通用保险中国有限责任公司 美国国际集团通用保险(台湾)有限责任公司
50% 全球信息服务有限公司
100% HPIS有限公司
100% 医院计划保险服务
100% 美国国际集团旅游股份有限公司
94.98% 美国国际集团埃及保险公司?
100% 美国国际承销公司
100% 美国国际集团全球贸易＆政治风险保险公司
50% 拉美投资担保有限责任公司
99.99% 美国国际集团联盟股份公司 V
99.99% 美国国际集团股份公司
51% 美国国际集团乌兹别克投资有限公司
99% 美国国际集团保险(根西岛)PCC有限公司
67% 美国国际集团通用保险(马来西亚)有限公司 W
100.00% 美国国际集团卢森堡融资有限公司
2.72% 美国国际集团欧洲控股有限公司 X
91.32% 美国国际集团欧洲股份公司 Y
100% ZAO美国国际集团保险＆再保险公司 美国国际集团欧洲(荷兰)?
100% 美国国际承销商海外有限公司
100% 美国国际集团爱尔兰有限公司 美国国际集团通用保险(泰国)有限公司 美国国际集团通用保险(越南)有限公司 美国国际集团海莉保险有限责任公司 美国国际集团再保险服务办公室 美国国际集团? 美国国际集团乌干达有限公司 美国国际集团?股份公司 美国亚洲承销商有限责任公司 波多黎各美国国际保险公司 美国国际海外承销商，LI 哥伦比亚国际美国保险公司 美国国际承销商(菲律宾)股份有限公司 阿拉伯美国保险公司(巴林)EC Zzevlarls保险代理有限责任公司 承销商理算股份有限公司(巴拿马)
61.75% 美国国际集团英国控股有限责任公司 A
100% 美国国际集团英国金融有限责任公司
100% 美国国际集团英国地铁控股有限责任公司
100% 美国国际集团英国有限责任公司
100% 美国国际集团英国服务有限责任公司
100% UNAT直接保险管理有限责任公司
100% 美国国际集团德国控股有限公司
100% Wurttembergerische und Badische Versicherungs-AG
100% DARAG股份公司
99.93% 约翰内斯堡保险控股(有限公司)有限公司
100% 美国国际集团南非有限责任公司
100% 希拉斯保险股份有限公司
50% 乌兹别克斯坦国际保险有限责任公司
20% Inversiones Segucasai,C.A.
50% 美国国际
93.38% 美国国际集团巴西保险股份公司
95.02% 里士满保险有限责任公司 B
100% 里士满保险公司(巴巴多斯)有限责任公司
100% ElPacifico-Peruano Suiza Compania de Seguros S.A.
20.1% ElPacifico Vida Compania y Reaseguros
61.99% Pacifico S.A.Empresa Prestadora de Salud C
100% 股份公司
100% 美国国际集团哥伦比亚?股份公司
94% La Seguridad de Centroamerica, Compania de Fianzas,S.A. D
98.33% T
99% 美国国际集团保险(根西岛)PCC有限公司 U
100% 美国国际集团退休服务股份有限公司
100% 阳光美国人寿保险公司
100% 美国国际集团阳光美国人寿担保公司
100% 美国国际集团阳光美国资产管理公司
100% 阳光美国资本服务股份有限公司
100% 第一阳光美国人寿保险股份公司 可负担房屋有限责任公司
100% 阳光美国投资股份有限公司
100% 阳光美国(开曼)保险有限责任公司
100% 美国国际集团顾问股份有限公司
100% 优势资本公司 美国通用证券公司 金融服务公司 皇家联盟股份有限公司 圣人点财务顾问股份有限公司
33% 新加利佛尼亚人寿控股股份有限公司
100% 美国通用金融股份有限公司［IN］
100% 美国阿拉巴马州金融服务股份有限公司
100% 美国通用金融公司[IN]
100% 美国通用消费者折扣公司 美国伊利诺伊州通用金融服务股份有限公司 美国通用金融服务股份有限公司[DE] 美国通用金融服务股份有限公司[IN] 美国通用金融服务股份有限公司[NC] 美国通用金融服务股份有限公司[OH] 美国通用金融服务股份有限公司[sc] 美国通用金融服务股份有限公司[TX] 美国通用金融服务股份有限公司[WA] 卓越人寿保险公司 海洋金融与抵押有限公司 优胜美地保险公司
100% 铁道部资产股份有限公司[NV]
100% 戚明顿金融股份有限公司
100% 戚明顿金融股份有限公司[DE]
100% 美国通用置业股份有限公司[德]
100% 美国国际集团资本公司
100% 美国国际集团全球资产管理控股公司
100% 美国国际集团全球房地产投资公司
100% 美国国际集团地产股份有限公司 美国国际集团全球房地产亚太区股份有限公司
2% 美国国际集团墨西哥工业I有限责任公司 E
100% 美国国际集团全球投资公司 美国国际集团港口美国股份有限公司 美国国际集团证券借贷公司
100% 美国国际集团消费者金融集团股份有限公司
100% 美国国际集团消费者金融集团(亚洲)有限公司 阿根廷股份有限公司
100% 美国国际集团控股安第斯1股份有限公司
10% 股份公司 商业金融公司 F
99.92% 美国国际集团波兰银行股份公司
99.15% 美国国际集团零售银行公共有限公司
100% 美国国际集团金融控股股份有限公司
100% 美国国际集团金融(香港)有限公司
100% 美国国际集团设备金融控股股份有限公司
100% 美国国际集团商业设备融资股份有限公司 美国国际集团铁路服务股份有限公司
67.23% 国际租赁金融公司 G
100% 飞机SPC-12股份有限公司
100% Whitney Leasing Limited
100% 飞机AircraftSIC-9，股份有限公司
100% 塞拉利昂有限公司
100% 美国国际集团信用公司
100% A.I.信用公司

值，因为国会不太可能授予其他人相同的许可，即使它们可能对次级抵押贷款市场来说是有价值的增加。那也成为潜在竞争者进入市场的重要障碍。

· 退出市场：依照破产法律债权人可以在企业违约时迫使企业退出市场。政府监管部门必须通过破产来关闭银行、储蓄所和政府支持型企业。

有时,正如房利美和房地美的情形一样,法律禁止管理者在未得到国会法令时终止许可。

· 权力:在市场运行过程中,资产的权力以及一个银行、储蓄所或政府支持型企业的其他权力是由法律规定的,并且,由这些机构的管理者来解释和应用。这就涉及一个事实:经特别许可的机构被认为有一个公共目的,而限制权力的目的在于促使该机构服务于这样的目的。

· 特殊利益:为帮助这些机构服务于他们的公共目的,法律给予他们特殊的利益如银行和储蓄所的存款保险、优先使用联邦储备设施以及联邦对政府支持型企业发行的债券和抵押贷款支持证券的隐性支持。

· 特殊责任:这些包括联邦保险存款机构的社区投资法与房利美和房地美的保障性住房目标。

与不同种类的许可相对应的利益与负担在金融危机前和过程中影响着公司的行为。商业银行的利益包括可得到联邦政府保险的存款,这对多数银行来说是一个稳定的来源。在危机的恐慌阶段,当很多投资者试图从金融公司收回他们的投资时,得到保险的储户没有必要抽离资金。联邦储蓄保险给了他们自信,因为即使被保险的银行破产了,他们的存款也将全部得到保护。甚至没有保险的存款人也提供了稳定,因为他们撤回零售存款要比公司债务的批发购买商慢。坚实的储户基础的存在为银行提供了稳定性,而这对投资银行来说是无法实现的。

联邦储备系统的成员银行可得的利益包括得到联邦储备系统提供的各种服务,具体包括结算支票和处理银行间同业支付。储蓄机构还可以进入美联储的贴现窗口进行紧急贷款。在危机中,这是一个相当大的安慰投资者的来源。2008 年 9 月,恰在房利美和房地美破产与雷曼兄弟引发了广泛的恐慌后,高盛和摩根士坦利转变为了银行控股公司。

相较于其他一些公司,法律会为依据一套法律被特许的公司提供具有竞争力的优势。由美国证券交易委员会监管的投资银行对资本的需求比银行和储蓄所低。主要银行和大型复杂金融机构根据被称为《巴塞尔协议 II》的国际协议所寻求的资本要求比小型的机构低。有争议的是,监管者可以对一个机构的风险管理系统的质量进行确认,继而这个机构可以根据《巴塞尔协议 II》用该系统来设立自己的资本标准。幸运的是,在美国金融危机时《巴塞尔协议 II》尚未在银行业执行。另外,对银行和储蓄所的资本要求促进了证券化和其他资产负债表以外的活动，降低了企业的资本持有要求。

各机构之间的税收要求也有所不同。相较于竞争性的银行和储蓄机构，另一种形式的储蓄所——信用合作社在更为优惠的税收待遇下经营。各类型的公司可能会将资产从资产负债表上移除以减少税收后果。

另一重要问题是许可所提供的谨慎监督和管理的程度。第七章将讨论法律如何赋予监督机构相当大的自由来选择一个合适的管理者。换言之，对某些机构的监督要比其他机构严格。当所谓"影子银行"部门下的公司，如抵押贷款公司、证券经销商和其他非储蓄性机构与银行、储蓄所和政府支持型企业竞争时，这种差异显得尤为明显。①

授权立法可能会对一个机构产生其他形式的负担，就如分别应用于联邦保险储蓄机构及房利美和房地美而并未应用于抵押贷款公司和投资银行证券化活动的社区再投资法和保障房目标要求。

作为商业银行或金融服务控股公司也会产生限制。通过联邦存款保险公司和美国联邦储备委员会获得联邦支持的机构要遵守法律和联邦法规所确立的规则和限制。例如，直到 1999 年《格雷姆—里奇—比利雷法案》（The Gramm - Leach - Bgley Act，GLBA）通过，银行和银行控股公司才在它们之前经授权从事的金融活动中受到限制。这些限制包括大萧条时期的《格拉斯—斯蒂格尔法案》，尽管多年来被日益自由的监管解释所削弱，它依旧将投资银行和商业银行的活动区分开。甚至在《格雷姆—里奇—比利雷法案》之后，银行还是受到限制。《格雷姆—里奇—比利雷法案》通过限制银行参与的商业活动来促进大型复杂金融机构的发展。但《格雷姆—里奇—比利雷法案》通过允许控股公司内部范围广泛的、与银行本身差异明显的活动来促进大型复杂金融机构，包括它们所控制的银行分支机构的发展。

由联邦法律直接特许的房利美和房地美以一种提供广泛利益与限制的组织形式经营。它们作为政府支持型企业的利益在于，得到政府对他们的债券

---

① 笔者尊重纽约联邦储备银行的经济学家对"影子银行"的不同定义。他们将政府支持型企业作为影子银行部门的一部分，而如今，笔者认为，政府支持型企业在它们的法律框架方面更像银行和储蓄所，理由陈述于：Stanton，Thomas H.，"Nonquantifiable Risks and Financial Institutions：The Mercantilist Legal Framework of Banks，Thrifts and Government - Sponsored Enterprises"，in Global Risk Based Capital Regulations，edited by Professors Charles Stone and Anne Zissu，1994，and Stanton，Thomas H.，Government Sponsored Enterprises：Mercantilist Companies in the Modern World，2002.

和抵押贷款支持证券的支持以及法定的资本标准,这使它们维持相较于经许可的银行和储蓄所购买及持有抵押贷款的 2 倍到 3 倍的杠杆。此外,政府支持型企业资本的质量并不可靠。法律允许这两家政府支持型企业将缓付税金的资产计算为其资本。这是最不可靠的。缓付税金资产是未来的税收利益,类似于预付税金以换取后期的减少。当然,问题是资本被需要用于延缓公司的破产,但当公司破产时缓付税金资产便不再有价值,因为公司不再有任何纳税义务。[①] 国会特许的另一主要利益在于,它可以作为竞争对手进入市场的壁垒。事实上,其他公司不可能得到这种有利于房利美和房地美多年的特许。

作为政府支持型企业,其劣势是特许对它产生的限制,这在很大程度上限制了房利美和房地美从事住宅抵押贷款,而使它们不能像一个商业银行或储蓄所一样创造或服务于广泛范围的资产。这就阻碍了政府支持型企业进行多元化的投资组合。政府支持型企业在购买抵押贷款上也受到了进一步的限制,不能直接从借款人处获得抵押贷款。此外,法律限制了政府支持型企业可以购买抵押贷款的规模。例如,在 2006 年和 2007 年,单个家庭的抵押贷款限额是 417,000 美元。

限制单个家庭抵押贷款额至 417,000 美元的法律规定,抑制了房利美和房地美在主要的房价泡沫市场中(如加利福尼亚州、内华达州、亚利桑那州、佛罗里达州)发放更大额度抵押贷款的做法。正如政府支持型企业长期追求的,国会恰好在 2008 年提高了这些企业放贷额度的上限,幸运的是,此时已非常接近危机的高峰,在房产泡沫破裂和价格暴跌之前,政府支持型企业很难调整自己的经营策略而在这几个州发行更大体量的抵押贷款。政府支持型企业所一直追求的政治目的,只会加剧它们的损失。

政府支持型企业是一种促进治理问题的组织形式,因为它以此迫使主要官员平衡在政治领域和市场之间竞争的利益关系人。前任房利美的首席执行官丹尼尔穆德曾证实:“我提倡将政府支持型企业从所有权未定的区域转移出来。很多事件已表明,在与财政、资本、市场、住房、股东、债券持有人、房主、私有和公共利益等相关的危机中,保持前述各要素利益之间的平衡是何等困难。我们应当研究经济和市场在完全由民营或政府支持型企业来提供服务时

① See Financial Crisis Inquiry Commission, *Final Report of the Financial Crisis Inquiry Commission*, 2011, p. 317.

是否会变得更好。”[①]在接受联邦公民信息中心工作人员的采访时，前房地美的首席执行官理查德·赛伦同意有关政府支持型企业组织形式的这一结论，他说，“我认为它不是一个好的商业模式”。[②]

长期以来，人们一直认为金融机构的组织形式不仅决定了它们的活动和竞争地位，而且还决定了它们的生命周期。在1994年的作品中，笔者曾暗示政府支持型企业、银行和储蓄所都是“重商主义”的机构，在这种意义上，它们的成功取决于政治进程，在扩大其资产权力或平衡其利益与负担的其他方面，它们的成功也同样程度地取决于市场：

> 重商主义机构因此也有相当不同于其他公司的市场风险。它们可以享有多年不被打破的垄断利益，唯一要做的就是面对突然出现的新技术，而这些新技术使非重商主义的公司迅速抢走它们客户基础的关键部分……和这些公司不一样的是，一个重商主义机构的管理风险可能会在遇到权力授予法的限制时大幅度波动，且管理者会感到在他们自己受许可的市场内承担了更大的风险。[③]

这种情况在房利美和房地美身上发生了。债务抵押债券和其他证券化产品忽然之间创造了一个市场，在该市场内，通过政府支持型企业进行证券化的总费用要高于通过自有证券和债务抵押债券产生次级或等同A级的抵押贷款，投资者则以较低价格购买，因为他们不理解其中的风险且认为他们正在购买高质量的AAA级证券。随着抵押贷款发起人通过政府支持型企业以外的渠道对日益增加的贷款额进行证券化，房利美和房地美突然发现他们自己正在失去市场份额。2005～2007年，正值房地产泡沫达到极限和破裂时，那些

---

① Daniel Mudd, testimony before the House Committee on Oversight and Government Reform, hearing, “The Role of Fannie Mae and Freddie Mac in the Financial Crisis”, December 9, 2008.

② Financial Crisis Inquiry Commission, *Final Report of the Financial Crisis Inquiry Commission*, 2011, p. 41.

③ Stanton, “Nonquantifiable Risks and Financial Institutions”, pp. 90－91.

丢失的市场份额反过来又使这两家政府支持型企业承担了更大的风险。①

这两家政府支持型企业缺乏管理那些风险的能力。就在2008年房利美和房地美进入政府手中之前,一份由货币监理署做出的有关它们的报告总结道:“鉴于政府支持型企业的角色和他们的市场主导地位,在积极有效的风险管理、富有成效的分析和综合的报告方面两家公司应当成为行业领袖。此外,他们似乎在各方面明显落后于行业。”②

银行、储蓄所和其他投资银行也发现,它们投资组合业务的市场份额正在被证券化抢走。这一现象的出现是因为证券化为大型企业提供了一个机会,使它们能够以比从银行借贷更低的利率在信贷市场借贷。随着公司变得更大且对投资者更加透明,银行在发出贷款前对借贷人信誉进行判断的特有能力逐渐消失。这越来越多地限制了银行给那些较小、尚未立足于市场的借贷人发放贷款,尤其是较小的银行。大部分的消费贷款也移往了证券化融资,包括信用卡、学生贷款和汽车贷款,它们构成了以资产为支持的证券市场的增长部分,更不必说是自有的抵押贷款支持的证券市场之增长部分。证券化也吸引了投资者的目光,他们发现自己可以从证券服务如共有基金或货币市场中获得相较于联邦保险储蓄更好的回报。③

在资本和税收优惠之外的其他利益中,证券化使AA等级或更低一些等级的金融公司能够发起和打包贷款为具有AAA等级的抵押贷款证券或资产

---

① 规模较小的机构并没有导致金融危机,而规模较小的银行和储蓄所也经历了类似的过程。他们在抵押贷款和其他金融资产方面的市场份额正逐渐被更大的机构和不受监管的证券化中介机构抢走。联邦公民信息中心工作人员得到的结果是较小的联邦存款保险公司保险的机构越来越多地关注商业不动产的风险,包括收购贷款、开发贷款、建设贷款以及较小规模的商业贷款,所有这些都是周期性业务且使这些机构容易衰退,就像危机爆发后出现的情况一样。缺乏良好的投资对很多小型银行来说可能是导致它们投资政府支持型企业优先股的原因,而这在房利美和房地美被接管后便失去了其价值。See Office of Inspector General, Department of the Treasury, *Material Loss Review of National Bank of Commerce*, OIG-09-042, August 6, 2009(“经过全面的考虑,我们认为,美国全国广播公司在投资政府支持型企业证券时是诚信的。另外,在美国全国广播公司的投资实践方面,我们没有理由指责货币监理署对机构的监管。当前的法律和监管标准允许银行无限制地购买政府支持型企业的证券”)。

② Office of the Comptroller of the Currency, “Observations—Allowance Process and Methodology”, August 2008 (last revised September 8, 2008), p. 3.

③ See Wilmarth, Arthur, “The Transformation of the U. S. Financial Services Industry, 1975-2000: Competition, Consolidation, and Increased Risks”, *University of Illinois Law Review*, Vol. 2002, pp. 215-476, 2002.

支持证券并因此在市场上获得更好的接纳。当时,很多人未能发现的证券化的另一显著优势是AAA等级允许以未能反映投资者真实风险的价格销售结构性产品。

在10年的发展中,对风险的错误定价使自有证券化在与贷款投资组合的竞争中胜出。图6-4来源于英格兰银行,它反映了2002~2007年大型复杂金融机构收入的增长。银行收入的传统来源——利息收入比较固定,而投资银行的交易利润及所有机构的佣金和费用却有大幅的上升。

利息收入代表了长期活动的回报,而交易利润、佣金和费用都代表了短期活动的收入。英格兰银行发现美国投资银行"趋向于重点关注高风险产品的增长,如次级的住房抵押贷款支持证券(即住宅地产抵押贷款支持证券)以及担保债务凭证(CDOs)"。① 正是在这些产品中对风险的错误定价影响最大。

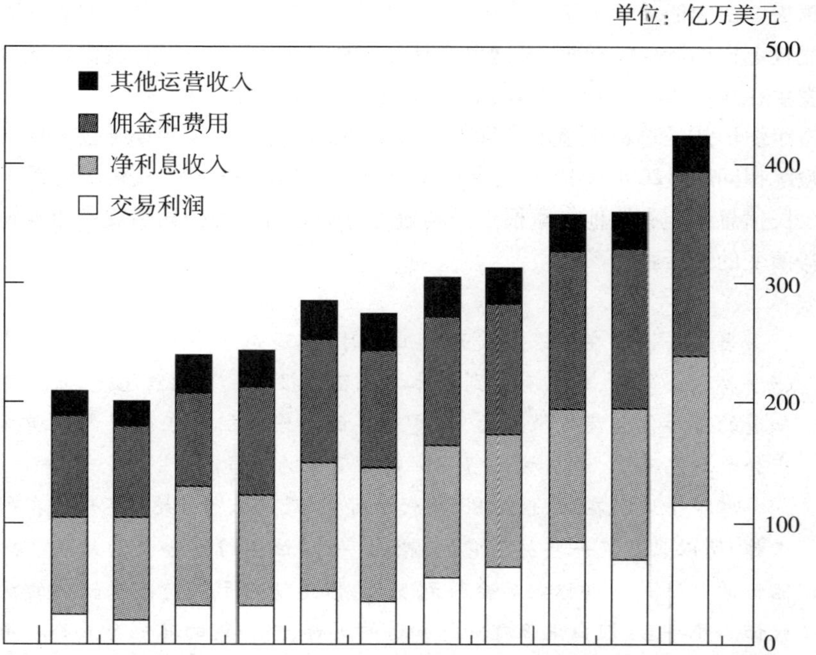

图6-4　大型复杂金融机构的收入来源(LCFIs)

资料来源:彭博(Bloomberg)和银行计算。

① Bank of England, *Financial Stability Report*, April 2007, p. 38.

四、所有权和控制权：合伙制与投资者所有

还有一种组织上的区别在这里值得关注：合伙企业与投资者所有的公司在结构和激励机制上的差异。联邦公民信息中心的工作人员采访了大量投行的高级职员。似乎存在这样一种共识：合伙企业要比投资者拥有的公司更为谨慎和审慎。如果合伙企业破产，合伙人不仅要失去它们在企业中的股份，还要对债权人承担个人责任。做过合伙企业成员的人曾谈到这样的情形，即合伙人会时常地关注其他人的活动以防一个不明智的决策带来损失。

投资者所有的公司的激励机制则有所不同。投资者所有的公司的管理人在公司破产时并没有相同的个人责任。如果他们在几年内被授予公司股份作为奖励，风险承担将为他们提供短期利润，以抵消他们在那些风险中的任何个人损失。最为简单的例子是公司增加杠杆的决定。做出这一决定的管理人能在股权上得到额外的回报，而这也许是在高杠杆破产前的几年，就像金融危机中发生在房利美、房地美、雷曼兄弟和其他公司身上的一样。

组织形式的选择也暗示了管理人获得补偿的方式以及短期补偿会促进的风险承担问题。2008 年成为花旗集团首席风险官的布莱恩·利奇告诉了联邦公民信息中心有关他在摩根士丹利成为投资者所有的公司后观察短期补偿趋势演变的经历：

> 当我第一次在摩根家族开始工作时，它还是一个私人公司。当你在一个私人公司时，你只有等到退休才能获得报酬。我的意思是，正如你所知道的那样你会获得很好的、年复一年的补偿。但就在公司内部增加的未分配利润而言，退出被保留——在你退休的时候。
>
> 摩根士坦利在 20 世纪 80 年代中叶上市，而我于 1981 年开始在那里工作，所以只是谈一些关于它的看法。他们试图维持合伙的结构。然后他们的想法是——你之后会得到支付，但是偿付形式是期限较长的认股权证。几年后，坦白说来就如你知道的那样，整条街的其他企业都在用短期股票、短期股票和短期股票来支付。接下来的一件事就是，你将被引导至一个非常简单的窗口。在我最后离开的时候，我不知道窗口在哪里。我不记得了，但我想说这已是接近两年了，而我确实不知道了。[1]

---

① FCIC interview with Brian R. Leach, Citigroup, March 4, 2010.

即便如此，投资者所有相比于合伙有一个主要的优势：增加投资者资本的能力使公司变得比合伙更大。高盛的首席财务官戴维·温尼亚尔告诉联邦公民信息中心的工作人员，高盛决定从合伙转变为投资者所有是因为公司内部广泛的争论。“它事实上成为了文化与资本间的对抗”，他说道：“我们可以以一个拥有合伙资本的全球金融机构的形式经营吗？或者如果我们上市，我们的文化会不会消减？”①

尤其是在高盛遭遇 1994 年的危机后，很多合伙人离职了，公司的资本基础缩小到了令人担忧的水平。为了成为一个全球性公司，高盛决定转变为投资者所有。温尼亚尔补充说高盛相信它的文化在组织形式转变后并未削减。此外，转变产生了一个意想不到的收益，即股权结构对过去并不是高盛合伙人的员工所产生的影响发生了改变：“它确实激励了人们去做公司的主人。”②

五、商业模式

风险管理的缺陷在多大程度上与特定的商业模式有关而不是仅与个别公司的实践有关？换言之，特定商业模式的缺陷在多大程度上促成了金融危机的出现？

考察三个基础的商业模式：(1)基于交易而非资产负债表上长期持有资产的商业银行或投资银行业务；(2)在资产负债表上持有多样化资产投资组合的贷款机构；(3)在资产负债表上担保或持有较窄范围资产的专业贷款机构或担保机构。

包括所有这三种商业模式在内的金融公司的管理必须包含相似的公司治理和风险管理措施，这一点我们在第四章和第五章中讨论过。商业模式之间的区别在于，一些模式相较于其他模式为管理风险提供了更多的方法。

也许最灵活的商业模式涉及商业银行或投资银行业务——所谓的移动业务，在这些业务中金融公司并不打算在任何重要的时期持有资产负债表上的资产。移动业务很灵活，因为它允许一个公司根据自己的意图选择对特定金融产品或长或短的市场定位。正如高盛的首席财务官戴维·温尼亚尔所说，随着市场变得不稳定，这些公司可以选择“离本国更近的地方”，从而安全度过动荡时期，以免在中立位置的任何一端，要么是公司在特定金融产品的位置

① FCIC interview with David Viniar, Goldman Sachs, June 16, 2010.

② Ibid.

上，要么是在公司的整体位置上明显地暴露出来。[①] 相较于公司资产所能允许的方式，衍生品使公司获得一条捷径，它是以此方式对冲风险的主要工具。

第二种模式涉及一个商业银行或其他贷款机构或一个投资了多种资产的金融控股公司。这种机构主要从事存储业务，它在相当长的时间内持有很多这样的资产。由于一个重要的在主要金融产品上的资产负债表承诺（如抵押贷款、杠杆式投机贷款或是商业或主权贷款），这些公司必须管理市场多头的风险。一种可以选择的方式是出售特定的资产类别，如次级抵押贷款，来减少风险承担并继续持有其他特定类型的资产。另外，虽然金融机构认识到对冲的效果不如资产的实际剥离，但它可能还是会对冲一些风险。信用违约互换在金融危机之前是一种越来越受欢迎的金融保护形式，但这涉及交易对手风险和机会，尤其是在恐慌中，信用违约互换保护的发行人将会违约。

组合贷款也需要对公司的资产负债组合进行仔细的管理。借出长期贷款和借入短期贷款在19世纪80年代拖垮了储蓄和贷款行业。从发起它们的银行的角度来看，结构性投资工具是证券化，而在他们持有信用违约互换和其他一些基于长期资产的证券，并经常通过发行短期商业票据为此提供资金这层意义上，结构性投资工具又是组合贷款。持有那些商业票据的资产证券化信托又经常反过来用货币市场基金的隔夜资金为它们的投资组合提供资金。这种极端的期限错配以及由此产生的超过结构性投资工具模式预期压力的流动性风险在危机期间拖垮了结构性投资工具。到2008年9月，所有独立的结构性投资工具都崩溃了，且几乎所有银行发起的结构性投资工具都由它们的发起行来支撑。[②]

最后，第三种模式是专业的贷款机构，也存在于储蓄业务中。作为长期以来被公认的观点，管理单一公司的风险要难于管理一个在其资产负债表上有各种各样资产的金融公司的风险。房地美的首席企业风险总监萨克塞纳告诉委员会工作人员有关他公司的一些情况：

> 我们是一个真正专注于整个金融服务产业中一个部分——抵押贷款产品的公司，与杰米·戴蒙不同，（杰米·戴蒙是摩根大通的首席执行

---

① FCIC interview with David Viniar, Goldman Sachs, June 16, 2010.

② See Tabe, Henry, *The Unraveling of Structured Investment Vehicles: How Liquidity Leaked Through SIVs*, UK: Thoth Capital, 2010, chapter 8.

官;摩根大通是一家提供多元化金融服务的公司,主要经营上述第二种商业模式不同),我不能说"嘿,总裁先生,我们太集中于这个产品,让我们把它多样化吧"。①

换言之,如同房利美和房地美一样的专业贷款机构或者如同华盛顿互助银行或印地麦克银行这样专门从事抵押贷款的储蓄机构可能购买保护(如通过一个金融担保)且可能用衍生品对冲,但其缺乏一个多元化公司在一个潜在的不稳定性资产中撤资并在其他优选的资产类别中投资以替代的能力。此外,一个如同房利美和弗雷德马克的专业贷款机构构成了抵押贷款市场的很大一部分,它持有或担保了数以万亿计美元的住房抵押贷款,以至于它难以或不可能避免固有的风险。在房利美和房地美的情况中,它们法定的特许要求高于80%贷款价值比率的抵押贷款要受到高于80%私人抵押贷款保险的保护,而这有助于降低信贷风险。另外,越来越多的所谓背负式抵押贷款——那些将占抵押贷款80%的第一笔抵押贷款和贷款总额减掉第一笔贷款后构成的第二笔贷款区分开来的抵押贷款——降低了这一保险的数额。

实际上,政府支持型企业的商业模式会产生出比其他单一公司存在的更难的风险管理问题。据房地美的萨克塞纳所说:"你有着在公共政策和股东之间相互冲突的目标。作为一个首席执行官,你正试图最大化风险收益平衡……从风险管理的角度,这样持有两种目标的双头垄断非常难处理。"②

这个问题的答案之一是要求一个单一公司如一家政府支持型企业,持有一个相较于一个更加多元化的公司或经营移动业务的公司更大的缓冲资本。相反地,房利美和房地美却被允许持有比它们市场内其他公司更少的资本。例如,在1998~2007年的10年间,房地美的运营资本介于其担保的全部抵押贷款支持证券加全部资产的1.34%~2.08%。因此,1998~2001年期间,房地美的股东得到的股本回报率介于20.2%~47.2%,而2002年是公司报告其内部控制失败及需要重申其财务报表之前的最后一整年。本将减少对股东回报的更高资本要求也会增加公司承受其业务活动损失影响的能力。

在讨论流动性风险时,我们发现该商业模式的另一方面是关于一个金融

---

① FCIC interview with Anurag Saksena, Chief Enterprise Risk Officer, Freddie Mac, June 22, 2010.

② Ibid.

公司的资金来源问题。例如,当抵押贷款被组合以被证券化时,非储蓄性抵押贷款的发起人在很大程度上依赖于为抵押贷款提供资金的仓库环节。当抵押贷款市场变得混乱时,这些环节可能会且曾经被出借人急忙收回。另外,至少在市场开始质疑房利美和房地美的财务生存能力之前,政府支持型企业凭借隐性的政府担保可以获得借款,从而拥有更加稳定形式的资金。

从事移动业务的公司或者从事存储业务的多元化公司可以用健全的风险管理来避免自己走向破产,以及推而广之地避免造成金融危机。单一公司的商业模式,特别是政府支持型企业,是否即使有好的风险管理,也无论如何会走向破产,除非他们已经显著提高他们的资本缓冲,这一情况目前尚不清楚;即使这种商业模式有更为有限的选择,审慎的风险管理,尤其是减少了的融资似乎可能防止破产。在比较政府支持型企业的破产与单一私人抵押贷款保险公司尽管艰难的幸存时,可以看到更高的资本保护的必要性,尽管私人抵押贷款保险公司的抵押贷款资产风险集中,但他们持有比政府支持型企业所保持的更多和更高质量的资本。

六、政治力量和财务稳健性

直到结束都在有利特许下运作的政府支持型企业的经历提出了一个在这里值得关注的问题。即金融机构的政治力量以及那种政治力量与它们的金融稳定性之间的关系。

政府支持型企业尤其擅长华盛顿的政治游戏。因为政府支持型企业的生存或死亡是由其特许条款来决定的,政府支持型企业会花费相当多的精力来应对它们的立法和监管环境。房利美和房地美根据人员应对那种环境的能力来选择董事会成员、首席执行官和其他公司高管人员。在耶鲁大学组织与管理学院的乔纳森·柯培尔教授研究了政府支持型企业后发现,“房利美和房地美的名册中有众多行政部门和立法部门的校友……除此之外,曾经有过政府支持型企业的高管回到政府服务这样一段令人印象深刻的历史,这在最高水平上给了公司在准入和支持方面的优势”。①

有利的特许在 19 世纪 90 年代给了房利美和房地美越来越大市场支配力和在政治舞台上保护自己利益的能力。房利美特别积极:“全国的建筑商、房

① Koppell, Jonathan G. S., *The Politics of Quasi - Government Hybrid Organizations and the Dynamics of Bureaucratic Control*, Cambridge: Cambridge University Press, 2003, p. 101.

地产经纪人和银行家都极其依赖于房利美的抵押贷款资金，以至于他们生在担忧得罪公司的恐惧中并习惯性地在华盛顿维护它。”①

政府支持型企业留存了受人尊敬的经济学家和前政府官员的名单。房利美聘请了美联储前主席保罗·沃尔克来为其提供服务，保罗·沃尔克反对将资本标准应用于房利美上就像资本标准被应用到商业银行一样。② 房利美还委托诺贝尔奖得主约瑟夫·斯蒂格利茨、乔纳森·奥斯泽格和彼得·奥斯泽格写了一份报告来维护房利美和房地美的低资本要求。③ 房地美任命前国会预算办公室主任詹姆斯米勒三世为其工作以维护提供给政府支持型企业的政府补助金的价值。④ 此外，政府支持型企业还发表了他们自己的政策声明。⑤

前住房和城市发展部部长梅尔·马丁内斯回忆起政府支持型企业的游说对联邦住房监督署监管房利美和房地美的影响：

> 很明显我立即想到了联邦住房监督署（房利美和房地美安全与可靠性的监管者）是缺乏资金和人员的，而且它们的使命非常有限。我越来越清晰地感觉到房利美和房地美是如何需要它的，并且它们在国会有权

---

① Vise, David A., "The Money Machine: How Fannie Mae Wields Power", *Washington Post*, January 16, 1995, p. A14.

② See Paul A. Volcker, letter to Fannie Mae CEO David O. Maxwell, March 6, 1990, published in the "Second Roundtable Hearing on the Safety and Soundness of Fannie Mae and Freddie Mac", Subcommittee on Housing and Urban Affairs, Senate Committee on Banking, Housing and Urban Affairs, August 2, 1990; FCIC interview with Paul Volcker, October 11, 2010.

③ See Stiglitz, Joseph E. Jonathan M. Orszag, Peter R. Orszag, "Implications of the New Fannie Mae and Freddie Mac Risk – based Capital Standard", *Fannie Mae Papers*, March 2002（“这篇文章总结道，政府支持型企业违约的可能性是极小的。考虑到这一点，检举政府支持型企业破产的预期货币成本也比较小——即使考虑优秀的政府支持型企业债务的极大水平，甚至假设政府将承担所有政府支持型企业破产时其债务的费用”）。

④ See Pearce James E and James C. Miller III, "Fannie Mae and Freddie Mac: Their Funding Advantage and Benefits to Consumers", Proceedings, the 37th Annual Conference on Bank Structure and Competition, Federal Reserve Bank of Chicago, May 2001（“我们的分析表明，当前的安排比房利美和房地美得到的任何资金优势更有利于消费者”）。

⑤ See Freddie Mac, *Financing America's Housing: The Vital Role of Freddie Mac*, 1996,（许多政府研究已经得出结论，破产的风险是非常小的。健全的管理和充足的资本保护了纳税人，而且使公司能继续提供公共福利。该行业最严苛、最灵活的以风险为导向的资本要求，连同一个排他性的监管者——这是国会于 1992 年采取的两项行动——在根本上消除了所有的纳税人风险），p. 2.

力和资金来继续保持这种方式。①

其他金融机构也在积极维护自己的特权与特许。组织形式，尤其是特许权力对金融公司产生了主要影响。这与限制对企业的监管和监督参与的愿望（将在第七章中讨论）一起引导了金融公司运用其政治权力以达到特别是相对于它们的竞争对手的利益与负担之间的有利平衡。

追踪并统计每一届大选的年度竞选捐款和游说开支的"响应政治"研究中心发布报告说，"金融业无疑是为联邦候选人和政党提供竞选捐款的最大来源，而保险公司，证券和投资公司，房地产利益集团和商业银行提供了那些钱中的很大一部分"。② 在其游说以获得和保持有利特许的基础上，政府支持型企业的破产再次说明了这一问题，即当它们寻求资本标准、审慎监管和特许优势三者间最低共性时，那些花费最终是否帮助或是损害了金融公司。

---

① FCIC interview with former Senator and former HUD Secretary Mel Martinez, September 28, 2010.

② 美国政治回应中心，"金融/保险/房地产"。

第七章　金融公司的监督与管理

现状：缓步行走，大棒没有。[面对金融实践创新的脚步，监管者的步伐相对缓慢，即监管者未能及时对金融实践的创新采取相应的监管措施；在这种情况下，监管者手中更是不可能有惩戒违规金融实践的“大棒”（措施）。——译者注]

——帕特里克·霍诺汉，爱尔兰中央银行行长

从理论上看，联邦金融监管者似乎拥有广泛的权力来处理金融公司在治理和风险管理上的缺陷。银行监管者的权力（会有一些差异）包括在审核特许申请者的能力后给予金融机构特许，调查他们的财务状况，设定资本标准禁止不安全或不健全的活动或情形，进行执法行动，要求已开始失去资本实力的机构立即采取纠正措施，以及使一家濒临破产的机构进入接管或破产管理程序等权力（接管的目的是使一个机构恢复良好的财务状况；而破产管理的目的是通过偿付债权人和清算资产来终结该机构的事务）。

监管构架多种多样。例如，在类似的机构中，美国联邦存款保险公司和美国联邦储备委员会监督州立特许银行，而货币监理署只监督它所特许的国家银行。

一、美国分散的金融系统

美国的金融系统相较于加拿大或欧洲而言分成

了更多不同规模、不同类型的机构。与此类似,由于联邦和州权力机构的职责划分,对美国银行系统的监督也是分散的。在联邦层面,监督职责在多重联邦政府专门机构和执行部门之间进行划分。分散的金融监管体制在很大程度上源于美国的历史条件,特别是与美国第一任中央银行(在 18 世纪获得特许的美国第一银行和在 19 世纪获得特许的美国第二银行)力量的民粹主义对立。这种对立在 19 世纪 30 年代因著名的安德鲁·杰克逊对美国第二银行特许的否决而增强,该对立也体现在建立联邦储备系统作为国家中央银行所花费的较长时间以及与这相关的事实中,即联邦储备系统是一个分权体制而不单是一个强大的中央银行。

如图 7－1 所示,分散的管理结构意味着由多个机构来审查一个大型复杂金融机构各组成部分的活动。相关的机构包括:旨在规范衍生性金融产品的美国商品期货交易委员会,负责执行证券法律和保护投资者的美国证券交易委员会,管理国家银行的美国货币监理署,管理储蓄机构(储蓄和贷款协会)及他们的控股公司的美国储蓄机构监理局(OTS),监督大多数州立特许银行和储蓄机构的美国联邦存款保险公司,监督银行控股公司、外资银行组织的分支与办事机构以及作为联邦储备系统成员的州立特许银行的美国联邦储备系统(自 2010 年《多德—弗兰克法案》颁布与储蓄机构监理局被取消以来,联邦现在还监督储蓄控股公司,而美国货币监理署还监督联邦储蓄协会)。除此之外,还存在消费金融公司,这些公司基本不受监管并且作为许多大型银行盈利的分支机构而存在。

美国金融管理系统的分散性还可以从美国证券交易委员会和美国商品期货交易委员会的职责划分中看出。美国证券交易委员会管理证券,美国商品期货交易委员会管理大部分衍生性金融商品:"衍生性金融商品的世界因此一分为二,而证券交易委员会在选择上具有管辖权,然而,仍存在第三类衍生性金融商品——掉期交易——国会在 2000 年将其置于两家机构都远远不能触及的地方。任何其他国家都不会这样做。"①

也有各种各样的自律组织(sefl－regulatory organizations,SROs)和州监管部门。保险监管是州的一项职能。法律明确排除了联邦机构对保险业务行使管辖权,除了在空白领域。

① Coffee,John C. Jr. and Hilary A. Sale,"Redesigning the SEC:Does the Treasury have a Better Idea?" University of Iowa Legal Studies Research Paper,December 2008,p. 9.

在《多德—弗兰克法案》颁布以前，联邦管理机构特别是美国储蓄机构监理局和美国货币监理署采用规则以抢先于州的努力将消费者保护法规实施于国家银行和联邦特许的储蓄机构，包括针对滥用抵押贷款活动的法规。其动机之一就是使美国储蓄机构监理局和美国货币监理署监管下的联邦特许比州特许更具吸引力。美国货币监理署在2002年发布新闻，吹嘘道："监察官先占了国家银行特许的主要好处。"①

先占使一个机构只是符合一系列国家要求，而不是根据特定的州和地方制定的法律产生的、全国各不相同的要求。

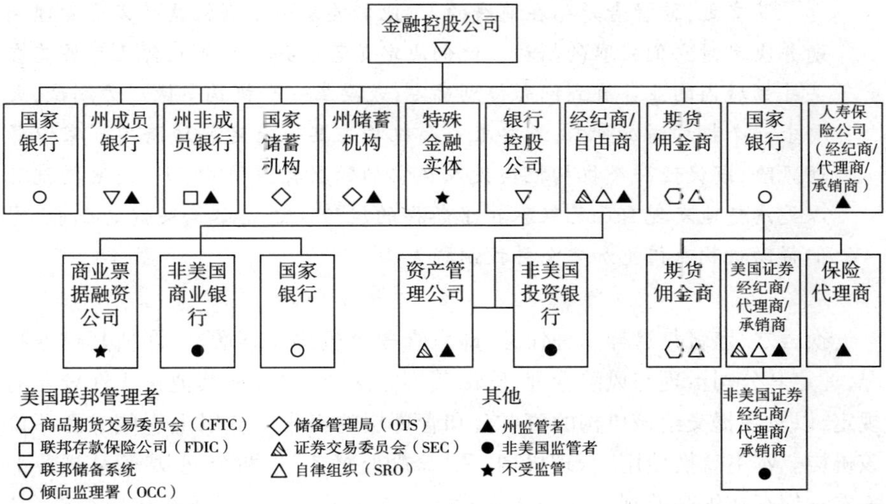

图7－1　分散的美国金融管理系统

二、管理和监督

理解这些政府专门机构和执行部门的做法有助于在管理和监督之间进行区分。在管理中，联邦专门机构建立规则而被管理的机构则需要遵守这些规则。这些规则必须得到法律的授权以处理大量的问题，如一个机构可以参与的、经许可的活动的范围，所需的资本水平和可以作为资本的资产的性质以及被禁止的行为。一些法律和法规还明确规定消费者保护和机构的义务要符合

① Comptroller of the Currency, News Release, "Comptroller Calls Preemption a Major Advantage of National Bank Charter", February 12, 2002.

社区再投资法案和其他要求。

一个专门机构也可以向公司和它们的审查者发出监督指导。虽然审查者可以审查一个机构符合法律和法规的情况,他们也可以审查这些机构是否符合该指导。尽管该指导在技术上是不具有约束力的,但它在实践中被专门机构和受管理的金融公司视为强制性指令,不遵守它会产生不良的后果。

审查者的角色与监督的任务有关。加拿大金融机构的监督者朱莉·迪克森为我们提供了一条有用的定义:

> 简言之,监督者是站在前线的人,他们要发现个别机构的风险管理问题并决定对它们采取的措施。他们决定是否告知一个机构停止扩展其在某些领域内的业务直到问题得到确定,或要求一个机构多做压力测试,或要求一个机构增加资本,或要求一个机构在某一特定领域聘用专家以管理风险,或促使一个机构把钱投入在它们的数据系统中,那么,他们就可以更清楚地发现自己已经承担了怎样的风险。这些都是关键的职能,它们帮助机构变得更加安全并控制损失。①

换言之,监督是这样一种任务,即审查一个机构及其活动,评估其财务状况,评定其公司治理与风险管理,确保其遵守法律、法规和其他正式性较弱的规定,以及在提交给该机构的董事会和管理层的报告中从以上这些方面评价该机构。本书替换使用"管理机构"和"金融监督者"这两个词,尽管从规范上来看它们存在细微差别。这一区别对于一个机构(如美国证券交易委员会)尤其重要,证券交易委员会有权制定法规并采取执行行动,但习惯上除了在有限的投资者保护领域它并没有行使过审查职能。②

尽管管理者在理论上似乎是很强的,但实践中却大不相同。首先,现实中的法律比它们想象的要弱势。例如,及时地纠错就是1991年《联邦存款保险公司改进法案》(Federal Deposit Insurance Company Improvement Act, FDICIA)的产物。该法案授权监督者采取特定的措施处理资本开始低于特定

---

① Superintendent Julie Dickson, Office of the Superintendent of Financial Institutions Canada (OSFI), "Too focused on the rules; the importance of supervisory oversight in financial regulation", *Remarks to the Heyman Center on Corporate Governance*, New York, March 16, 2010.

② See Richards, Lori A., "Strengthening Examination Oversight: Changes to Regulatory Examinations", *Speech*, June 17, 2009.

水平的银行或储蓄机构。其意图并不一定是事先预防问题的发生，而是使管理者有机会在该机构真的于纳税人成本上破产之前采取纠正措施。问题在于，资本是一个滞后的指标；陷入困境的公司可能难以很快意识到那些会降低它们资本比率的信用问题，到损失出现时，再采取预防性措施来防止破产就太晚了。此外，资本提供了防范信用风险的保护，但它没有提供防范流动性风险的保护。如果一个资本充足的机构没有充足的流动资金以致不能满足现金支付的需求，那么，即使它持有较高水平的资本也会破产。这在金融危机中便可以发现，流动资金逐渐消失并引起"资本情况良好或充足的机构的财务状况严重而迅速地下降，并因不能满足快速、持续的存款外流或其他现金和担保物需求而使这种形势加速发展"。①

三、盲目信任市场效率

另一问题是出现在纽约联邦储备银行（Federal Reserve Bank of New York，FRBNY）文件内容中的一个信条，即"市场总会自我纠正"。② 换言之，它与格林斯潘主席在危机前的观点相似，"管理者长期以来一直认为银行的董事会董事将会根据股东的最大利益行事，以确保他们公司的长期营利性和生存能力"。③ 纽约联邦储备银行报告后来总结出这些基本的设想都是错误的："对市场自我纠正特性的顺从阻止了管理者对银行施加规范性意见。"④

其他国家也非常信任市场能够控制过度的金融风险。英国的特纳报告对英国金融管理局（the UK's Financial Service Authority，FSA）的缺陷进行了报道，它总结道：有一种"相信市场自我纠正能力的信条占据了统治地位"，阻碍了英国金融管理局要求银行采取纠正措施的能力和意愿。⑤ 对爱尔兰银行危

---

① Scott M. Polakoff, Acting Director, Office of Thrift Supervision, "Lessons Learned in Risk Management Oversight at Federal Financial Regulators", testimony, Committee on Banking, Housing and Urban Affairs, Subcommittee on Securities, Insurance, and Investment, United States Senate, March 18, 2009.

② "Federal Reserve Bank of New York: Report on Systemic Risk and Supervision", Discussion Draft, August 18, 2009, p. 2.

③ Ibid., p. 5.

④ Ibid., p. 2.

⑤ Financial Services Authority (UK), *The Turner Review: A Global Response to the Global Banking Crisis*, March 2009, p. 88.

机的事后分析显示金融监督者的做法是“缓步行走，大棒没有”。[①]

盛行的理论是市场力量相比于管理者能够提供更强的保护。此外，市场能够高效运作且不会像过度管理和监督那样遏制创新。美联储主席艾伦·格林斯潘在1994年证实了关于创建一个单一的金融管理机构的提议，他阐述了自己的观点：

> 一个统一的单一管理机构将会使我们的管理结构丧失，而该管理结构在董事会看来是非常宝贵的，它可以限制任何一个管理者实施僵硬且过于严格的政策。关于银行管理和监督的法律必须制定得具有普遍性，而把细节留给专门机构来制定具体的规则。这给予专门机构广泛的授权和不小的自由裁量权……我们必须避免管理机构抑制经济增长。
>
> 目前的结构为银行提供了一种改变他们管理者的方法……这种有效的试验限制了任何一个管理者的武断看法或过度僵硬的观点。机构潜在损失的压力遏制了过度的管理并充当了与管理机构过度管理倾向相抗衡的力量。[②]

格林斯潘反对经济方面的统一管理机构：

> 事实上，一个单一的管理机构对安全和健全的看法是狭隘的，且不必承担其决定对宏观经济的影响，也就不可避免地长期对风险承担和创新持有偏见。它并未因为推进谨慎的风险承担以促进经济增长而获得称赞，却因太多银行的破产而被严厉批评。原因非常明显。[③]

他督促国会接受对金融机构进行联邦监督的原则，包括这样的规定：“第一，不应当有一个单一的、整体的联邦管理机构”以及“第二，每家银行都有权

---

① A Report to the Minister for Finance by the Governor of the Central Bank, *The Irish Banking Crisis Regulatory and Financial Stability Policy*, 2003 – 2008, May 31, 2010, p. 2.

② Alan Greenspan, "Statement by Alan Greenspan, Chairman, Board of Governors of the Federal Reserve System before the Committee on Banking, Housing, and Urban Affairs, US Senate, March 2, 1994. (Statements to Congress) (Transcript)", *Federal Reserve Bulletin*. May 1, 1994.

③ Ibid.

选择联邦管理机构”。[1]

四、《格雷姆—里奇—比利雷法案》和监督真空

1999年,国会颁布了《格雷姆—里奇—比利雷法案》(GLBA)以求进一步放松对金融服务行业的管制,并减少政府对市场的影响。[2] 该法案还删除了残留的新政对同一金融服务控股公司内并存投资银行和商业银行的限制。之前,美国联邦储备委员会用其管理权力允许这种附属机构,但它们受到某些数量上的限制。在克林顿政府督促下颁布的《格雷姆—里奇—比利雷法案》成功地消除了对银行附属机构、投资公司和保险公司的限制。

为了通过《格雷姆—里奇—比利雷法案》,国会和政府必须满足各方利益。美联储坚持认为,应当运用一个银行控股公司体系使银行附属机构、证券公司和保险公司处于其监督之下。管理银行国家的货币监理署要求建立一个替代的体系以通过银行子公司的方式来授权这种附属机构。最终的《格雷姆—里奇—比利雷法案》批准了银行子公司的运用,但这有一个严格的前提,即对从事证券或保险包销的公司来说不可行。因此,从所有的意图和目的来看,美联储要求运用银行控股公司体系是成功的。

立法的另一主要绊脚石是存在于美联储管理的保险和证券行业中的根深蒂固的恐惧。保险公司有很长一段历史是处于较为适意的国家管理中,它们不想要一个新的联邦管理者来监视他们的行动。证券公司与美国证券交易委员会及其他证券管理者也相处自在,并不想受制于一个潜在而强大的联邦机构的管理约束。两个行业还担心美联储会使它们像银行一样符合更加严格的资本要求。

联邦储备委员会支持一种妥协的方案,即让克林顿总统通过该法案并签署它为法律。在该妥协方案中,对于之前受到州保险管理机构、证券交易委员

---

① Alan Greenspan, “Statement by Alan Greenspan, Chairman, Board of Governors of the Federal Reserve System before the Committee on Banking, Housing, and Urban Affairs, US Senate, March 2, 1994. (Statements to Congress) (Transcript)”, *Federal Reserve Bulletin*, May 1, 1994.

② 参议员格拉姆在《格雷姆—里奇—比利雷法案》签字仪式上的陈述:“我们今天来这里是为了废除《格拉斯—斯蒂格尔法案》,因为,我们已经知道政府并不是解决方法。我们已经知道自由和竞争才是解决方法。我们已经知道,我们通过竞争和自由来促进经济增长和稳定。我很自豪能来到这里,因为,这是一个重要的法案,这是一个反对管理的法案。我相信这是未来的浪潮,我非常骄傲能成为实现它的一员。”住房和城乡建设部,参议员银行业委员会委员长,参议员菲尔·格拉姆,陈述于1999年11月12日。

会或商品期货交易委员会管理的公司，联邦储备委员会对它们监督和管理的权力要受到限制。这种妥协被称为“联邦弱化”：美联储将成为银行控股公司的一个伞状监督机构，但它要在很大程度上避免审查控股公司的子公司，特别是受到其他管理机构监督的保险公司和证券公司。①参议院银行委员会关于《格雷姆—里奇—比利雷法案》的报告对这一点有更为清晰的阐述：

> 对于功能规范的子公司，要求其董事会在最大程度上信赖职能管理机构要求的报告和实施的审查。因此，董事会就必须服从州保险专员、联邦和州银行机构、证券交易委员会、州证券专员和相应自我管理组织的管理。

同时，美联储应保持谨慎，不要试图监督部分在新控股公司中附属于银行的“影子银行”系统。美联储都和货币监理署都将注意力集中在存款保险机构的安全与稳健上，而不是更加广泛地配置它们的资源来应对系统性风险。美联储在此基础上再一次相信了市场力量的有效性：

> 此外，既然非银行活动不受制于安全网的道德风险，而能够使市场纪律更有效地运行，管理者也应该避免去减弱新金融控股公司中的这种市场纪律。因此，该法案阻止了像对银行一样扩展对非银行附属机构和子公司的管理和监督。②

货币监理署前任稽核人员尤金·路德维希告诉委员会工作人员，有一种“历史的眼光，历史的方法，少施加管理才是适当的管理方法。总之，当你观察《格雷姆—里奇—比利雷法案》本身时，你会发现美联储对非银行附属机构

① See Alan Greenspan, “H. R. 10 and financial modernization: Functional Regulation”, Testimony, Subcommittee on Finance and Hazardous Materials, Committee on Commerce, US House of Representatives, April 28, 1999.（“控股公司的结构——尤其是对新的活动——也有促进对不同活动的有效监督和功能管理的重要意义。控股公司结构和众议院法案10中的‘联邦弱化’条款一起通过依靠不同功能管理者的专业技能和监督力量，减少潜在而累赘的管理重叠，以及促进不同功能管理者加强合作、减少潜在冲突的方式，集中关注并增强对证券公司、保险公司、存款保险机构及其子公司的功能管理。”）

② Meyer, Laurence H., Federal Reserve Governor, *The Implications of Financial Modernization Legislation for Bank Supervision*, Washington D. C., December 15, 1999.

活动的管理范围肯定具有这样的特征——我认为在法案中，但肯定会在所有文字中——即联邦弱化。那就是在我看来《格雷姆—里奇—比利雷法案》提出的适当管理金融活动的观点所具有的地方性局限”。①

这一时期联邦储备委员会银行业监督与管理部门的主任理查德·斯皮伦科滕相信，《格雷姆—里奇—比利雷法案》和联邦弱化“通过一个单一的管理机构排除了对企业范围风险管理与控制的强大而综合的实践性评估，并取消了有效、全面的统一监督的基本原则”。②

《格雷姆—里奇—比利雷法案》也影响了货币监理署。路德维希告诉美国公民信息中心的工作人员：

> 在《格雷姆—里奇—比利雷法案》下，功能管理得以保留，而管理者的历史激情也要求审查者随着银行组织为中心削减为以银行为中心的变化来考虑自身的职责，结果是对非银行附属机构的审查和监督受到限制，当然，它作为银行以外的结构性投资工具和资产负债表外业务，也因此不会受到银行监督。
>
> 有人认为，它们得到了相应管理机构的监督，即那些管理非银行附属机构活动的机构，有时是证券交易委员会，有时是联邦储备局，有时是其他一些机构，总之不是银行管理者。③

2009 年，美国货币监理署一份总结经验教训的文件承认仅关注银行是不够的：

> 正如我们所看到的，国家银行以外的实体在艰难时期能够严重地影响银行，无论是否通过“后门”来披露并引起其后的损失，就像我们所能看到的发生在某些债务抵押债券上的一样；也无论是否通过使银行出于支撑住各种资产负债表外渠道的需要，增大其流动性压力；或是通过从事

---

① FCIC interview of Eugene A. Ludwig, September 2, 2010.

② Richard Spillenkothen, “Notes on the performance of prudential supervision in the years preceding the financial crisis by a former director of banking supervision and regulation at the Federal Reserve Board (1991 to 2006)”, May 31, 2010, p. 15.

③ FCIC interview of Eugene A. Ludwig, September 2, 2010.

银行活动的非银行的控股公司进行的收购等。[①]

尽管《格雷姆—里奇—比利雷法案》是基于这样一个理论，即银行管理者将会相互合作，但这其实与现实存在严重差距。管理者甚至不愿意相互共享管理信息。这使信息在单个控股公司内的多个实体管理机构之间分隔开，所以没有人能够完全了解。除了这些范围划分的问题，管理机构还意识到了法律问题：

> 披露的最大障碍在于，如果一个管理机构将机密的监督信息披露给另一个管理者，这一批露就可能会进一步导致对其他人意想不到的披露。向其他管理机构披露就产生了两个严重的风险：一个风险就是与另一管理机构共享的信息在那一管理机构处可能就不再保持“机密性”；另一个风险是适用于这些信息的法律特权会因为这一共享而被放弃。[②]

金融机构巧妙地利用了监督的漏洞。它们可以驻足于最具吸引力的章节，这就意味着它们可以选择最有利于它们的管理者。这一现象发生于全国金融公司从受联邦储备系统和货币监理署的监督转变为受储蓄机构监理局监督之时。美国储蓄机构监理局被公认为是最适合的管理机构，它监督过几个已破产的主要机构（全国金融公司、美国国际集团、华盛顿互助银行、盈泰银行）。

正如尤金·路德维希告知联邦公民信息中心工作人员的，“这一问题的事实是……众多机构都改变了它们的章程，因为甚至是他们自己也不会清晰地阐述这些章程——他们中的大部分一直在寻找最为宽松的管理者，不过他们一直在寻找一个最理解或最欣赏他们特定经营方式的管理者”。[③]

---

① Office of the Comptroller of the Currency, "PWG Working Group on Supervision, Questionnaire", August 11, 2009, p. 14.

② Office of Thrift Supervision, "Response to the Questionnaire on Supervision Compiled by OTS", August 11, 2009, p. 11, p. 16.

③ FCIC interview of Eugene A. Ludwig, September 2, 2010.

美联储承认它的基本任务是促进金融稳定。①但它并不认为自己可以踩在其他管理机构的脚趾上以使它们也同样做到这一点，尤其是在《格雷姆—里奇—比利雷法案》颁布和联邦弱化被采用以后。联邦储备系统的副主席珍妮特·耶伦告诉联邦公民中心的工作人员，联邦储备局实际上并不相信其有授权去行使监督权力以保护金融系统抵御系统性风险：

> 我认为，我们都主要集中在银行系统，而我不认为我们能充分地看到整个金融系统内的风险，且我不认为我们或是政府中的其他人实际上有维护金融稳定的授权……我不认为我们的任务是在某种意义上对金融领域做出那种整体性的分析，也不具有识别金融系统内广泛风险的明确责任，就如同新的金融稳定监督委员会负责做得那些一样。②

美联储的问题产生于美联储自己系统内的缺口。依照长期以来的习惯，美国联邦储备委员会将其监督职责授予了 12 个地区联邦储备银行，其中，纽约联邦储备银行始终发挥主导作用。美国联邦储备委员会将为 12 个储备银行制定政策，但主要还是依靠地区储备银行的监督人员作为美国联邦储备委员会监督人员的“耳目”，正如前美国联邦储备委员会助理总监和信贷风险监督主管萨巴斯·西迪基告诉联邦公民信息中心工作人员的一样。③

2007 年，美国联邦储备系统的 2622 名监督人员中只有 283 名是在联邦储备委员会工作的；其余的 90% 都是联邦储备银行的雇员。④ 另外，由于联邦储备银行是由作为其成员的商业银行所私有，尽管联邦储备委员会是一个政府机构，较大联邦储备银行的职员可以获得比联邦储备委员会与他们同等职位的职员更加丰厚的报酬。两者区别在于物质上的充裕，它使联邦储备委员会难以吸引技艺娴熟的联邦储备银行监督职员来华盛顿，相反地，联邦储备委

---

① See Federal Reserve Board, *The Federal Reserve System: Purposes and Functions*, June 2005, pp. 1, 59.（“美联储对较宽范围内的金融机构和金融活动有监督和管理的权力。它和其他联邦与州的监督权力机构协作，一起确保金融机构的安全与可靠，金融市场的稳定以及他们在金融交易中对消费者的公平和公正待遇。”）

② FCIC interview with Janet Yellen, Vice Chair of the Federal Reserve Board, November 15, 2010.

③ See FCIC interview with Sabeth Siddique, formerly Federal Reserve Board, October 25, 2010.

④ See Federal Reserve Board, “Federal Reserve Supervision and Regulation Cost and Staffing”.

员会可能会向联邦储备银行流失一些人才。

联邦储备银行与联邦储备委员会之间的协调可能是困难的。例如，为强化大型复杂金融机构的监督机构获取信息的能力，联邦储备委员会理事苏珊·比斯创造了一个同行业内的审查流程，该流程将使各主要控股公司的监督机构共享信息并在彼此之间更好地合作。西迪基将该创新的无力归咎于其不能在金融危机前显著改变联邦储备系统内部的官僚主义反对：

> 我们很难克服在储备银行系统内根深蒂固的文化，而那种文化就包括了不向华盛顿提供他们所需要的信息。因此，多年来在储备银行外获取信息一直是非常艰难的。且监督的职责已经被授予了储备银行，所以每当我们询问关于信息或数据的问题，他们就会说："一切都好，不用担心。"当我们试图获取数据时，我们总会遇到巨大的阻力。①

联邦储备委员会还存在另一个问题。这是一个长期存在的组织设计问题，即当一个组织有两种使命，一个重要而另一个显得略不重要，那么，这个略不重要的使命就可能萎缩或被忽视。联邦储备委员会的经济学家支持联邦储备委员会的基础功能，即制定货币政策。监督排在重要的地位，但与货币政策和相关宏观经济分析几乎不在同一水平上。因此，当伯南克主席于 2007 年 5 月公开声明次级抵押贷款市场的问题基本得到控制时（如第二章所述），他收到了来自联邦储备委员会经济学家工作者的这一分析，他们预计了银行资产负债表上的直接贷款总损失并确定那些数字是令人不快但可以承受的。②

相反地，联邦储备委员会的监督人员表示，他们曾积极地警示过这次危机的确可能是灾难性的。他们这样的观点是基于审查主要机构得到的印象而非量化的数据。从文化角度来看，监督人员并没有说出联邦储备委员会领导能够听到的定量的语言，这意味着伯南克的演讲忽视了监督人员的观点。此外，联邦储备委员会似乎并没有人想过要创建一个宏观经济学家和高级监督人员之间的建设性对话以试图巧妙地获得双方存在巨大差异的原因。

---

① FCIC interview with Sabeth Siddique, October 25, 2010.

② 伯南克的评论可以在美联储的网站上找到：Ben S. Bernanke, "The Subprime Mortgage Market", Speech at the Federal Reserve Bank of Chicago's 43rd Annual Conference on Bank Structure and Competition, Chicago, Illinois, May 17, 2007.

五、美国证券交易委员会的综合监督实体项目

美国证券交易委员会作为新政的一部分于1934年设立,它的基本职责是通过披露、证券登记和其他措施保护零售投资者。2002年,欧盟加强了对金融控股公司的监督,这些公司包括投资银行控股公司,而如果另一国家的金融管理者监督了他们的控股公司则为例外。这刺激了那些已由美联储或美国储蓄机构监理局监督的控股公司以外的美国投资银行去寻求一个监督其控股公司的新选择,而该选择将会更加适合它们。

2004年,五大主要经纪交易商(即投资银行)要求证监会同样承担监督其控股公司的责任并为他们设定资本标准,这五大经纪交易商由美国证券交易委员会依照证券法的目的负责监督。证监会同意建立一个被称作综合监督实体项目(Consolidated Supervised Entity,CSE)的自愿项目来监督投资银行控股公司。① 该项目是自愿的,一个投资银行可以自行决定是否加入。对投资银行来说,综合监督实体项目最具吸引力的特征之一在于它们可以根据《巴塞尔协议 II》的资本标准来计算自己的资本水平。尽管《巴塞尔协议 II》的资本规则仍被联邦银行机构激烈争辩且最终的规则尚未发布,证监会却同意这种方式。因此,尽管没有美国银行获准适用《巴塞尔协议 II》的框架,细则也未最终敲定,证监会仍授权这五家最大的证券公司适用这一新的资本框架。

加入证监会综合监督实体项目的五大投资银行是:贝尔斯登、雷曼兄弟、高盛、摩根士坦利和美林。证监会在综合监督实体项目之前要求经纪交易商有小于15:1的净债务资本比率,而《巴塞尔协议 II》标准的适用允许经纪交易商显著地增加它们的杠杆。例如,贝尔斯登在其崩溃前就拥有约33:1的总杠杆。②

对于加入的公司来说,综合监督实体项目的另一好处在于它不会是难以负担的。证监会最初为该项目配备了不到十几个人来监督5个世界最大型的复杂金融机构。综合监督实体项目投入使用后工作人员增加到了约24人,依然是远低于美联储或其他监督机构的可用资源。此外,他们往往是熟练的定

---

① See Labaton, Stephen, "The Reckoning: Agency's '04 Rule Let Banks Pile Up New Debt", *New York Times*, October 3, 2008.

② See US Securities and Exchange Commission, Office of Inspector General, Office of Audits, *SEC's Oversight of Bear Stearns and Related Entities: the Consolidated Supervised Entities Program*, Report No. 446 - A, September 25, 2008, p. 19.

量人员而不是经验丰富的安全性与稳健性的监督者。辛西娅·格拉斯曼作为证监会设立该项目时的专员,她在加入证监会前曾长期就职于美国联邦储备委员会和费城联邦储备银行。她回忆说,曾要求证监会的工作人员开发所需要的专业技能以监督安全性与稳健性,而且他们咨询了应对更大机构的美联储和货币监理署。①

证监会未能成功发展这种必要的监督能力。而且,五大主要投资银行控股公司的组织复杂性太高以至于证监会对它们中的大多数缺乏权威。证监会的主席克里斯托弗·考克斯(在证监会开始综合监督实体项目时并不是证监会的成员)证实说:

> 控股公司就如雷曼兄弟的情形中……该公司由200个重要的子公司组成。对其中的193个子公司来说,证监会并不是它们的法定管理者。它们中有不通过交易所直接向顾客销售的衍生品业务商、信托公司、抵押贷款公司,以及离岸银行、经纪交易商和再保险公司。我刚刚描述的这些例子中的每一个都超出了证监会管理权限的范围。在这些联合的企业中,国会授权证监会管理的只有经纪交易商、投资公司和投资顾问子公司。②

考克斯主席指出,证监会在该项目下对控股公司管理的自愿性质具有一个根本性的缺陷:"这是《格雷姆—里奇—比利雷法案》中的一个致命错误,即无论是证监会还是其他的管理机构,都没有得到管理投资银行控股公司的法定授权,它们只能在自愿的基础上进行管理。"③甚至是当证监会综合监督实体项目的工作人员发现问题时,该机构也未做出反应。其后的一篇总检察长报告发现:

> 尽管它在贝尔斯登成为综合监督实体项目的成员之前就知道贝尔斯

---

① Personal communication, October 27, 2011.

② Christopher Cox, Chairman, US Securities and Exchange Commission, "Testimony Concerning the Role of Federal Regulators: Lessons from the Credit Crisis for the Future of Regulation", Hearing, Committee on Oversight and Government Reform, United States House of Representatives, October 23, 2008.

③ Ibid.

登对抵押贷款的集中度几年来一直在增加且已经超出了它的内部限制，而贝尔斯登的一部分抵押贷款（如可调利率抵押贷款）代表了一个重要的市场风险集中度，证监会并没有采取任何措施去限制贝尔斯登的抵押贷款集中度。①

前证监会委员哈维·戈德史密斯指出，"一旦你理解了这个问题就会发现"，在贝尔斯登于2008年3月破产后，正是这种最不具法律资格的原因阻止了证交会去密切关注雷曼兄弟。② 综合实体项目在考克斯主席看来"并不起作用"。③ 名义上由综合监督实体项目监督的5大公司中，3家破产（贝尔斯登、雷曼兄弟和美林），2家成为了由美联储监督的银行控股公司（高盛和摩根士坦利）。

六、分离的职责和烦琐的过程

联邦管理机构和州管理机构之间分离的职责甚至阻碍了管理机构在察觉问题后采取措施。在接受联邦公民信息中心的采访时，联邦储备委员会的副主席珍妮特·耶伦（2004～2010年曾任旧金山联邦储备银行的总裁和首席执行官）利用她所在的储备银行所监督之银行的账簿上关于商业不动产（commercial real estate，CRE）资产集中度增长的例子，证实了这一问题。

2005年我们可以清楚地发现商业不动产的价值在不断膨胀。然而，旧金山联邦储备银行认为，自己并未对旧金山区域内的金融公司施加更为审慎的要求，是因为与总部设在其他联邦储备区内的银行所需具备的较少的限制性要求相比较而言那样做是不公平的：

我们觉得我们在旧金山……在理事会给我们的监督相关的指导下运作。且这些指导反过来又是通过机构间的……流程……谈判而达成的。

① US Securities and Exchange Commission, Office of Inspector General, Office of Audits, *SEC's Oversight of Bear Stearns and Related Entities: the Consolidated Supervised Entities Program*, p. ix.

② See FCIC interview with Harvey Goldschmid, former SEC Commissioner, April 8, 2010.

③ Christopher Cox, Chairman, U. S. Securities and Exchange Commission, "Testimony Concerning the Role of Federal Regulators: Lessons from the Credit Crisis for the Future of Regulation", Hearing, Committee on Oversight and Government Reform, United States House of Representatives, October 23, 2008.

所以,我认为它在某种意义上需要一个跨部门的流程来发布这种指导,从而能够使所有机构的审查者在我们所看到的实践上采取更加强硬的立场。①

然而,当联邦银行机构最终于2006年发布商业不动产指导时,为时已晚且也无益了。耶伦曾说:“我觉得在这一指导出来时你可以拿起它,撕了它并将它丢进垃圾桶;在控制这一风险方面它对我们来说是毫无用处的工具。”②

但在实践中,管理机构似乎很少或几乎没有独立的选择。据耶伦所说:

> 如果我们坚持,我们能否在我们自己机构的监督中做一些在某种程度或某些意义上属于旧金山联邦储备银行可做自由裁量的监督制裁?老实说,我不知道我们之前是否可以做到那些。我不认为我们自己觉得有权做哪些。如果你要问我,是否存在这样的可能,即我们使用自己的自由裁权来做得比我们在其他储备银行或货币监理署或储蓄机构监理局或政策允许的跨部门流程外的同事更加严格,在我看来,我的监督人员会觉得他们没有权力做那些。③

换言之,像旧金山联邦储备银行一样的个体监督机构并不愿意单独行动以纠正其管辖范围内的问题,除非这有跨部门指导来支持——出现太晚的指导,且在经历了一个漫长的达成一致的过程后变得太过温和而不起作用:“我认为,我们经历的这种过程是一个持续多年的痛苦过程,其间美国联邦金融机构检查委员会内的6个不同管理机构参与了我召集的谈判,最终想要做一些事的可能太小,也太晚了。在我看来,这一过程是失败的。”④

七、对政治影响的畏惧

在美国政治体系中,监督者能感受到立法者的影响,立法者有权去调整对监督机构的权力有所控制的立法或缩减该机构的资金。因此,甚至是作为美

---

① FCIC interview with Janet Yellen, *Vice Chair of the Federal Reserve Board*, November 15, 2010.

② Ibid.

③ Ibid.

④ Ibid.

国最自主的金融管理者的美联储也能感受到其压力，据前美联储理事马克·奥尔森所说："当国会决定采取积极行动限制一个管理机构时，他们可以非常直接地限定一个监督实体可行动的范围……国会有很多武器，它们可以以一种方式使用，也可以以另一种方式使用。"[①]奥尔森理事提到，对政府问责局评论的要求、授权语言的变化，以及其他形式的国会成员能够给包括美联储在内的金融监督者带来的影响。

与银行监督机构不同，这一问题在受制于拨款程序的监督机构上甚至显得更为明显，就如证监会、商品期货交易委员会和前述政府支持型企业管理机构、联邦住房企业监管办公室（OFHEO）。对这些机构来说，受管理的实体可以运用政治过程寻求监管的减少，特别是在像21世纪初这样反映了华盛顿放松管制氛围的时间里。前证监会委员哈维·戈德史密斯告诉委员会工作人员，人员配备不足是证监会长期存在的问题，"我们从未有过足够的工作人员。证监会的历史是足够的，但资源却从不充足，甚至处于匮乏状态"。[②] 前联邦住房企业监管办公室负责人阿曼多·福尔肯告诉联邦公民信息中心，他的机构"缺乏资源有很多年了"。[③] 富尔肯将这直接归因于房利美和房地美的政治影响。他还指出，直到他被撤职为止，参议院拨款委员会的立法阻止了他所在的机构花费1000万美元的拨款。尽管此内容并未出现在最后的拨款法案中，但这一信息确已流出。[④]

如果国会的全体委员会和小组委员会在对管理机构施压时拒绝克制，这一问题就会变得更加严重。2006年9月14日，众议院金融服务委员会的金融机构和消费者信贷小组委员会召集联邦管理机构出席了一场听证会，该听证会集中关注《巴塞尔协议 II》草案资本标准的施行，以及对联邦银行和储蓄机构那一年年初就已经提议的对商业不动产（CRE）的指导。

对竞争的关注贯穿于整个听证过程。小组委员会成员认为《巴塞尔协议 II》是提高美国对欧洲竞争地位的方法，除非是像联邦存款保险公司一直认为的那样，伴随该协议而来的是潜在的更高的最低资本要求。另外，其他委员成员认为《巴塞尔协议 II》提案对大型银行来说是一种不公平的优势来源，相比

---

① Interview with Mark Olson, Former Federal Reserve Governor, October 4, 2010.

② FCIC interview with Harvey Goldschmid, Former SEC Commissioner, April 8, 2010.

③ Testimony of Armando Falcon, Office of Federal Housing Enterprise Oversight, to the FCIC, April 9, 2010, p. 3.

④ Ibid., p. 7.

与小型银行，这些大银行之后便可以根据风险模型来计算他们自己的资本水平，而这便无法投资所需要的模型以实施《巴塞尔协议 II》。

关于商业不动产（CRE）的指导，小组委员会主席斯潘塞·巴克斯表达了他的担心："对那些没有机会募集资本或者像大银行一样使其投资组合多样化的社区银行来说，可能会是不公平的负担。"此外，巴克斯还说，这一指导太过僵硬，监督机构应当让个体审查者在个案的基础上决定由个别银行完成的特定种类商业不动产借贷是否具有风险。①

3 家监督机构试图坚持自己的观点。美联储理事苏珊·比斯重申了她的观点，欧洲版本的《巴塞尔协议 II》是不够的。另外，她还说，"我觉得我们非常自豪，因为在美国我们可以认为自己的资本标准是世界上最强大的，而且我们不打算削弱它们……而这并没有使我们的银行处于不利地位"。②

美联储理事比斯、货币监理署的审计官约翰·杜根、联邦存款保险公司的主席希拉·贝尔也反对这一关于商业不动产的指导。比斯理事解释道，银行承销商业不动产贷款需要谨慎，因为还款取决于流租赁或其他支付抵押贷款的收入，而这些可能会受到来自当地其他项目的竞争威胁：

> 银行能够做好承销工作，但如果他们在市场中的这些项目获得了投资并造成了产能过剩，就会出现很多职位空缺或者他们因为现金流只能进行劣质的承销，由此，维持度和财产价值下降，而它可以给银行带来负面影响，因为那些其他项目能够通过租金优惠或其他条件吸引租户到那些竞争项目中去……不同于其他类型的信贷，不良贷款能够真正影响到它们的良好信用。③

一家管理机构决定改变主意。储蓄机构监理局的负责人约翰·里希声称，尽管他签署了 4 家管理机构递交给众议员巴尼·弗兰克的联名信，但他并不同意这封表达了对商业不动产风险集中度的关注，并反对被提出的指导的联名信：

---

① See Subcommittee on Financial Institutions and Consumer Credit of the House Committee on Financial Services, "A Review Of Regulatory Proposals on Basel Capital and Commercial Real Estate", Hearing, September 14, 2006, p. 7.

② Ibid., p. 21.

③ Ibid., p. 24.

> 众议员巴尼·弗兰克：请让我询问所有的管理机构。
>
> 里希先生：好吧，弗兰克先生，我感到非常内疚，我签署了这样一封信，但我未必赞同其中的一切。我曾赞同……
>
> 弗兰克先生：给我的信？
>
> 里希先生：我相信就是你所指的那封信。是那封信。
>
> 弗兰克先生：主管先生，那是非常奇怪的行为。
>
> 最终，行业代表认为商业不动产（CRE）指导会对贷款者和国家的社区产生显著的危害。

因此，根据独立社区银行家协会（the Independent Community Bankers Association，ICBA）：

> 独立社区银行家协会相信，被提出的商业不动产指导有非常严重的缺陷，并且，我们强烈要求银行机构不要以目前的形式继续下去。有近1000名批评家与这些机构一起提交了信件以表达极大的关切。许多社区银行将其视为对削减商业不动产贷款的呼吁。如果一家社区银行必须削减，这意味着，削减了它更有利可图的业务线之一，但我们担心它还会导致商业不动产领域的人为信贷紧缩，随之而来的是用于支持社区发展的钱会变得更少。①

2006年12月，三家管理机构（美联储、货币监理署和联邦存款保险公司）决定签署比原有指导规范相对宽松的新的指导意见。尽管如此，压力也并未减弱。众议员巴尼·弗兰克和斯潘塞·巴克斯在这之前发布了新闻稿表达了其对3家机构的指导“可能会过度地阻止贷款”的“失望”。② 储蓄机构监理局独自行动，也仍然签署了对其监督的机构来说较弱的指导。正如珍妮特·耶伦告诉金融危机调查委员会工作人员的，最终的结果是商业不动产指导可以

---

① Subcommittee on Financial Institutions and Consumer Credit of the House Committee on Financial Services, "A Review Of Regulatory Proposals on Basel Capital and Commercial Real Estate", Hearing, September 14, 2006, p. 37.

② See House Committee on Financial Services, Press Release, "Frank And Bachus React To Guidance On Commercial Real Estate Lending", December 6, 2006.

被撕碎而后“丢入垃圾桶的”。

这产生了现实的后果。联邦存款保险公司于2011年年初报告称,“在322家破产的保险机构中(自2008年开始),超过86%的保险机构超出了在2006年12月6日关于商业不动产借贷的联合指导中限定的商业不动产集中程度。从该行业的整体来观察,它是有较高商业不动产集中度的银行的比例的2倍以上”。[①] 正如联邦存款保险公司所总结的,“回顾过去,我们可以明显地发现,银行管理机构本可以在这些机构的最高风险商业不动产曝光时对它们采取更加积极的措施,特别是在不动产发展借贷中”。[②]

最后,我们尚不能明确,该行业是在为自己的最大利益游说或者帮助该行业施加压力的国会成员实际上帮助了那些选民。我们还可以找到其他例子,例如,来自美国银行协会的信件,这些信件反对监督者提出的关于非传统抵押贷款产品的指导,并且在其他的反对意见中坚持认为这些被提出的、一般不合适的对申报收入贷款(借款人获准申报而不用验证他或她的收入)的分类是“过度死板和不灵活的”。[③]

八、当银行管理失效时侦测风险的困难性

这里还存在另一问题。银行系统在2001~2008年有了大幅的发展。根据美联储发布的信息显示,尽管总的监督人员在这一时期有所减少,但其作为主要监督机构和综合监督机构所监督到的机构总资产几乎翻了一番,从2001年的9.3万亿美元增加到了2007年的17.5万亿美元。[④] 主要金融机构随着规模上的增大也变得更加复杂。很多公司通过多次收购其他公司来扩张自己,然而,他们又未能成功地将这些被收购公司的业务整合到一个单一的管理系统中(参见第五章中的讨论)。缺乏对企业范围风险的整体观念与金融市场越来越多的创新相组合。由于根据定义这些创新是非常新的,风险管理往

---

① Sandra Thompson, Director, Division of Supervision and Consumer Protection, Federal Deposit Insurance Corporation, Statement on The Current State of Commercial Real Estate Finance and Its Relationship to the Overall Stability of the Financial System before the Congressional Oversight Panel, Washington D. C., February 4, 2011.

② Ibid.

③ American Bankers Association, letter to the bank supervisors, “Re: Proposed Interagency Guidance on Nontraditional Mortgage Products”, March 29, 2006.

④ See Federal Reserve Board, “Supervised Assets Under The Federal Reserve System’s Supervisory Umbrella”, and “Federal Reserve Supervision and Regulation Cost and Staffing”.

往缺乏对新业务固有风险的认知,如债务抵押债券的制作或信用违约掉期保护的销售。然而,相关复杂的金融模型既可以从不景气的时间得到也可以从好的时间得到,它们都足以使这些模型有用,而许多公司只是没有足够的数据点而已。

一个主要的例子是储蓄机构监理局无力发现和处理美国国际集团的风险承担问题,美国国际集团拥有一家储蓄机构即美国国际集团联邦储蓄银行,因此,它是一个储蓄控股公司。尽管美国国际集团在体系上有着重要地位,但对其在控股公司层面上的监督从本质上看是不存在的。储蓄机构监理局拥有一个仅由 10~15 人组成的专用审查团队来监督 1 万亿美元的金融集团。美国国际集团的责任审查员约瑟夫·冈萨雷斯评论道,储蓄机构监理局"淹没"在了监督美国国际集团的尝试中。至于美国国际集团金融产品,它作为美国国际集团的一部分向投资者售出了超过 5000 亿美元的信用违约掉期保护并最终使美国国际集团衰落,约瑟夫·冈萨雷斯指出,"我们并未得到(美国国际集团金融产品的首席执行官)约瑟夫·凯森的协助,而且他还质疑我们审查金融产品的权力",而进一步是,"我们花费了时间试图使公司处于我们的掌控之中"。他告诉委员会工作人员,"一大关注点就仅是理解美国国际集团。我对它的重视尚不够。它是一个非常大的组织,对我们来说是新鲜的……我们的不少关注都只是用于理解了这些(美国国际集团)全球性实体之间的相互关系"。①

前储蓄机构监理局负责人约翰·里希觉得储蓄机构监理局之于美国国际集团就如"一只小虫之于大象"。② 美国国际集团的规模和复杂性,以及储蓄机构监理局的资源不足和对美国国际集团金融产品相关授权清晰度的缺乏均导致储蓄机构监理局未能认识到美国国际集团金融风险的程度和它事实上对风险管理的缺乏。

如果一家银行或银行控股公司未能意识到其金融状况的风险程度,那么,一个监督机构就更不太可能发现这种风险;管理机构并没有找到一个公司内部审计或合规尚未标记出的其他风险领域。纽约联邦储备银行的一次访谈总结道:"监督机构往往去调查一家银行所认为的具有风险的领域,而不是对整

---

① FCIC interview with Joseph Gonzalez, Office of Thrift Supervision, May 7, 2010.

② Financial Crisis Inquiry Commission, *Final Report of the Financial Crisis Inquiry Commission*, 2011, p. 351.

个银行的风险作出一个独立的判断。"①前美联储银行监督与管理负责人理查德·斯皮伦科滕总结出了管理机构的两个信条：(1)"大型金融公司的管理和控制尽管并不完美，但整体上是好的并随时间的推移而不断完善"；(2)"管理机构的风险集中项目和技术，尤其是针对那些大公司的，尽管还在不断地发展，但已普遍有效且将继续改善。"②

斯皮伦科滕总结道，政策制定者和监督者们广泛地抱有这些乐观的设想，这些设想也被机构领导人不断重申，结果是它们影响到了"审查者和监督者实施日常监督职责时的看法、调查结果和结论"。③

一些机构并没有认真地进行风险管理。另一位前美联储银行监督负责人罗杰·科尔告诉联邦公民信息中心的工作人员：

> 行业内的关键人物把风险管理放在桌面上作为一种消遣。你会发现这些巴塞尔委员会的监督者确实是专注于讨论风险管理、良好的操作与公司治理等问题。这固然很好，然而，我们是在做产品业务，我们要销售，我们要赚钱——所有这些都与营销有关。④

实际上，过度依赖金融公司对风险的认识意味着监督者往往会错过危险的风险集中。监督者常依赖"被监督机构的内部管理信息系统（Internal Management Information System，IMIS）和模型的输出，而不是要求根据标准化管理报告提供的数据"。⑤ 它们通常是审查提交银行管理的报告并及时在那一点上关注它们。监督者很少做趋势分析，尤其是对那些由公司提供并以其格式呈现的外部数据。管理者很多次都屈从于一个模型所提供的虚假的准确

---

① Federal Reserve Bank of New York, "Report on Systemic Risk and Bank Supervision", Discussion Draft, August 18, 2009, p. 3.

② Richard Spillenkothen, "Notes on the performance of prudential supervision in the years preceding the financial crisis by a former director of banking supervision and regulation at the Federal Reserve Board (1991 to 2006)", May 31, 2010, p. 7.

③ Ibid.

④ Interview with Roger Cole, formerly Federal Reserve Board, August 2, 2010.

⑤ Federal Reserve Bank of New York, "Report on Systemic Risk and Bank Supervision", Discussion Draft, August 18, 2009, p. 5.

性,而不能够鉴别一项公司业务所固有的灾难性风险的性质。①

从某种程度上说,管理者多半是在损失已显现之后才发现风险管理的弱点,我们也不知道联邦监督是如何促进风险管理改善的。纽约联邦储备银行(the Federal Reserve Bank of New York,FRBNY)针对其监督的控股公司发布了年度审查报告。在2006年、2007年和2008年关于花旗集团的报告中,纽约联邦储备银行对花旗的整体风险管理给予了越来越多的负面评级,从2006年的"2"("令人满意的")下降到2007年的"3"("一般的"),而后下降到2008年的"4"("最低限度的")。纽约联邦储备银行给花旗的评级的下降模式可见表7-1。

2008年年初发布的2007年报告坦诚地承认了纽约联邦储备银行下调的评级是紧接着花旗集团损失的暴露而不是领先于其暴露。② 该公司报告了其2005年最高纪录的收益和2006年较好的利润,2007年公认的重大损失,以及在2008年收到的数十亿美元的联邦支持。由此看来,不仅是花旗集团的管理,还有监督机构都抵挡不住太多成功的诱惑,达特茅斯大学商学院的教授悉尼·芬克尔斯坦将其强调为一个潜在的失败预兆。

表7-1　对花旗集团的风险管理监督评级(2006~2008年)

	2006年 12月31日	2007年 12月31日	2008年 12月31日
整体风险管理评级	2(i. e. , "令人满意的")	3(i. e. , "一般的")	4(i. e. , "最低限度的")
部分评级:			
董事会及高级管理层监督	2	3	4
政策、程序和限制	2	3	4
风险监控和管理信息系统	2	3	3
内部控制	2	3	3

根据纽约联邦储备银行的计算,"对花旗集团公司监督活动与结果的摘要",于2008年4月15日转发,以及纽约联邦储备银行,"对花旗集团公司监督活动与结果的摘要",于2009年1月14日转发。

① See Federal Reserve Bank of New York,"Report on Systemic Risk and Bank Supervision", Discussion Draft, August 18,2009, p. 5.

② See Federal Reserve Bank of New York, "Summary of Supervisory Activity and Findings, Citigroup, Inc." ,transmitted April 15,2008.

正如政府问责办公室所总结的：

在金融危机的前几年里，一些管理者发现了大型复杂金融机构风险管理系统的弱点。管理者告诉我们，尽管他们发现了这些弱点，但他们并没有采取有力的行动——如改变他们的评估——直到危机发生，因为这些机构报告了稳固的金融状况且高级管理层已经向管理者提出了改变的计划。另外，管理者承认在很多情况下他们没有充分重视这些弱点的程度，直到金融危机出现而风险管理系统开始受到的一些事件检验。管理者还承认他们严重依赖于风险管理代表。①

纽约联邦储备银行的研究草案总结道："检验一个风险管理部门在帮助银行管理他们的风险时是否起作用是很难的。理论上，一个领域看上去可以是独立自主的且拥有通向银行高层管理人员的报告路线，但这些管理者或许不会听从风险管理领域……这种风险管理功能往往在银行内被边缘化。"②

回顾过去，高层监督者曾说他们可以并且有些时候也的确发现了主要缺陷。并且，关于被监督的公司正承担太多风险的领域，有许多简单的问题可以有已经解开的答案。美联储的罗杰·科尔解释道，审查者在审查公司时需要跟随金钱行动：

今后的监督者尤其需要实在地关注钱是从哪儿来的，他们是在哪赚的这些钱？而那是巨大利润的中心，他们不得不承担一些风险，因为竞争是激烈的。如果你不承担一些风险，你是赚不到大量美元的。所以，那些相伴大量美元收入来源而来的风险也是合情合理的。而这些公司需要支付巨大的管理费用；他们需要赚取巨大的利润。而问题是在如此激烈的竞争中他们是如何做那些的？③

① US Government Accountability Office, Orice M. Williams, *Financial Regulation: Review of Regulators' Oversight of Risk Management at a Limited Number of Large, Complex Financial Institutions*, testimony, GAO – 09 – 499T, March 18, 2009.

② Federal Reserve Bank of New York, "Report on Systemic Risk and Bank Supervision", Discussion Draft, August 18, 2009, p. 5.

③ Interview with Roger Cole, formerly Federal Reserve Board, August 2, 2010.

科尔还相信,那些简单的问题能够帮助减弱金融产品的缺陷,如债务抵押债券和其他抵押贷款证券:

> 存在一种知识的不对称,即有人愿意支付得比这些知识非常渊博的银行家更多,而投资银行家认为,他们只能在一个独立的贷款产品的基础上获利。而其后马上是一种危险的信号:这儿发生了什么,这些批(原文如此)产品的购买者与出售者谁有可能是对的?①

总之,遵纪调查的过程对监督者是否能及时发现风险会产生很大的影响,这点对公司董事会和管理层也同样适用。

九、对存在缺陷的盈利企业采取措施的难度

即使是当一个监督机构在一家大型复杂金融机构内发现缺陷时,说服管理层立即采取措施纠正这些缺陷也是很困难的。这在某些程度上与市场信用而非管理有关:

> 管理机构面临并经常分担这样的疑虑,即在控制公司风险上,管理机构可以推动的有效做法比市场所需求的还要多。经历了数年的利润新高,处于低水平并不断下降的价格波动,以及 2003 ~ 2007 年最小的损失后,监督机构面临着一场挑战银行对风险或其商业惯例偏好的艰苦战斗。②

罗杰·科尔报告了他的观点,即存在很多像这样的行业内抱怨,"哦,这是太多的资本",而且,"它对我们的打击是致命的"……而且,"董事会参与得太多——你总是在告诉董事会他们要做这个,要做那个或者甚至是要理解公司的风险状况。你是怎么能要求一个董事会成员去做那个的?我们要如何才能让任何人都为董事会服务?"

科尔总结道,"我有一种与生俱来的感觉……我们花费太多的时间试图

---

① Interview with Roger Cole, formerly Federal Reserve Board, August 2, 2010.

② Federal Reserve Bank of New York, "Report on Systemic Risk and Bank Supervision", Discussion Draft, August 18, 2009, p. 7.

研究该行业可以接受的待遇”。①

此外,正如美联储的塞巴斯·西迪基告诉联邦公民信息中心工作人员的,“让一个官员承担风险却不给予其报酬”,而且这种风险有可能会使他或她的“头衔因此丢掉”。② 一份2009年纽约联邦储备银行报告草案发现,监督人员往往害怕发声。它列出了对其员工进行采访的应答:

> 没有人觉得自己应当为金融危机的错误负责,因为管理是通过共识做出的。
>
> 成长于这种文化中你会知道小的错误是不能容忍的。
>
> 不想太远离管理者的思维。
>
> 你没有机会通过做出10个正确的政策决定来获得足以弥补一个错误决定的价值。
>
> 组织不鼓励创造性思维。
>
> 在你被打击几次之后,你就不想再“去那儿”了。
>
> 在我知道老板的想法之前我不想告诉你。
>
> 审查委员会的成员通过一个巨大的文件在战斗,而不是通过风险排序和犯错。人们是不愿意承担风险的,所以他们包括了一切。③

该报告指出,监督人员对他们监督的银行是恭敬的:“管理者也不愿意在审查结果中加以规定。除了不想在一个表面上已经成功的商业模式上强加自己的判断外,监督者还担心他们的建议可能是错的而要面临来自银行的持续批评。”④

货币监理署2001年1月的审查手册表明,货币监理署的审查人员将重点放在了银行风险管理的质量上而不是试图限制风险:

> 货币监理署认识到,银行义务是一种承担风险以营利的业务……大型银行承担着不同而且复杂的风险,而这保证了风险导向的监督方法。

---

① FCIC interview with Roger Cole, formerly Federal Reserve Board, August 2, 2010.

② FCIC interview with Sabeth Siddique, formerly Federal Reserve Board, October 25, 2010.

③ Federal Reserve Bank of New York, "Report on Systemic Risk and Bank Supervision", Discussion Draft, August 18, 2009, p. 6.

④ Ibid.

在这一方法下,审查人员并不试图限制风险承担,而是要确定银行是否识别、理解并控制了他们所承担的风险。①

这种态度导致了审查者试图使用非正式的劝说,而不是采取本可能从它监督的公司及其管理层和董事会获得更迅速反应的正式行动。在联邦公民信息中心对监督者的采访中出现了像"提醒"一样的词,而在对负责审查美国国际集团的储蓄机构监理局资深监督人员的采访中最为难忘。

因此,尽管华盛顿互助银行(WaMu)在2008年破产,储蓄机构监理局每年检查华盛顿互助银行并在2001~2007年给予了华盛顿互助银行很高的综合为"2"的评级。而且,在资产质量方面,储蓄机构监理局到2008年2月给了华盛顿互助银行"2"的评级。储蓄机构监理局的监督人员在对华盛顿互助银行破产的监察长调查中评论道:"尽管承销和风险管理方面的做法并没有达到令人满意的评级,但华盛顿互助银行正在盈利,贷款也正在进行。"②关于储蓄机构监理局对华盛顿互助银行监督的检察长最终报告发现,尽管储蓄机构监理局知道华盛顿互助银行的严重缺陷并"拥有迫使华盛顿互助银行纠正其不足的正式执法权力,储蓄机构监理局却从未采取这些措施"。③

十、职业监督人员和高层官员之间的信息缺口问题

在其他的缺点中,储蓄机构监理局还有一个存在于基层审查人员与该机构高层官员观点之间的文化不和谐问题。参议院常设调查小组委员会报告了储蓄机构监理局审查者的"纪律松弛"。正如华盛顿互助银行前首席风险官詹姆斯·瓦内萨所证实的那样:

我认为,我所参与的那一时期的储蓄机构监理局审查人员负责制……在发现与提出问题上发挥了出色的作用。同样地,我发现了良好的表现,而它来自……联邦存款保险公司审查人员负责制。他们于我就职的全部时间里都在那儿。

---

① Office of Comptroller of the Currency, *Comptroller's Handbook: Large Bank Supervision*, May 2001, p. 3.

② US Treasury and Federal Deposit Insurance Corporation, Offices of Inspector General, *Evaluation of Federal Regulatory Oversight of Washington Mutual Bank*, April 2010, p. 20.

③ Ibid., p. 29.

> 我不能解释为什么这些机构的监督人员没有对这些被给予负面结果等级的银行采取强硬的态度。我在储蓄机构监理局和货币监理署的经历是完全不同的。所以,那儿似乎存在着一种容忍或是一种对那些机构高级管理层的政治影响以致阻止了他们采取更为积极的态度。我所说的更为积极的态度,是指将银行置于协议书下并迫使它们改变。[①]

瓦内萨暗示说,储蓄机构监理局的高层相较于审查人员更倾向于宽容华盛顿互助银行,因为,储蓄机构监理局代表了储蓄行业资产的很大一部分,"所以我认为他们在公司的成功中有很强的共同利益"。[②] 储蓄机构监理局根据其应监督的机构之资产规模来收取费用以为其自身提供经费。储蓄机构监理局的高层官员未能参与同审查者之间的、具有建设性并相互尊重的对话,而这些审查者其实早已提出了许多关于华盛顿互助银行的警告。

组织形式上的问题也存在于美联储中。一些职业官员,如塞巴斯·西迪基,比一些联邦储备系统的高层官员更能理解即将到来的系统风险。西迪基于2005年对非传统抵押贷款的增长,承销标准的下降以及来自按揭贷款和既定收入贷款的越来越多的风险作了报告。[③] 其后,美联储的一位官员苏珊·比斯回忆道:

> 我不记得有人说过他们不相信这些放在一起的报告是不可信的。我的意思是我认为所有人都觉得它是可信的。但存在一些董事会成员和区域行长,他们想要得出一个不同的答案。所以他们忽略它或它的全部要旨……好吧,只有一些你知道的区域行长更多地想"让银行和自由市场的观点占上风"。[④]

由于政治水平的问题导致的监督者不能适当地考虑警告并不只是发生在

---

① James Vanasek, Testimony before the Senate Permanent Subcommittee on Investigations, hearing on "Wall Street and the Financial Crisis: The Role of High – Risk Home Loans", April 13, 2010, p. 39.

② Ibid., p. 40.

③ See Siddique's findings are reviewed in Financial Crisis Inquiry Commission, *Final Report of the Financial Crisis Inquiry Commission*, 2011, p. 20.

④ FCIC interview with Susan Bies, former Federal Reserve Governor, October 25, 2010.

美国。在西班牙,一个银行审查者的协会——西班牙银行督查协会于 2006 年 5 月 26 日给经济和住房部的高层官员写信,警告其国内的房地产泡沫以及如果它破裂(正如它其后所发生的那样)可能带来的影响,并且反对西班牙中央银行管理者“出于好意的乐观”。①

十一、没有考虑到更大金融组织或金融系统的失败

《格雷姆—里奇—比利雷法案》创造了一种分散的监督关系,它减弱了管理机构对金融机构的风险采取组织范围方法的能力。多名见证人告诉了联邦公民信息中心的工作人员关于《格雷姆—里奇—比利雷法案》创造的这样一种分散格局。货币监理署并没有关注对一家国家银行的外部威胁,这种威胁来自控股公司的其他方面,更不用说是被管理的银行系统之外的其他方面。《格雷姆—里奇—比利雷法案》甚至将国家银行的全资子公司置于货币监理署的管理之下,如经纪人/交易商和超出范围的注册顾问公司。尽管美联储有监督控股公司的职责,但它发现自己已经被联邦弱化的承诺所束缚。监督机构关注金融体系的特殊节点——个别银行和控股公司——往往忽略它们之间的联系。

关注于个别机构有多重后果。首先,监督机构一般考察一家银行或控股公司是否能够承受针对该个别机构的冲击。他们一般都没有看到在更大集团组织内部发生的问题之潜在影响。货币监理署详细叙述道,没有采取系统性的方法已经使许多国家银行产生了严重后果:“尽管国家银行并没有大量地参与发起次级贷款和支付期权产品……次级相关的风险通过由非银行控股公司附属机构分类和组构的债务抵押债券又回到了国家银行。未能发现并汇集产生于整个银行组织不同部分的类似风险这一问题是监督机构和公司必须解决的问题。”②或者,在监测流动性风险时,监督机构关注于影响单一机构的事

---

① Association of Inspectors of the Bank of Spain, letter to the Second Vice Chairman of the Government and Minister of the Economy & Finance, May 26, 2005.(“总的来说,关于西班牙银行系统内日益集聚的、由于西班牙银行行长 7 年任期内国内不动产市场异常发展而产生的风险,我们作为西班牙银行的审查者并不赞同行长的自满看法,我们认为自己也不完全赞同他关于西班牙不动产价格不能可持续地发展变化的原因,关于可以采用的、改变现状以使其可让人接受的方法,我们也不赞同。行长善意的乐观,远不能使我们满意,这让我们感到遗憾。”)

② Office of the Comptroller of the Currency, “PWG Working Group on Supervision, Questionnaire”, August 11, 2009, p. 12, available on the FCIC permanent website.

件而不能预见实际上发生的事情:市场范围的失败能够售出之前一直被认为是非常畅销的资产。如果这一冲击仅袭击了一家机构,他可能将其AAA等级的证券出售给其他公司;系统范围的冲击则涉及质疑整个金融系统的AAA级自有证券的信用质量,并导致它们若不以低价售出就会滞销。一名储蓄机构监理局的审查者罗纳德·马库斯告诉联邦信息中心的工作人员,“银行因为流动性的问题而衰亡”。① 正如第四章中所指出的,当市场陷入恐慌时,就会缺乏流动性以致使许多大型机构迅速破产。

十二、监督机构的本质作用

公司治理和风险管理方面的著作提出了很多改进主要金融公司管理的好方法。② 但如果一个机构事实上并没有改进,或者是表面上采用良好的公司治理和风险管理而实际上并非如此,这些著作就没有说明如何解决这一问题。唯一的答案似乎是从外部对它们施加管束改进了的公司治理和风险管理。这应该是《巴塞尔协议II》的理论,尽管大型复杂机构为降低资本标准而投资于风险管理系统,管理机构从来没有认为他们拥有授权,也从未发展足够的能力以有效地应对仍然持续存在于主要公司的糟糕的公司治理和风险管理。

政府的集体行动似乎已成为解决这类存在于危机之前,尤其是2005~2007年的过度竞争压力的唯一办法。花旗集团的首席执行官查尔斯·普林斯2007年6月26日在与当时的美国财政部部长亨利·鲍尔森共进晚餐时发表了对监督干预的看法。亨利·鲍尔森详细叙述道,普林斯曾询问有关杠杆贷款,“是否管理机构因考虑到竞争压力而在抑制某些更高风险的实践上没有起作用”,“你是否无法做些什么来要求我们不要去冒这些风险”?③

金融危机中成功的公司在很大程度上能够处理好自身问题。但正如普林斯所指出的,只有一个管理机构能够帮助设定一个行动上的层级并且阻止不太成功的公司从事具有风险的业务,这些业务已经在很多方面让我们的国家付出了太大的代价。一份纽约联邦储备银行的研究草案以具有洞察力的总结支持了普林斯的观点:

---

① FCIC interview with Ronald Marcus, Office of Thrift Supervision, July 23, 2010.

② See FCIC interview with Charles Prince, Citigroup, Transcript, March 17, 2010, pp. 126 - 27.

③ FCIC interview with Charles Prince, Citigroup, Transcript, March 17, 2010, pp. 126 - 27.

从危机中吸取的最基本的教训是，不能依赖银行去充分保护他们自己以应对系统风险。这动摇了管理的基础。结果是风险管理系统远比想象中脆弱得多。不仅是模式存在缺陷，而且风险管理者也未得到授权。他们表面上似乎是在做自己的工作，但事后的很多证据表明，他们没有权力挑战或阻止经济繁荣时期的交易。这些交易显然是非常有利可图的，而且在大多数情况下银行的业务方面由于风险的担忧不愿意放慢步伐。①

至于美联储和货币监理署的经验教训文件和委员会工作人员对所有联邦监督机构的许多监督人员的采访，可以确信的是，他们在金融危机爆发前的那段时间里对监督缺陷进行了直接的分析。管理者在这一坦白地承认上是值得信任的。结果，有效的监督和管理对设法保护金融系统以防止银行治理和风险管理的失败来说是必要的，尤其是在大型复杂金融机构，且如果可能的话在"影子银行"业。第九章旨在解决这一问题。

十三、监督的难题

我们必须承认组织和管理监督是存在困难的。第一个问题涉及斯坦顿定律，该规律是"风险将转移到政府用以处理它的配置最少的地方"。② 资本市场找到了很多监督者无法监控和应对重大风险的地方，包括"影子银行"系统：商业银行的结构化投资工具、货币市场基金、回购市场、商业票据项目、私人证券化通道以及债务抵押证券，它们除了评级机构难以预测的情形和房地产泡沫期间的市场繁荣外，几乎不受管理。大量次级抵押贷款，次优级抵押贷款、无本金抵押贷款和其他有害的抵押贷款进入到市场的这些领域。甚至是当"影子银行"组织成为银行控股公司的一部分时，管理者也没有感到自己有权审查它们，既因为在《格雷姆—里奇—比利雷法案》下他们的授权有限，又

---

① Federal Reserve Bank of New York, "Report on Systemic Risk and Supervision", Discussion Draft, August 18, 2009, p. 15.

② 这一动态第一次是由作者在参议院银行委员会听证会的证词中提出的，参见 *The Safety and Soundness of Government Sponsored Enterprises*, October 31, 1989, p. 41，它指出，储蓄和危机贷款之后，资本要求的日益严格和政府对储蓄机构日益增强的监督会驱使数十亿美元的抵押贷款从储蓄与贷款协会的投资组合中流向房利美和房地美，由于它们的资本标准较低，政府对其监管也比较弱。

因为资源的束缚。

产生于被监督储蓄机构系统外的系统性风险问题并不是一个新的问题了。大萧条期间，当时的参议院银行与货币委员会于1931年1月20日听取了纽约联邦储备银行行长乔治·哈里森的证词。哈里森在其证词中指出了激起1928年和1929年过度股票市场投机的贷款。哈里森说，美联储试图通过提高对股票经纪人和交易商贷款的利率来抑制投机。然而，美联储的行动仅影响了其所管理的机构；借贷人在他所谓的处于美联储管理范围外的“盗版银行系统”内，仅是随着美联储提高银行贷款成本的行动增加了他们的借贷：

> 曾经有段时间，经纪人和交易商所借贷的总交易额的半数以上都是以那种方式增加的。那是一笔完全处于银行系统控制以外的钱；那是一笔由对货币市场和银行系统都没有责任的借贷人所贷出的钱；那是一笔他们无须承担维持任何性质的储备责任而贷出的钱。①

另一种关于对不同类型组织进行不同管理的担忧在过去的几年里也变得越来越强烈。和全国金融公司相似的是，受到管理的控股公司能够简单地转移到储蓄机构监理局的管理下，因为在那里的监督被认为是更有利的。这引起了管理选择以及这一现象给管理机构带来压力的问题。尽管是当问题在抵押贷款行业变得更加明显之后，前美联储理事苏珊·比斯依旧记得美联储内曾经存在的担忧：

> 基于我回顾它们时所看到的数据，我认为它是——而且这是离我的记忆不远的；我可以远离——但我想要说的是有2/3的以更为令人头疼的形式存在的抵押贷款一直由非商业银行放贷机构发起。目前，他们中的一部分是银行控股公司的子公司。而且存在一些真正的担忧，即如果美联储加大对银行控股公司的非银行子公司的抑制，那是否会在银行控股公司抵押贷款放贷机构和不受美联储管理的独立抵押贷款放贷机构之

---

① George L. Harrison, Governor of the Federal Reserve Bank of New York, Testimony before the Senate Committee on Banking and Currency, hearing on "Operation of the National and Federal Reserve Banking Systems", January 20, 1931, p. 66.

间产生一个不平等的竞争领域。①

这一动态甚至持续到了金融危机以后。例如,巴塞尔银行监督委员会正在寻求应对流动性风险的国际监督框架。正如摩根大通的财务主管于2011年所阐述的,可能限制这些措施的程度的担忧之一就是害怕繁重的要求可能“引导传统银行活动远离受到管理的金融机构,进入受到管理较少的市场领域”。② 换言之,对从受管理的金融领域向不受管理或管理并不完善的“影子银行”领域进行功能转移的担忧,阻碍了监督机构和管理机构提出他们原本会提出的那种或那一程度的预防措施。在这一程度上,这是否更加明智,似乎取决于特定管理目的的利益与负担之间的平衡。艾伦·格林斯潘并不是完全错误的:在制定不受限制的管理方法时,忽略给金融机构的效率、效益和改革创新所带来的负担会是一种错误的做法。第九章会重新审视这一问题。

另一担忧是金融公司可能将其公司住所地变更为拥有更加温和监督框架的国家。英国的贵族阿戴尔·特纳坚信这一担忧是没有必要的:

> 我认为,很多监管实践告诉我们的这些担忧毫无意义。因为,监管者们会说那些不属于他们的监管范围。这是监管者们的游戏。当然,很多被监管事项都与税收有关,监管者们对实际业态的回应是,“对此类业务的监管不是我的工作”,对,“这是财政部的工作”。是这样吗?众所周知,这些关于人们是否是因税收的原因而从伦敦搬到瑞士的问题,是由财政大臣来解决的。这并不是一个监管问题。
>
> 在监管方面,我非常自信——瑞士国家银行在资本上将和我们一样艰难,而为了资本转移到瑞士将会变得毫无意义,顺便说一下,转移到新加坡或者——其他新兴市场也是毫无意义的,直言不讳地说,他们比发达国家的资本要求更严格。所以,如果银行告诉你它们将因为我们的资本要求而转移至新加坡或中国香港特区,那是荒谬的,而且绝对是荒谬的。③

---

① FCIC interview with former Governor Susan Bies, October 11, 2010.

② Bonocore, Joe, Corporate Treasurer, JPMorgan Chase & Co., Comments at the 47th Conference on Bank Structure and Competition, Federal Reserve Bank of Chicago, May 6, 2011, slide No. 2.

③ FCIC interview with Lord Adair Turner, Financial Services Authority (UK), November 30, 2010.

即便如此,有关特定交易或贸易者补偿规则之间的差异很可能会鼓励部分业务转移到其他管辖范围。[①] 换言之,管理和监督的过程似乎——几乎是不可避免地——驱使交易从受管理的机构转移至那些所受管理并不完善的机构。正如第九章所讨论的,这似乎是一种持续的动态,它需要美联储或另一联邦机构增强其权力以监控产生于受管理并不完善的领域内的风险,并且在必要时想方设法保护受管理的机构,使他们在获得系统性重要规模时免受那些风险的影响。

十四、规则与自由裁量权

法律文献中充满了关于个案基础之上规则与自由裁量权运用的讨论。[②] 选用形式清晰的适用规则与自由裁量权,以及希望在个案基础上调整原则适用的愿望是政府监管私人金融公司的核心。

在金融方面,实际问题往往决定了这一选择。一方面,受到管理的公司可能更青睐法规以更多地确定它们在什么条件下可以做什么或不可以做什么。或许在寻求基本要求时最为积极的就是这两家政府支持型企业——房利美和房地美。因此,就在公司破产的 3 个月前,房利美的首席执行官丹尼尔·马德要求资本标准应主要由法律来规定,正如《美国银行家》所报道的:

> 马德先生要求立法者尽可能将他们给予新的管理机构(现在是美国联邦住房金融局)的权利具体化,包括其执行资本要求的能力。他说,"权利在立法上阐述得越具体越好"。"整个抵押贷款市场是建立在我们持有的资本的基础上的"。[③]

2008 年的《住房和经济恢复法案》于当年 7 月 30 日被签署成为法律,它便反映了这一立场。它要求美国联邦住房金融局这一新的住房管理机构制定 25 ~ 30 条规则以实现该法案的关键条款,包括资本要求方面的任何增加。政府支持型企业寻求主要对其有利的立法语言之确定性,因为得以法定的条款

① See Braithwaite, Tom, Brooke Masters and Jeremy Grant, "Financial Regulation: A Shield Asunder", *Financial Times*, May 19, 2011.

② See The classic work by Kenneth Culp Davis, *Discretionary Justice: A Preliminary Inquiry*, Champaign: University of Illinois Press, 1969.

③ Sloan, Steven, "Fannie CEO Details Issues with GSE Bill", *American Banker*, June 5, 2008.

要远远优于一个过程中难以预测的情形，而在那样的情形中管理机构可能拥有更大的自由裁量权。

另一方面，有了自由裁量权的存在，监督机构就需要面对压力——例如，一家大型复杂金融机构可以申请——宽大处理。这种压力可能来源于对司法管辖权的考虑，例如，当全国金融公司这样的大型金融机构已经决定更换它们的监督机构时，或是它们有望成功地以从联邦特许转为州特许作为威胁，或以向海外转移业务为威胁，或以其他方法转移至另一监督机构管辖之下作为威胁时，一家管理机构就会害怕失去对这些大型金融机构的权力。

大型复杂金融公司也可以直接对应行使自由裁量权的审查者施加影响，或对其他高于审查者而能够控制审查者的机构施加影响。影响可以有很多种形式，一个是第四章中讨论到的威廉·布伊特的"认知管理俘获"，在这种形式中，审查者通过帮助公司解决问题，陷入其所管理之公司的世界观，这种类型的认知捕获反映了审查者的角色的模糊性。一方面，审查者应该告知监管机构该如何改进；另一方面，审查者应该发现不足并指导机构采取纠正措施。这与同样在第四章中讨论过的董事会角色的复杂性相类似。对于审查者和董事会，发挥咨询作用要远比试图成为审查者和反面力量轻松得多。

对于审查者（和董事会）来说，问题的复杂性在于信息不对称；管理层只是知道得比审查者或董事会多罢了。在一个快速发展的领域更是如此，就如同复杂的创新持续发挥作用时的金融服务领域。

许多年前，就在储蓄和贷款崩溃以及新英格兰金融危机之后，詹姆斯·皮尔斯写了一本名为《美国银行业的未来》的书。他同样研究了监督程序：

> 审问银行家的政府监督人员每年赚取大约 6 万美元；他们审问的人往往可以创造出 10 ~ 20 倍的财富，而且他们在外开展业务的办公机构使管理者的处所看上去更像一个流浪者者的收容所。监管机构如何预言这些跨国公司的管理……？他们能否够评估"一个特定"贷款与整个贷款组合的适应程度……或者它是如何增加或减少整个银行组织的风险的？他们是如何评估银行的证券交易风险，或是其资产负债表外活动的繁杂数据……？对冲策略又是怎么样的……？答案很明显：管理机构不能替代银行管理者的判断。[①]

① Pierce, James L. *The Future of American Banking*, Yale University Press, 1991, pp. 99 – 100.

除了在补偿、办公基础设施和用于理解金融复杂性的培训这些方面的差距在此期间急剧扩大外，金融危机表现出了相似的动态。正如公民信息委员会在多次采访中了解到的，审查者更喜欢标示明显的违法行为而不是像董事会是否充分参与了重大的决策，抑或首席风险官是否在被监督的公司中有足够的影响力这样一类更加细微的问题，这就不足为奇了。一位高层监督者指出了大型复杂金融机构的损失是如何产生的，而且，他又将它们追溯到了错误的决策和糟糕的公司治理方法。当然，一旦亏损出现，再采取措施以避免对机构产生严重损害可能为时已晚，尤其是发生于金融危机的情况下。不仅是私营企业，金融监督机构在有效处理公司治理和风险管理问题上也表现得无能为力。

第八章 海曼·明斯基:它会再次发生吗?

经历过一次经济过度膨胀,新的金融工具和融资活动的新方式也有所发展。通常情况下,当经济衰退到来时,新方法和新制度的缺陷也会随之显露。

——海曼·明斯基(Hyman Minslcy)

潜在的金融泡沫及其破裂是由一个名不见经传的经济学家海曼·明斯基在几十年前就曾预言过的一种动态。在研究了如大萧条等危机后,他指出,金融繁荣和萧条的周期是金融市场的一个正常结果。理解这些周期有助于在这个背景下实施公司治理和风险管理。金融危机的后果使贷方和借方都开始变得小心翼翼。在这一点上,公司治理和风险管理无论是什么质量,都不太可能导致超贷和系统性风险。问题的产生很大程度上是因为影响的减弱,经济已经进入一个繁荣时期,杠杆作用增强,并且贷款标准更加宽松。这在良好的管理和强有力的风险管理中尤为关键。管理不善的公司在经济发展势头强劲的时期可能会失败,但发生系统性风险的可能性会变小。关键是在经济发展好的时期要管理好公司,那么,这些公司就能在经济环境改变时存活下来。

对于明斯基而言,有三种类型的贷款:(1)建立在借款人偿债能力基础上的贷款;(2)建立在资产的预期现金流基础上的贷款,这些现金流足以及时支付利息但不足以支付本金;(3)以抵押品价值的未来上涨空间为基础的贷款。因为经济的繁荣兴旺,银行和其他贷款人将承担更大的杠杆作为一种方式,以此来增加他们对股东的回报,以及增加他们对值得奖励的经理所给予的股票期权。

由于资产价值增加,例如,作为固定抵押贷款的房屋价值增加,贷款人开始放宽他们的放贷标准。他们从以往根据借款人的偿债能力放贷,甚至是根据偿还利息的能力放贷,到放宽为根据相关资产的价值放贷。换言之,由于上次金融危机正逐渐被遗忘,贷款人开始相信能够将钱贷给那些被传统标准评价为没有信誉度的借款人。贷款人能够简单地把资产出售并且从增加的资产价值中收回其投资。就住房抵押和住房抵押贷款证券而言,贷款人用声称是展示这种贷款安全性的计量经济学模型来掩饰他们正逐步放宽的贷款标准。只要房价一直在上升,就说明贷款的安全性没有问题。第二章中的图 2 – 7 就说明了房价泡沫情况。

但是,资产价值的增长最终会停止。借款人拖欠的贷款也不断增加。由于借款人从出售资产中得到的低于其贷款价值,所以拖欠导致了强制拍卖,这也促使了资产价值进一步跌落,而且这个周期正螺旋式地快速缩短。资产价值的不断下跌迫使拖欠的贷款不断增加,并且高度杠杆的贷款人开始失败,因为他们获得的担保物之价值低于其贷款价值。他们为了能保持住其商业地位,不得不去出售质量更好的资产,且这种出售进一步降低了资产价值。强迫拍卖中减价出售的价格达到顶点时就成为著名的"明斯基时刻(资产价值崩溃的时刻)"。资产价值螺旋式地快速下跌,与其之前繁荣时期螺旋式地快速上升相似,都是在持续地固化其自身。正是这种螺旋式地下跌,联邦储备系统和财政部在危机中试图用它们的多种干预措施来阻止价值下跌。

明斯基模型揭露了这一似是而非的观点,构成了近代金融危机的基础。从金融系统的角度,各种干预措施间存在张力以阻止危机的爆发和明斯基时刻的到来,严格来说是由于在先的干预措施预先阻止了金融危机,市场在金融系统稳定性上获得了巨大的信心并且创造了随之而来是灾难性经济崩溃的巨大信贷泡沫。早在 20 世纪 80 年代早期,一些重要的银行陷入不良石油贷款泥淖,美国政府遂介入那些即将破产的银行,以避免其关张停业。在 20 世纪 80 年代后期,美国政府在没有对经济造成较大影响的情况下就解决了储蓄和贷款的崩溃以及众多银行的破产问题。而且,在 20 世纪 90 年代,联邦储备系统为失败的对冲基金长期资本管理公司安排了清算,同样也没有影响到大经济环境。难怪那些监管者和金融公司同样相信以他们的力量能够控制住最坏的金融过激行为。

了解明斯基周期有助于了解为什么系统性风险很难抑制。正如发生在1989年和1998年的那样,政府为预先阻止金融危机发生而采取的干预措施能够在金融系统稳定性方面给市场信心,并促进产生一个随之而来是经济崩溃的巨大泡沫。尤其是经过近期的金融危机后,这是非常正确的,考虑到财政部和美联储为破产的金融机构提供大量的纳税人支持,如美国国际集团、美国银行、花旗集团、房利美、房地美,甚至是给破产的汽车公司提供帮助。

这些预防措施,不仅在当时有助于缓和金融危机的影响,而且产生了重大的决策收益。其中最为重要的结果是,这些挽救措施保护了债券持有人免受损失。债券持有人的监管传统意义上是市场纪律的重要源泉。由于企业的风险预测有所增加,故债券持有人要求更高的偿还利率并且也会缩短他们想要持有的公司证券之到期时间。在一些情况下,一个债务持有人将会要求企业提供担保物或其他保护以抵御拖欠,而且,最终债务持有人或许会决定以后他们在任何情况下都不会简单地给企业投资。

只有某一个公司陷入困境还好,当许多重要的公司都同时产生问题,债务持有人都同时开始从众多企业中撤资时,这一问题也就变得日益严重。它发生在金融危机的大恐慌阶段。之后,抛弃了自由市场准则(关于雷曼兄弟破产的除外)的财政部和美联储必须彻底阻止恐慌更深入地蔓延到金融系统中。

这并不是第一次政府帮助保护那些破产机构。在大萧条中,政府启用了一个政府机构即重建金融公司(Reconstruction Finance Corporation,RFC),从而提供优先股以支撑其他破产机构的资产负债表。问题资产救助计划重复地发挥作用,库藏股票不断进入房利美、房地美,政府调查了那些在1933年“银行假日”后重新开业的机构并且宣布它们有资格运营。① 嗣后,正如RFC董事会的主席杰西·琼斯(Jesse Jones)写道:“在众多真实的案例中,在那些疯狂的日日夜夜,决定一个银行是否真的完好无损是非常困难的。大量不健全

① See Olson, James S., *Saving Capitalism: The Reconstruction Finance Corporation and the New Deal*, 1933 - 1940, Princeton: Princeton University Press, 1988, chapter 2, “The Emergency Banking Act of 1933”.

的银行被允许重新恢复经营。”[①]

20 世纪 80 年代，政府也不允许减低违约或不良贷款的账面价值，以避免货币中心银行（译者注：货币中心银行是指那些地处经济中心的大银行，其收益主要来自其与银行、政府、大企业之间的交易）因大规模主权贷款损失而破产。在过去的 10 年中，政府从产油国回收了大量石油美元投资资金，以支持其主权贷款。前联邦存款保险公司主席威廉·塞德曼（William Seidman）后来写道，监管宽容是必要的，因为美国 7/10 或 8/10 的大银行在 1982 年都曾被认为是破产，这已经足以引起一场危机了。[②] 只有在 1987 年后，也就是是危机爆发 5 年后，银行才开始接受那些问题资产的大规模资产减值。正如威廉·塞德曼总结的那样：

> 就拉丁美洲的贷款而言，给予这些贷款银行宽限期，以便它们能够与债务人达成新的协议，与此同时再筹得足够的资本，那么拉丁美洲贷款所遭受的损失就不会是致命的。与医学和其他治愈艺术相似，银行监管是一门艺术，而并非只是一门技术。[③]

联邦存款保险公司的评论也做出了类似结论，后来延期被证明是成功的，银行最终能够增加其损失准备金且对产品负责，而且没有货币中心银行失败过。[④] 当官方采取权威的干预措施以保护主要银行免受他们严重错误的影响时，海曼·明斯基期望这种逻辑效应和二阶效应能够发生。

许多年前，中央银行的创始人沃尔特·白芝浩（Walter Bagehot）就清楚表达过在金融危机中中央银行应该做些什么的准则。在他的《伦巴底街》一书中（该书是以英国银行所在的街道命名的），沃尔特·白芝浩曾试图把流动性危机中流动性不佳（也就是净值为正）但不能满足借款人到期偿付的公司和

---

① Jones, Jesse H., *Fifty Billion Dollars: My Thirteen Years with the RFC* (1932 – 1945), New York: MacMillan, 1951, p. 21.

② See Federal Deposit Insurance Corporation, *History of the Eighties — Lessons for the Future*, Volume 1, chapter 2, “The LDC Debt Crisis”, p. 207.

③ Quoted ibid., p. 208.

④ Ibid., p. 210.

那些破产的(也就是负净值)的公司区别开来。[①] 他提出一项规则,该规则是为中央银行贷款给虽有偿债能力但流动性不佳的银行而规定的,从而帮助它们满足对现金的短期需求。中央银行应该在存在良好担保物的基础上以一个非常高的利息率贷款,那么,公司就不会经常以那种方法借款。[②] 相比之下,破产的银行将会关闭。由于处于破产之中,故债权人就会简单地把公司资产拍卖并收回他们所能得到的收益。因为,投资者看到他们可能会在破产中损失金钱,所以他们在向事先没有做过充分调查的金融公司投资时就会谨慎考虑更多因素。

这一次,政策制定者们对将金融体系从灾难中解救出来倍感压力,即使这意味着帮助破产银行的债务持有人摆脱困境。一位叫杰西·琼斯的财政部官员后来回忆说:"我知道我们正在与破产公司交易,但我们不知道它们哪一个才是。"由于美联储和财政部都力求能避免另一场大萧条,因此其没有时间去担心二级影响,例如,如果债务持有人看见那些大型金融公司综合体确实规模太大以至于不太可能失败,而且他们也期望政府能在公司陷入困境时保护债务持有人,他们就会变得愈加自满。

布什总统解释了实施行动的压力:

> 我当时在罗斯福厅,即1个月中的每一周后,他们都会在这里呼喊、诉说,我们要为美国国际集团做这个,或者是要为房利美和房地美集团做那个。主席伯南克(Bernanke)和部长保尔森(Paulson)进来并且说道,金融市场已经完全被冻结了,如果我们不做些事情,可以想象得到,我们将会看到一场比大萧条更加严重的衰退。因此我分析了这一情况,并决定在比大萧条更严重的萧条期中或是该萧条期的开始阶段不要成为总统。所以我离开了,而且是沉重地离开了。[③]

结果就是去预防灾难,但也伴随着对市场纪律的影响。根据前货币流通检察官尤金·路德维希(Eugene Ludwig)所说:

---

① See Walter Bagehot, *Lombard Street: A Description of the Money Market*, London: Henry S. King and Company, 1873.

② Ibid., p. 197.

③ American Enterprise Institute, "A Conversation with President Bush", Transcript, December 18, 2008.

对政府鼓励的利用通过流动资金席卷了整个市场,紧急救助和安全保障网也延伸到了这一时期的危机中,这是十分必要的但却非常昂贵。除了比较容易预见的短期和中期费用外,他们还有重大的长期费用,其中包括道德风险的形成。我很害怕我们在过去周期里所做的一切将会使收益私有化和风险社会化。这为将来减少风险规避行为打下了框架基础。①

换言之,缺少政策制定者的惩罚性措施,下一次市场约束很可能会比这一次更加薄弱。如果市场不能提供必要的纪律,那么,之后纪律的非正统来源就可能会变成政府监管和官方规则。然而,正如我们在第七章中所见,银行监管的分散天性使监管者采取必要措施变得困难,即使他们及时地发现了问题。正如尤金·路德维希声明的那样:

在我的国家,哪里有对监管机制的不和谐声音,严格的联合监管就必然会发生。无论在美国是否应该有一个统一的监管体或者是别处还存在争议的问题……从公平和效率的角度来说,拥有一个监管者十分合理,但大型官僚机构本身面临许多挑战。②

参议员克里斯·塔德(Chris Dodd)试图通过巩固四个联邦银行的监管力量,以及把茁壮成长中的监管体[美国财政部货币监理署、储蓄机构监理局(OTS)、联邦存款保险公司和美联储]发展成一个统一、安全、稳固的监管体,从而更加完善监管机制。这个建议马上就被《纽约时报》称为“行业反对的密集区”。③ 当参议员克里斯·塔德把他的法案带到议员席时,集中监管的特色已经由91:8的议员投票而宣告失败了。社区银行、国家特许银行、美国联邦储备银行甚至都等不到投票就纷纷施压反对集中监管的主意。参议员克里斯·塔德开始修正其法案以适应小银行的需求,虽然它依然是将银行排除在一致的监管体制定之外。参议员克里斯·塔德指出,议员投票反对联合的一

① Eugene A. Ludwig, William Taylor Memorial Lecture, International Conference of Banking Supervisors, Brussels, September 25, 2008.

② Ibid.

③ Stephen Labaton, “Leading Senator Pushes New Plan to Oversee Banks”, *New York Times*, September 20, 2009.

个结果就是,会促使那些大的国家银行脱离美国财政部货币监理署的监管,以寻求不是如此昂贵、不是如此麻烦的州监管:

> 因为美国财政部货币监理署依赖来自其管理银行的评估,从而为其运转提供资金,所以,该机构会不遗余力地去阻止银行转变为州宪章。我们可以看到,当存款机构利用银行监管系统的弱点时和当机构为维持自己对公司的控制而妥协其监管公正时会发生什么。如果这种情况出现了,我们会通过另外一种方式走到尽头,就好像竞争和监管套利导致金融危机那样。①

尽管最终的《多德—弗兰克法案》(Dodd—Frank Act)在一些问题的解决上有所进步(如将储蓄机构监理局归入美国财政部货币监理署),但是金融机构监督和管理的分裂仍然存在。联邦组织负有监管系统性风险的责任,金融稳定监督委员会包括不同的银行监管机构和其他有着多样化章程且对系统性问题缺乏普遍关注的机构。在一个积极但受限制的发展中,《多德—弗兰克法案》强调授权财政部以监督控股公司的附属非银行机构。但是参议员克里斯·塔德对于阻止银行参与制定其监管体的设想并没有包含在他的最终立法中。事实上,许多观察人士认为,《多德—弗兰克法案》的实施简直就是“死里逃生”。

当然,这种危险是当存在缺陷的组织构造和激励体系未能得到有效约束时,官方的市场纪律和市场缺陷都不足以抑制其所宣泄出的强大势力。这对于债权人有清楚的证据表明政府会保护他们不受损失的大型系统性重要机构来说是真实的,同样,对于许多专注于商业地产和其他种类拥有难以识别的风险和本质上存在周期性贷款的小型机构来说也是正确的。

其他动因也值得思考。正如第二章中所看到的,高额杠杆、过度借贷以及重大的资产泡沫都在2008年金融危机前出现。在卡门·莱茵哈特(Carmen Reinhart)和肯尼斯·罗格夫(Kenneth Rogoff)的《这个时代是不同的:八个世纪的金融讽刺剧》一书中,研究了金融危机爆发的常见条件:

> 如果大范围的危机存在一个普遍的主题,那么,它就是过度的债务堆

---

① Congressional *Record*, May 12, 2010, p. S 3573 (daily edition).

积，无论是由政府、银行、公司还是消费者造成的，在快速发展阶段，总是会比它表面看上去产生更严重的系统性风险。私人领域的借贷狂欢会促进房价和股票价格快速上涨而远远超过了其长期可持续的水平，并且使银行看起来比它在真实情况下更有利可图和更稳定。债务驱动的繁荣都会频繁提供政府政策、金融机构资格的虚伪证明，以赚取巨额利润或提高一个国家的生活水准。大多数的这种繁荣都会凄惨地结束。①

他们强调，伴随着经济泡沫或经济增长而产生的问题使他们萌生了自满心理。政府因良好的自我节制而获得好评，金融机构比最终实现可持续发展看起来更加有利可图，而且监管者（以及其他捍卫者，如评估机构、会计公司）也开始相信"略微的调整"要比限制约束更加有利于削弱快速成长中的繁荣。

自满情绪也会在金融公司滋生。风险管理者已经失去了影响力，因为公司们年复一年地获得超预期的收益。只要 CEO 能最低限度地胜任，公司无论其董事是警惕的或有帮助的或没有帮助的，都能持续不断地获得收益。不良贷款的损失开始变小，这种增长看上去能托起所有的贷款。

一个特殊的问题关系到杠杆作用。在繁荣时期，损失快速减少，而且，杠杆作为一种能提高收益却又不需要承担可察觉到的更多责任之方式，开始变得愈加有吸引力。金融危机发生前，许多最重要的创新帮助了公司增加其杠杆作用。一个典型的例子就是美国国际集团和它对信用违约互换的使用。该公司发行了诸多不受 AIG 资本要求控制的价值数十亿美元的金融保证，以帮助其他机构减少其需求资金。据称，在 2007 年 12 月 31 日 AIGFP 超高信用违约互换资产组合的 5270 亿美元名义敞口中有 3790 亿美元被书写来促使对主要在欧洲的金融机构监管资本放松。②

资本套利也是处在其他创新方式的底层，如结构性投资工具和通道，它将资产和负债从花旗集团和其他公司的资产负债表中移出，并且，因此减少了这些公司所需要保持住的资本。花旗集团构建了表外通道来提供流动性注入，这就给它的声誉价值增加了合同性义务，因为，它要保证所担保的资产证券化

---

① Carmen M. Reinhart, Kenneth S. Rogoff, *This Time is Different: Eight Centuries of Financial Folly*, 2009, p. xxv.

② See American International Group, Form 10 - K, Annual Report for the Fiscal Year Ended December 31, 2007, p. 33.

工具不会违约并损坏母公司客户的利益。一旦这些结构性投资工具和通道开始失败,花旗集团和其他公司则需要把它们放回资产负债表中——恰好是在错误的时期。然后,当公司正在遭受损失并且不能在其资产负债表中提供充足的私人资本来掩盖这种下跌时,花旗集团需要再次在错误的时期维持住其资本以支撑那些资产。

对于监管机构能否制定出不受资产负债表套利影响的资本规则,这并不是非常清楚。如果债权抵押证券变得滞销而不是不能执行,正如在第五章讨论的,花旗集团关于流动资金的卖出选择权和美国国际集团制定的要求公司提供担保物的不良信用违约互换合约就是晦涩难懂的技术契约性规定,受到影响的公司很少能真正理解。对于下一代的金融新事物会带来什么以帮助公司避免受到下一代资本要求的影响,这尚未被完全知晓。

经济泡沫同样也影响到了金融公司和其监管者之间的关系。若干年前,在波士顿的联邦储备银行有一个高级监管者。他发现新英格兰的银行正在接受逐渐增加的商业不动产贷款担保。当银行提供一项商业不动产贷款时,它将会登记一笔可观的费用,并且开始收利息费用。监管者清楚这可能成为一个或者数个银行可赢利的经营项目。然而,他意识到,这不足以支撑大量的银行都在同一小区域内接受商业不动产项目。更糟糕的是,他发现由于每一个成功的项目都会造成下一个项目土地价格的上升,因此项目的评估价格不断上涨。他认为,这种趋势是无法长久持续的,并且试图利用他的监管权力以阻止银行进入这个经济泡沫和承担更大的风险。

这些银行向波士顿联邦储备银行主席抱怨说,它们的损益报表和资产负债表记录了前所未有的收益。那为什么固执的官僚主义要对此加以阻碍呢?联邦储备银行的做法是:监管者失去了副总统和监管负责人的职位,变成了副主席和顾问。在短时间内,新英格兰的商业资产泡沫破裂,并且前监管者看到新英格兰的大量银行,包括新英格兰银行,都因为过去可赢利的商业不动产贷款所造成的间歇性损失而失败了。正如联邦存款保险公司后来报道的那样:

> 东北部银行问题的出现,很大程度上是因为他们在20世纪80年代繁荣的不动产市场上变成了激进的参与者。1983~1989年不动产贷款与资产的比例的中位数从大约25%上升到51%。对中央商业房地产贷款关注度的增加被广泛认为是20世纪80年代晚期和20世纪90年代早

期资产质量问题和许多地区银行最终失败的一个基本原因。①

笔者刚好是在前监管者退休前与其交谈过。他仍然对他被阻拦去制止这场灾难的方式感到痛苦。管理公司的政治影响和泡沫心理的结合打败了他，并且最终也打败了这些公司。

一个经济泡沫甚至允许那些管理不善的公司获得慷慨的报酬，所以，其他捍卫者的地位也就有所削弱。董事会发现他们并没有什么理由来质疑高额利润。比如，2005年美国国际集团金融产品部即击垮美国国际集团的部门，正在产生该公司总利润的17.5%，它的利润率是那一年收入的83%。②

一方面，如第七章中罗杰·科尔（Roger Cole）的观点所说，一个人应该追随金钱，一个人要期望某个风险管理办公室或委员会成员或评估机构或会计公司去询问这些公司（或是该案例中的美国国际集团的金融产品部）是怎样赚钱的；另一方面，谁想要对赚钱的事物吹毛求疵？

在行为金融学上有很大的篇幅描述监管者保持公正和决断变得十分困难。例如，马克斯·巴泽曼（Max Bazerman）和其合著者在出版的一篇论文中主张审计员独立的不可能性。③ 他们组织进行了研究，并且指出研究对象是如何采用一个较为清晰的模式来优先决定他们的自身利益，而且之后就只试图决定需要他们加以判断的问题：

> 当面对相同的信息时，同一情况下个人的观点会因每个人在该情况中地位的不同而大有不同。人们根据自我利益会首先决定他们对某一特定结果的偏爱，然后通过改变影响公平之属性的重要性，从而在公平的基础上对这种偏爱作出解释。因此，这个问题不在于我们对不公平的渴望，而是在我们没有能力以一种不偏不倚的方式来理解信息。自我服务偏见的存在是因为人类是不完美的信息处理机。对数据处理最重要、客观的影响之一是自我利益。人们倾向于把什么是对私人有利的和什么是公平

---

① Federal Deposit Insurance Corporation, *History of the Eighties: Lessons for the Future*, Volume I, chapter 10, "Banking Problems in the Northeast", Washington D. C., 1997, p. 338.

② See Gretchen Morgenson, "The Reckoning: Behind Insurer's Crisis, Blind Eye to a Web of Risk", *New York Times*, September 27, 2008.

③ See Max H. Bazerman, Kimberly P. Morgan, and George F. Loewenstein, "The Impossibility of Auditor Independence", *Sloan Management Review*, Summer 1997, Vol. 38, No. 4, pp. 89–94.

或道德相混淆。①

他们总结出的结果是审计员对客户的依赖性顶多是使捍卫者的地位变得困难:除了经济动因或许会影响一个审计员支持那些付费客户的判断外,审计公司努力与客户发展的关系也可能会给审计员做出真正独立的判断增加心理上的困扰。②

对这种行为的研究与劳伦斯·怀特(Lawrence White)的分析相一致,即与评估机构对公司和政府债务的评估相比,对为什么每当涉及抵押证券时,评估机构的行为就会变得很糟。和其他很多人一样,劳伦斯·怀特以指明这种体系的发展为开始,即有发行商为评估付款而不是投资商的体系。然后,他研究得出,由于为公司和政府债务服务的市场都十分透明清晰,并且被大量的发行商所占据,如果一个特定的债券发行人,即代表市场上小部分的发行商,试图在别处开展经营,这使评估机构维持其声誉的长期利益超过了对评估机构底线的损害。

当评估机构面对日益增长的资产支持证券市场,特别是抵押贷款支持证券时,这种平衡就被改变了。第一,这些证券相较于公司或政府债权而言非常不明晰。第二,专门负责复审证券结构众多细节的评估机构评估一个资本支持证券比评估任何特定的公司或政府债权会获得更多的金融利润。第三,可能是最重要的,只有一小部分公司控制了整个资本支持证券市场:

> 评估抵押相关的证券市场由于证券化伴随着高额的成交量,而仅牵涉了少量投资银行。一个对机构在任何具体证券的评估上均不满的投资银行比任何私人公司或政府债权发行商有着更强劲的威胁,即将所有它的证券化经营都转移到一个不同的评估机构。③

守门人声誉方面的长期利益与基于收入来源的利益之间的平衡关系可能

---

① See Max H. Bazerman, Kimberly P. Morgan, and George F. Loewenstein, "The Impossibil - ity of Auditor Independence", *Sloan Management Review*, Summer 1997, Vol. 38, No. 4, p. 91.

② See Max H Bazerman, Kimberly P Morgan, and George F Loewenstein, "The Impossibil - ity of Auditor Independence", *Sloan Management Review*, Summer 1997, Vol. 38, No. 4, pp. 89 – 94.

③ Lawrence J. White, "The Credit Rating Agencies: How Did We Get Here? Where Should We Go?"

很复杂，而且会很多变。委员会听取了大量汇报后发现，当投资银行从合伙制向股份制转变时，这一情形尤为真实。合伙制以合伙人退休时所支付补偿的重要部分为基础，并且如果某个合伙人所遭受的损失影响了公司，那么，该合伙人面临极大的个人风险；股份制拥有以季度财报为基础的股票价格。这一变化极大地缩短了公司内部领导层和交易商的投资期。

金融复杂性使这些问题变得更加复杂。正如海曼·明斯基研究的那样，"经历过一次经济膨胀，新的金融工具和新的融资活动方式都有所发展。通常，当经济收缩到来时，新方式和新制度的缺陷也就随之暴露出来"。① 胡·亨利(Henry Hu)和其他人都曾经强调过这种方式，即衍生证券甚至能隐藏基本要素的透明性。②

一个具有代表性的显例是华尔街运用特殊结构化货币互换交易来回避欧盟试图避免成员国像希腊一样产生债务危机而采取的杠杆限制。尽管它代表了对未来收入的一个承诺，借款从来不会出现在这些国家的资产负债表中。③

还是考虑一下《多德—弗兰克法案》中的要求，即公司资产证券化某种抵押贷款时，其价值应当在资产负债表中保留一定的比例。利用衍生交易，如对信用违约互换的购买，一个公司能够通过缩小相关市场以保持其资本地位。虽然抵押证券必须的部分明确留在了公司的资产负债表中，但公司的保护手段，尤其是任何与特定资产地位相联系的，或许会更加不清晰。

这个问题是复杂的，当一个捍卫者如一个风险管理官员或一个银行监管员或一个评估机构，其做出的是否削减某一特定惯例的决定或许是取决于复杂因素和最终判断的结合而不是确定性。当某一方仍然是错误的，对此要视而不见吗？在哪一点上？有多少刺激是允许的？花费是多大？尽管很容易发现经济泡沫，但没有人知道这个泡沫什么时候会爆发。所以，监管机构在危机爆发后对于大型机构的合规问题或者监管不当问题感到更容易，而不是在损失既成事实前提出可能存在的监管是否恰当的问题。

另一个复杂问题在这里值得提及。2005～2007 年，一个巨大膨胀的风险

---

① Minsky, Hyman P., *Stabilizing an Unstable Economy*, New Haven: Yale University Press, 1986, p. 281.

② See Henry T. C. Hu, Bernard Black, "Debt, Equity, And Hybrid Decoupling: Gover - nance and Systemic Risk Implications", June 15, 2008 draft.

③ See Louise Story, Landon Thomas Jr., Nelson D. Schwartz, "Wall St. Helped to Mask Debt Fueling Europe's Crisis", *New York Times*, February 14, 2010.

在许多重要公司相继发生。几乎在所有的这些案例中,风险的诱因与市场份额相关。房利美和房地美集团由于害怕失去私人标的证券市场的市场份额而学会如何为大量的抵押提供资金和疏通半官方机构。所有的半官方机构都害怕它们在其传统能力上正在落后,即比竞争者定价更有利的传统能力。一个房利美集团的报告中指出,他们能够发现自己在抵押市场不受尊敬,或者正如房利美集团的董事会主席斯蒂芬·阿什利(Stephen Ashley)警告的那样,他们变成了抵押产业中在公司有要求时使用强有力的市场力量才可用的设施:"这家公司有变成公共设施的风险——如果你想,也可以成为一个期货公司。当有人需要我们时,我们就会在这里,但这取决于他们的选择,而不是我们的。"①

其他公司,包括全国金融服务公司和华盛顿互助银行,都被驱使着增加它们的市场份额。当主席安吉罗·莫奇洛(Angelo Mozilo)警告,对于该公司正在产生的次级房贷和住房抵押贷款风险的管理时,全国金融服务公司已不断推动实现安吉罗·莫奇洛所宣布的到2008年完成抵押贷款30%市场份额的目标。② 花旗集团则一直在扩张其债权抵押证券经营。然后,其他公司(如雷曼集团)发现其他市场参与者在领域内所遇到的普遍障碍(如商业不动产),将成为一个通过攫取更多市场份额以获取更多收益的黄金时机。所有这些公司的风险管理者都已被解雇,或闲置一旁,或在组织中被埋没,相反,或被培养。监管者是软弱的或很大程度上是缺席的。这仿佛是高级管理层正在猛踩油门,但没有制动器和护栏一样。更有一个特征:这些车都装备了弹射座椅和降落伞,所以司机很大程度上是未受损伤的,即使旁观者遭受了重创。

以承担大量风险为代价去争夺市场份额的竞赛只是有缺陷的刺激所释放出穷追不舍的竞赛的其中一例,这些竞赛缺乏内部或外部的限制。而且,由于房价在2004~2006年持续上升,且之后在国家的某些地方,如加利福尼亚,抵押贷款承销的质量伴随着经济适用产品的快速增长而有所下降,如适用引诱利率的抵押和消极的分期偿还抵押。没有文件记录和较少文件记录的抵押贷款数量也在持续上升。只要投资者们有钱购买,抵押核心就被记录下来以提供任何市场会买的东西。该委员会记录下一位目击者的观察,即新世纪的前

---

① Stephen B. Ashley, Chairman, Remarks, Fannie Mae Senior Management Meeting, June 27, 2006.

② See FCIC Final Report, pp. 105 - 108.

欺诈专家,一个次级房贷的发起人:“良好贷款的定义从有利可图转变为能够被卖出。”①

之后,明斯基时刻就到来了:房价攀升到顶点,借方开始默认这迅速增长的数字,早期的付款违约达到了无法维持的水平,并且金融系统中每个部分的公司,以巨额抵押贷款的开创者,如新世纪(New Century)、主要次级抵押贷款公司(Ameriquest)和全国金融服务公司为开始,并相继失败。

对金融企业产生重大影响的政治行为并未能阻止这些企业在繁荣的过程中进一步发展成为泡沫。实际上,我们发现政治行为在这一增长周期内,极大地促进了泡沫的出现。请仔细思考一下这种推动力。

金融公司在美国政治背景中非常有影响力,这几乎是没有疑问的。美国政治回应中心报道了仅在选举周期 2007 ~ 2008 年金融、保险、房地产部门提供了大约 46,800 万美元的联邦竞选捐款。② 因为一份世界银行报告的部分考虑到了相比于许多其他发达国家,在美国特殊股东对政府决定的影响,股东的力量才发挥出来。③

一个重要的方式是这个领域利用其与监管进程相关的影响,正如在第七章详细叙述的那样。监管者的出现在持续压力下很容易顺从利益势力,如创新和市场效率,并且最重要的是,不会干预到正在获得巨额利润的公司的经营决策。一个高级监管者的担忧,如赛贝斯·西迪克(Sabeth Siddique),在联邦储备体系中被他多以市场为导向的上级所忽视。它看起来仿佛是,谁在政治等级中站得越高,在繁荣时期政府官员就越不愿意给予金融公司严肃的反馈。

之后,当监管的对象失去控制时监管者的确会站起来反抗,国会自己可能会干预,正如金融服务委员会对商业不动产的指导,或正如国会在联邦住房企业监管办公室试图阻止房利美和房地美集团无休止的野心时所频繁采取的措施。当商品期货交易委员会在 1998 年月 5 月宣布了随后的重大损失和对衍生性金融商品错误使用的例子后,一个令人记忆特别深刻的政治干预例子发生了,这个机构打算复审其方式方法以调节场外衍生性金融市场。反应是迅速和高效的。首先,克林顿政府高级官员对商品期货交易委员会的评论十分

① FCIC Final Report, p. 105.

② 响应的政治中心,“金融/保险/房地产”。

③ See Kaufmann, Daniel, “Corruption, Governance and Security: Challenges For the Rich Countries and the World”, chapter in the *Global Competitiveness Report* 2004/2005, Washington D. C.: World Bank Institute.

反感并且要求暂停商品期货交易委员会的行动。然后在1998年10月,国会批准了这一项要求。随之而来的是2000年《商品期货现代化法案》的颁布,它很大程度上撤销了对衍生性金融商品的管制和限制,并且结束了来自美国证券交易委员会和商品期货交易委员会的监管。

在某种程度上,地盘争夺战也是问题之一。一些华盛顿知情人士声称,当向国会农业委员会汇报的商品期货交易委员会对监管衍生性金融商品寻求扩张其地位时,它已经蚕食了银行业委员会的势力范围。但是,产业压力也起到了一定的作用。前财政部部长罗伯特·鲁宾(Robert Rubin)曾说过,他就个人而言,分享了对场外衍生性金融产品交易市场的担忧,但他也说过,“我认为它们在金融服务行业持有强有力的观点反对监管调节。而且我认为是无法克服的……在这一点上是无法战胜的……这个行业对此有着非常坚定的观点并且它无法变成我们能克服的那样”。①

罗伯特·鲁宾附带说明了盛行的解除管制思想并不是国会行动的原因:“我不认为当你进入到政治舞台时所看到的就是它原本真实的样子。我认为它更多的是涉及其中之人的利益和影响这些利益的能力。”②

同样的推动力被用作阻碍对消费者免于滥用惯例的保护。因此,一个2003年的滥用贷款惯例的房屋听证会被称为“保护房屋所有人:防止滥用贷款同时保护对贷款的获取使用”。该下属委员会主席召开了听证会澄清道,尽管他反对掠夺性的贷款惯例,“金融服务委员会面对着不用否定消费者接近使用贷款的权利而防止滥用贷款的挑战”。归根结底,他说:“次级房贷是我们国家信用市场中一个合法和宝贵的部分。成千上万的美国人为任何事而依赖次级房贷,从孩子的教育到卫生保健。将繁重的新约束置于次级房贷之上对消费者和我们国家的经济将会是毁灭性的。”③

这个听证会以行业声明为开始,伴随着来自消费者维权人士的声明继续着,并且没有结果地结束了。其中,一个消费者维权人士对这种由下属委员会

---

① Testimony of Robert Rubin to the FCIC, Hearing Transcript, April 8, 2010, p. 109. See also Hearing Transcript, pp. 123 – 4.

② Ibid., pp. 109 – 10.

③ “Protecting Homeowners: Preventing Abusive Lending While Preserving Access to Credit”, Hearing, Subcommittee on Financial Institutions and Consumer Credit and Subcommittee on Housing and Community Opportunity, House Committee on Finan – cial Services, November 5, 2003, Opening Statement of Subcommittee Chairman Robert Ney, p. 2.

给听证会定位的方式提出了异议;这个问题不是住房而是过度贷款和快速增长的次级房贷错误:

> 我们代表了低收入的消费者群体,而且消费者过多地相信信贷。尤其是还有许多房贷。这是一个推动市场。人们经常会被推动去抵押贷款……本质上是因为那对他们没有利益……1980~2001 年,我们目睹了房价 3.4% 的涨幅。那是一个非常重要的增长。但是我们也看到了止赎房屋 250% 的增长幅度。我们把这归责给次级房贷抵押市场。①

2003 年在抵押贷款市场进入超速发展时期之前,这些支持者与商品期货交易委员会一致地将正在增加的错误作为关注焦点,即过度贷款可能成为一个问题:"从最终损失的立场看,借款给一个存在良好金融风险的机构很多钱,与借款给一个存在不良风险的机构几乎是同等严重的。偿还超过借方合理资本的贷款总是会导致问题贷款的发展。"②

该机构也注意到,如果贷款以抵押价值为基础,对于一个制度来说可能是高风险,但是这涉及借方有限的或者无法评估的偿还能力。③

当此次危机达到了高潮时,有多少国会人员欣赏抵押或金融市场的发展尚不明晰。前参议员银行业委会员成员梅尔·马丁内斯回想到,房屋泡沫在委员会里并不是一个讨论的主题:"不要忘记我们在这是去立法,而且如果不是法律的一部分解决了这些问题……",附带说到唯一引起委员会注意的相关法律部分是为房利美和房地美集团增强监管体制的努力。委员会仅是当部长保尔森和美联储主席伯南克来到美国国会警告市场已经冻结并要求成为资产救助计划立法时,才开始意识到金融市场中危险的部分。④

但是,什么是《多德—弗兰克法案》和公认的需要在金融危机发生后所采

① "Protecting Homeowners:Preventing Abusive Lending While Preserving Access to Credit", Hearing, Subcommittee on Financial Institutions and Consumer Credit and Sub - committee on Housing and Community Opportunity, House Committee on Financial Ser - vices, November 5, 2003, statement of Margot Saunders, National Consumer Law Center, p. 63.

② 美国联邦存款保险公司,"检查政策的风险管理指南"。

③ 同上。

④ See Interview with former Senator and former HUD Secretary Mel Martinez, September 28, 2010, at 0:53.

取的行动呢?分析员从历史的角度注意到国会在危机后制定的金融法案颁布的滞后性:

> 首先,改革频繁地以危机为导向。尽管已经意识到在金融体系中或在金融管理局中的组织缺陷,但直到危机已经发生或即将发生,也几乎没有针对改革缺陷的任何努力。其次,联系到以危机为导向的此次改革,金融改革总是短视的或落后的。它通常被特别制定出解决金融系统某一领域最近的一系列问题。①

这种混合改革的模式反映了政治现实。国会研究服务的前高级分析员罗纳德·蒙(Ronald Moe)注意到,对危机可能存在的三个层次的官方反应。第一,华盛顿方面偏重担忧它自己在政府中的人际关系级别,即谁对谁应做什么?国会委员会传召失败金融机构的领导者及其监管者来参加严厉的听证会以表达对公共损失的愤怒。第二,如果这场经济危机已足够严重,华盛顿方面或许会仔细考虑政策:例如,衍生性金融产品的新规则应该看起来像什么?第三——且罕见的是——政治进程将会把问题带到一个更深入的层次,从而要求我们的机构应该如何做才能避免将来的另一场危机。当参议员克里斯·塔德提议建立一个新的金融监管体制以寻求缓和当前体制中的诸多问题时,他已将该思考发展到最深入的第三层次了。他在91:8的投票中失败了。这仅是在参议员卡尔·莱文(Carl Levin)返回到第一层次且为一个只有11小时的听证会而将高盛公司的行政人员带到华盛顿之后,即政治进程将问题具体化个性化和将公共愤怒调动起来的听证会,妥协折中的《多德—弗兰克法案》才成为法律。

考虑到此次发生在颁布《多德—弗兰克法案》时的政治妥协,这很可能是立法代表了一个次佳的重要解决方案:对许多金融部门中的公司,强加其承担相当大的重担,而不是适当处理系统性风险中的基本问题。摩根大通集团的杰米·戴蒙(Jamie Dimon)在2011年时向美联储主席本·伯南克(Ben Bernanke)发起挑战,指责监管者实施《多德—弗兰克法案》正在给产业施加巨

---

① Cargill, Thomas F., Gillian G. Garcia, *Financial Reform of the 1980s*, Stanford: Hoover Institution Press, 1985, p. 38.

大的负担,包括非常严格的资本要求。[①] 而且《多德—弗兰克法案》的实施并不是非常顺利。财政部部长蒂莫西·盖特纳(Timothy Geithner)在2011年6月时控诉金融改革的反对者们正在削减监管者实施该法案的努力:

> 我们在实施《多德—弗兰克法案》时面临两个新风险。一个是政治家和团体反对金融改革以不让监管机构得到贯彻其新义务所需要的资源的努力。另一个则是利用批准程序来阻碍任命。
>
> 那些在美国金融团体中支持这些努力以阻碍资源和任命的人们正在寻求能压制这些仍被草拟中的规则的力量。这种情况已经存在了很长时间。他们在削弱侵蚀改革的核心要素上将不会成功,但随着时间的推移,他们会使监管体制中将有足够多能干的人为新规则的实施带来担忧和评价需要成为不太可能的事。我们不能允许漏洞、缺口和弱点来吸引和侵蚀我们改革的基础力量。我们之前已经走过了这条路,并且它将我们带向了深渊的边缘。[②]

目前,人们可以期望谨慎将从由于破产和强制合并而消失的重大机构当前经济崩溃的景象中出现,总而言之,所有的都在华尔街和贷方严重的大众愤怒范围之内。实际上,接下来的数年能够带来针对性的国会法案,严格的监管以及贷款人的谨慎。市场和政策倾向于在泡沫破裂后市场下行时过度反应,而不仅是在市场上行时。但在最后,除非我们发展自己的公共和私人机构,否则,我们在未来很有可能将再次经历其他循环,正如明斯基时刻这些年来总是出现、消失、再出现……那样。

---

① See Kopecki, Dawn, "Dimon Challenges Bernanke in Wall Street Bid to Tame Regulators", *Bloomberg News*, June 9, 2011.

② Timothy Geithner, Treasury Secretary, to the International Monetary Conference, June 6, 2011.

第九章　治理和管理:学习到的经验教训

一项糟糕的决策至少是以一个有影响力的人做出一个错误的判断为开始。但一般来说,这个决策过程将会形势逆转:事实将会被摆在桌面上来挑战这种错误的思想,或者其他有着不同观点的人们将影响该结果。所以,促成一个错误决策的第二因素是决策被使用的方式:由于诸如此类的原因,当决策正在被讨论的过程中,这些错误的观点不会被批露和纠正。

——悉尼·芬克尔斯坦(Sydney Finkelstein),乔·怀特黑德(Jo Whitehead),安德鲁·坎贝尔(Andrew Campbell),《重新思考》,2008 年

如何强化金融体系以减少金融危机的发生率和昂贵代价?仔细思考从成功的治理和管理模型中学习到的经验教训(尤其是风险管理)以及之后在所有大型金融机构综合体中提高其质量的可能方式。关注的焦点是在大型金融机构综合体上,他们比小型机构更倾向于施加大量的系统性风险,即使这些小型机构一起行动,正如发生在 20 世纪 80 年代的储蓄和贷款危机那样。

根据人们使用的定义,美联储在 2009 年为监管资本评估项目而挑选的大型金融公司综合体将包括

控制美国公司的19家大型银行,拥有资产超过1000亿美元。同年,这19个公司控制了美国银行业2/3的资产和超过一半的贷款。① 除了控制企业的银行外,其他大型金融机构综合体或许也包括重要的保险公司(这让人想到美国国际集团)或者大量的投资资金或联邦住房贷款银行系统,即一个有着万亿美元资产的政府资助企业。

一、从成功的公司学习到的五个经验

成功公司的经验涉及:(1)文化;(2)准备工作;(3)程序;(4)对危机的反应。

(一)文化

文化似乎成为高效治理和风险管理中最关键的因素。它将处理风险较好的公司与那些仅完成任务的公司区别开来。一些公司或许会利用一个信条或价值准则(如富国银行集团),或一个想象和价值声明,作为帮助风险敏感度渗透到组织及其从头至尾的行动中并穿过它许多组织部门的第一步。由于公司将报酬和风险之间的平衡灌输到其决策之中,所以,文化价值能够向生产线管理人员们呈现具体的意义并帮助告之其行动。

1. 对决策的做出鼓励采用一种稳健的方法

CEO们是如何训练面对金融危机时的判断力以及如何做出要么保护公司,要么加速死亡的决策,是十分引人注目的。成功的摩根大通集团之杰米·戴蒙(Jamie Dimon)和未能成功的雷曼兄弟之理查德·福尔德(Richard Fuld)都能被当作强有力的领导者。这两家公司在做出决策时,本质上的区别与杰米·戴蒙用来恳求有力反馈的过程相关:

> 在每月一次的由15个高级管理人组成的全天候经营管理委员会会议上,这气氛被参与者多样地描述成"意大利家庭午餐"或"罗马论坛——所有的缺失都是参议员的位置"。杰米·戴蒙将会提出一种评论,如"谁有那种愚蠢的观点?"并且被"那是你的愚蠢观点,杰米·戴蒙"齐声回应。"在我的第一次会议上,我被震惊到了",60岁的前商业部长、现一家公司合规负责人比尔·戴利(Bill Daley)说到。"人们正在挑战杰

① Board of Governors of the Federal Reserve System,"The Supervisory Capital Assess - ment Program:Design and Implementation", April 24,2009,p.2.

米·戴蒙,与他辩论,告诉他他是错误的。这就好像是在比尔·克林顿(Bill Clinton)内阁会议上我什么都没有看到,或者是在商业经营中我曾看到的任何东西”。①

尽管这一特殊的方式或许对一些公司而言有一点强劲,但这种潜在的准则是合理的。稳健的决策做出在终止重要问题之前伴随着大量的反馈,这对于非金融公司连续的成功是必要的,金融公司同样如此。② 达特茅斯的塔克商学院教授悉尼·芬克尔斯坦(Sydney Finkelstein)分析了公共和私人机构以及他们的决策。③ 他和他的同事们发现,决策做出者或许会被他们背景中的误导性经验所阻碍(在最后的战争中争斗),误导性的偏见,不适当的自我利益,或者不适当的附逆,所有的这些都可能导致错误的决策。悉尼·芬克尔斯坦和他的同事们提出了两个必须为组织呈现的因素以造成一个重大的错误:(1)一个有影响力的决策做出者由于许多原因而做出一个错误的决定;(2)决策过程缺少提供反馈的能力以暴露和纠正决策。

他们发现这种纠正办法取决于改善了的决策过程。第一,设计决策过程以赢得额外经验和与重要决定相关的数据支持,能够帮助抵消趋近团体思维的倾向。第二,鼓励团队讨论和挑战以确保反对的观点能够被听到和理解。第三,尽可能分化决策本,一组向另一组有更高级别管理权的组提交决策建议。悉尼·芬克尔斯坦教授报告,他已经成为将CEO的角色和董事长的角色分离开的观点的强有力支持者。如果CEO也像董事会主席那样运用权力,那么,将角色分开就允许董事会运用更多独立的判断。第四,决策的实施应该被小心地监管以确保每一个重要的决策符合承诺的结果。

当一个银行信用委员会在想要完成一场交易的银行家和害怕下降风险的保险公司之间引导了一场互相尊重的对话时,这有助于创造出一个平衡的决

---

① Tully, Shawn, "Jamie Dimon's Swat Team; How J. P. Morgan's CEO and His Crew are Helping the Big Bank Beat the Credit Crunch", *Fortune*, September 2, 2008.

② Policy and Impact Committee of the Committee for Economic Development, "Restor - ing Trust in Corporate Governance: The Six Essential Tasks of Boards of Directors and Business Leaders", January 2010.

③ Finkelstein, Sydney, Jo Whitehead, and Andrew Campbell, *Think Again: Why Good Leaders Make Bad Decisions and How to Keep it From Happening to You*, Boston: Harvard Business Press, 2008.

策,即考虑到上升利润和下降风险的决策,以及有助于形成出一个考虑全面的决策。换言之,风险管理在一个稳健决策的做出过程中是一个必要的因素,并且它也是本书称为建设性对话的重要组成部分。成功的金融公司使建设性对话成为做出决策的一部分。

公司CEO们或他们的企业文化一定是强有力的且自信的,以创造出一个稳健的决策过程,正如悉尼·芬克尔斯坦和其他治理专家所建议的那样。低质量决策做出的花费,由于在金融危机中开始变得很难明白,故能够对一个组织和其未来造成重大的伤害。

2. 把风险管理并入重要决策之中

行动的建议方针除了潜在的利益,也有风险。这在危机中和危机后,当公司进行重大合并时可以看出。思考两个例子,一个是将公司带入不幸,而另一个则是在增加价值上取得了成功。2006年5月在房价达到顶点时,美联银行(Wachovia)以255亿美元的价格收购了加州金西房贷公司(Golden West)和它账面价值巨额亏损的分期抵押贷款。美联银行将这次合并看作一种扩张其地理覆盖范围和增加数百个新分支机构的方式。然而,由于房价的下跌和债务违约事件的增加,尤其是在消极偿还贷款上,公司承担了造成其转让的数以亿计的不可预期损失。富国银行集团在2008年时为美联银行带来150亿美元的股份,而且从一个新的特殊减税优惠中获益,即允许富国银行利用美联银行的损失来补偿在此次合并中它自己的利益。①

相比之下,当摩根大通集团获得了贝尔斯登公司和华盛顿互助银行的资产时,由于尽职调查和分析,所以,这次合并的根据看起来比美联银行所经历得更加周到。在摩根大通集团应财政部的要求而收购贝尔斯登公司的案例中,公司用政府保证避免了下降的风险。在华盛顿互助银行的案例中,摩根大通集团获得了银行的资产,同时把控股公司的债务留给美国联邦存款保险公司的破产程序处理。摩根大通集团支付了19亿美元以获得综合资产3070亿美元,1880亿美元存款总额(加上其他债务)和大约2200个分支机构,这极大地扩张了摩根大通集团的市场占有率,尤其是在加利福尼亚和佛罗里达的市

---

① Moore, Heidi N., "Wachovia - Golden West: Another Deal From Hell?" *Wall Street Journal*, July 22, 2008; Dash, Eric, "Wachovia Reports $23.9 Billion Loss for Third Quarter", *New York Times*, October 23, 2008; de la Merced, Michael J., "Regulators Approve Wells Fargo Takeover of Wachovia", *New York Times*, October 10, 2008; Subramanian, Guhan and Nithyasri Sharma, "Citigroup - Wachovia - Wells Fargo", *Case Study*, Harvard Law School, June 10, 2010.

场。摩根曾说过它记下了源于贷款资产组合的大约310亿美元之预期损失。① 观察者之后把摩根大通集团的购买描述成获得意外之财,尽管贷款损失已超过了摩根大通集团最开始的报价。② 贝尔斯登公司和华盛顿互助银行的合并证实了CEO杰米·戴蒙作为一个暴徒,注重细节的银行家的名声。

正如这些截然不同的例子所展示的,风险管理需要变成公司决策的一个必需部分。当公司在考虑其经营战略,金融薄弱点以及重要行动时,只有通过这种方式,公司将来才能将对下降和上升的思考结合起来。

3. 让风险意识成为团队文化的一部分

让风险意识成为团队文化的一部分是面对更稳健的决策时一个重要的步骤。领导者需要将如下三种因素整合进公司文化,以平衡尽早探知潜存风险和做出重要决定并促使公司发展之间的需要。此三种要素为:(1)公司战略;(2)风险管理的敏感性;(3)职工补偿和人事激励计划。

风险意识的必要部分是建立一个涉及风险和报酬的建设性对话过程。建设性对话并不必然对是否采取行动给出一个"是"或"不是"的回答。相反,它可能导致一个建设性的综合体。例如,当摩根大通集团考虑贝尔斯登公司的合并时,该公司衡量了有多少风险能取自于一个不可靠的证券投资组合并且获得政府保证以避免更大的风险。为了成功,建设性对话的要求如下:

(1)支持来自高级管理层的程序。在杰米·戴蒙的例子和对贝尔斯登公司的收购中,摩根大通集团的高级管理层是确保周全的尽职调查程序的一个必须部分,尽职调查即评判利益、风险和收购的不确定性以及向政府(要求摩根大通集团进行收购的政府)提出关于政府将吸收多少风险的建议。

(2)一个相互尊重的程序。在处理对贝尔斯登公司的收购时,摩根大通集团的人认清了他们都是在同一阵营:他们的工作就是评估利益和

① JPMorgan Chase, *Annual Report* 2008, p. 10; Sidel, Robin, David Enrich, Dan Fitzpatrick, "WaMu Is Seized, Sold Off to J. P. Morgan, In Largest Failure in U. S. Banking History", *Wall Street Journal*, September 26, 2008; Dash, Eric, Andrew Ross Sorkin, "Government Seizes WaMu and Sells Some Assets", *New York Times*, September 26, 2008.

② Compare Yang, Jia Lynn, "J. P. Morgan, FDIC tangle over responsibility for WaMu lia-bilities", *Washington Post*, November 10, 2010, with JPMorgan Chase Annual Report for the Year 2010.

风险,识别出贝尔斯登公司在商业经验中存在最大风险的地方,以及决定怎样限制这种风险。高盛公司(Goldman)创造出了一种相似的相互尊重的建设性对话程序,即在交易员和管理员之间的建设性对话,以允许公司为每天晚上的每一个交易仓位建立可靠的市场价值。

(3)一个以事实为依据的程序。摩根大通集团利用活跃的尽职调查来获取需要的事实以达到关于贝尔斯登公司合并风险和报酬的良好结论。高盛公司利用有熟练技能和经验丰富的管理者来评估基于比较数据的市场价值,当可用并且必要时,评估基于市场价值存在疑问的拍卖资产的市场价值。

(4)建立在能干的参与者基础上的程序。其中最重要但很难评估的一个特征是能力。如果建设性的对话要成功,那么,必须要有能干的人在对话的各个方面发挥作用。当房地美(Freddie Mac)的内部控制在21世纪早期失败时,管理在商业经营中产生收益的部门和商业经营中的管理部门,如会计和内部控制之间创造了一种人工上的区别。2003年对房地美集团的一份报告发现,该公司限制了会计和内部控制所需要的资源。高级管理层将公司的会计和金融报告部分视为"第二等级公民"。① 房地美花费了若干年以补救被公司忽视和不受尊重的内部控制功能所造成的问题。

能力也意味着建设性对话的所有方面必须有权使用相同的高质量信息。高盛公司通过提供市场价值信息来做到这样,即管理者的职责而不是交易员的职责。如果一个商人想要挑战对市场价值的一份管理者评估,那他是以相互可用的数据为基础的。

建设性对话应该是一个持续性的过程。从每一个对话中学习到的经验能帮助提示产生收益的部门和关于每一个其他方面的风险管理各自观点。随着时间的流逝,该过程有助于把公司对风险意识的一般承诺转化为理解,通过管理他们所做出决定意识的意义部门。

(二)准备工作

4. 检查薄弱点,而且尤其是关键任务的薄弱点

公司有着不同的目标、战略、环境以及内部组织。在每一个级别,风险意

① Office of Federal Housing Enterprise Oversight, *Report of the Special Examination of Freddie Mac*, 2003, p. 139.

识的管理经理应该提高对潜在风险的敏感度。或许最好的系统性方式是参与所谓的反向压力测试。在一场反向压力测试中,管理者问道:无论是内部问题还是外部问题,哪些能够造成我的公司或生产线停摆?

在实践中,要弄明白所有不同类型的能具体化和导致破坏的风险是不可能的。另外,这种练习可能会给管理重点带来一些基础问题。信息系统是否足以应付工作量?公司是否拥有足够的超过第三方如贷款单位的责任,谁是成功所必需的?如果责任较弱或时有时无,那么,哪些重要领域要求迅速及时的注意力呢?

为处理多种多样的特殊风险,如网络安全问题,一些组织或许会使用一种"红色代码"方式。如果一个公司有一个关键的信息系统,它可能包括实施其行动所必需的信息,那么,它需要用多久才能通过一个为用途而被委任的供应商以从外部渗透到系统中并且提取信息呢?

美国货币监理署认识到模型风险是另一个主题,既重要又在严格意义上非常困难,它值得有一种实际怀疑的过程:"控制模型风险的中心准则是对模型的'实际怀疑'需要:客观的、见多识广的一方,即由能够识别模型限制和假设并且产生适当改变的一方所做出的关键分析。"美国货币监理署的指导进行到解释动因的种类、能力以及影响,需要使怀疑实际化。①

有时一个组织将发现其无法单独补救的薄弱点。对这样一个问题并没有简单的答案。从金融监管中举一个例子,在金融危机若干年前,联邦房屋监管局对监督房地美集团和房利美集团的安全和稳固性负有严格的责任,房地美集团和房利美集团是两个政府资助企业,它们俩之间存在大约5.3万亿美元的贷款。联邦房屋监管局服从于拨款委员会的限制,极大地约束了它的生产能力。联邦房屋监管局选择一个明智的即使最终不成功的过程:该机构每年都会报道两个政府资助企业的安全和稳固性问题,并且,联邦房屋监管局负责人定时敦促国会以提高其法定授权、权力和能力。当房地美集团和房利美集团在 2008 年 9 月失败时,在联邦房屋监管局重组以获得其所寻求的众多力量约 2 个月后,没有人在华盛顿可以声称他们没有被警告过。

5. 建立回应无法预见事件的能力

这种观点与什么被逐渐认为是"能复原的组织"相关联。在"9·11 事

---

① Office of the Comptroller of the Currency (OCC), *Supervisory Guidance on Model Risk Management*, OCC Bulletin 2011 - 12, April 4, 2011, p. 3.

件”之后，尤其是当风险涉及扰乱工作场地、一个问题潜在危险的自然事件而获得独有的特点时，公司则承诺经营计划的连续性，正如经商的一个正常程序一样。

但是，迅速恢复的能力同时也意味着更好。迅速恢复的能力是一种允许人们快速和高效地承担其使命中的新改变的组织能力。在间隙的2年内，当多伦多银行停止购买次信贷资产并把这些廉价销售出去时，它展示了这种复原能力。当高盛公司决定在抵押贷款市场卖空和保护其长期地位时，该公司展示了相似的极佳复原力。为使一个公司能够缩小业务范围或至少能避免他们缺乏依赖这些生产线的雇员而变得非常不满，而采用成功的组织纪律，即由一个合适的补偿体系所支撑。花旗银行集团——一个不太能复原的公司——即使CEO查尔斯·普林斯（Charles Prince）知道他们产生了重大的风险，仍然停留在杠杆贷款的生产线上。

（三）程序

6. 建立一个信息流动程序：迅速显露与风险相关的信息和环境中的重要变化

没有正确的信息，管理者也无法管理。公司需要设计和经营将与风险相关的信息提供给适合层级的决策做出者的系统和程序。信息需要以一种有用的形式显露出来。

最成功的金融公司建立了信息体系和程序以确保信息，如迅速增长的次级贷款缺陷的早期影响，能够被传到组织中，并且能传达给那些能最高效利用的部门。摩根大通集团和高盛公司的例子在第三章中已经提到。理想上，雇员应该能够相信，如果他们将问题引起高级管理层的注意，那么，将会有努力措施来调查和减少风险而不是分配个人责任。

信息系统非常昂贵并且难以通过有着多条生产线的大型金融机构综合体实施。在绝大多数情况下，公司建立附加体系而不是尝试将分离体系与一个单一体系结合在一起。结果已经是系统或许无法相互交流或不能在整个企业范围内运行。这就是房利美集团中的例子，例如：

> 大多数企业的IT后台支撑和会计运用是老龄平台和传统业务运用，其非常有力地促进形成一个不起作用的内部控制环境。这种系统能够为传统贷款产品交易提供稳定的表现，但这是由于有经验的组织提供的重要级别支持能够处理产业挑战……数据仓库和平台缺陷影响了为内部使

用和外部公开而生产准确和及时的性能和风险信息的能力。①

程序同样也很重要。每一个组织的文化应该包括对每一个人的授权,以在重要的消极信息出现时快速面对。正如成功度过危机的公司那样,高级管理者需要坚持强调,他们要在别人那里听到坏消息前先从自己人口中听到。

对利益相关者(如客户、供应商、交易对方)进行询问,可以打开交流的渠道。这将使人们愿意尽早地将环境变化的信息或者其他需要关注的管理风险筛选出来。事实上,人们可以证明金融公司在危机中一个中的重大错误,即他们没有人确保他们自己在危机爆发前有机会接近那些或许充当了反馈来源的强有力的能干的政府监管者。

7. 在适当使用试验计划或其他测试时理解风险的本质:妥协、缓解与接受

对于金融公司而言,一些风险[如贷款风险或(对许多公司而言的)利率风险]在贷款公司中是固有的。贷款风险是一种借方将不会还钱给贷方的风险。利率风险则涉及利率上的潜在变化对资产价值或公司债务的影响。信用风险可以被减弱,比如,要求借款人购买抵押贷款保险来保护出借人免受借款人破产造成的损失。金融公司在经营中因承担信用风险或利率风险而获得回报。

其他风险则要求来自一个公司的投资。这些包括运营风险——这是一个公司无法有效管理其经营的风险。为处理运营风险,一个公司(或一个政府机构)必须要在有能力贯彻实施其行动而没有失败的体系上投资。对网络攻击抗议是处理运营风险的一个重要部分,尤其是当公司将其大量增长的商业生意转移到更加高深复杂的信息系统和云计算中时。②

另一个这样的风险是流动性风险,或者是该市场将枯竭而且公司将不能够延期的到期债务,或者不能够将资产以不同于超低价的价格卖出。一些国家和地方政府在金融市场被冻结及他们无法将其到期债务延期时遭受了流动性风险。许多受到影响的地区曾试图通过借短期债务和推迟延期债务的方式

---

① Office of Federal Housing Enterprise Oversight, "Fannie Mae Report of Annual Ex - amination 2006", p. 8.

② Stanton, Thomas H., "Defending Cyberspace: Protecting Individuals, Government Agencies and Private Companies Against Persistent and Evolving Threats", *Monograph*, *Johns Hopkins University*, July 2008.

节省利息费用。直到市场被冻结以及他们被留下需要偿清债务持有人的债务且不能够以低利率为他们自己提供资金，这种方法一直都在发挥着作用。

名誉风险是金融公司及其管理所面临的另一个问题。总之，这种风险对政府机构，相较于私人公司而言更加重要。在金融危机的余波中，重要金融公司的管理人员发现，他们自己被送上了参议员常设的调查小组委员会和众议院的监管和政府改革委员会。

尤其是考虑伴随着运营或名誉风险时，它有时适宜一个组织去试验一个行动来决定其执行必要运营的能力，而且也关系到债务持有人或公众对试验的反应。这已经成为一种明智的方向，因为，公司试图为正在增长中的大量的问题贷款提供服务而不是拥有需要做的某些正确恰当的能力。一如往常，好的信息源在评价这么一个试验和决定是否或如何减少上能够变得非常关键。

（四）回应

8. 回应而不是恐慌；尤其是在一个复杂的危机中，要把注意力转向多个方面。

在一个危机中需要将注意力转向多个方面。重要的金融公司认为，他们在次级贷款市场中减少了敞口，例如，有时发现敞口以预料之外的方式存在，如当公司为积累大量的贷款所融资时他们打算将贷款打包成抵押证券。其他公司也及时地减少了其贷款敞口，但未能注意到其他形式薄弱资产的敞口，如商业不动产或杠杆贷款。而且，一些公司对危机中的金融方面处理得很好，但是忽视了注意名誉风险直到重大交易成为国会听证会和证券交易委员会调查的主题。

有一个金融危机的理论暗示到，重要的金融公司失去了他们年长的作为领导者和管理者的支持者，即那些经历过早期金融危机的领导者和管理者。由于这些经历过的人退休了，人们继这些人之后，在一个相对友善的金融时期开始了他们的职业生涯。当警告信号在金融危机前出现时，这些年长的管理者和全体员工或许已经意识到了杠杆的信号，降低贷款标准，而且最重要的是，冒着把整个公司置于未经检验的假设上的风险，即房价总是会上升或至少保持稳定的假设。但是，这些人之中的绝大多数都已经离开岗位退休了。在这场流动性危机中，当公司看到他们资金恐慌和撤资的根源时，经验丰富的财务主管和财务总监们如果有过去的经验，则会临时准备得更加有效——从1998 年更加有限的危机——利用他人的经验。

此外，风险能够以意料外的组合形式出现。这场金融危机，正如在第二章解释的那样,是一个两阶段的过程,即首先承担贷款损失,然后面对市场恐慌和流动资金的消失。一旦发生一场危机,许多事情都会立即产生错误。公司如收购了黄金西部的美联银行,以及收购全国金融服务公司的美国银行,还有收购华盛顿互助银行的摩根大通集团,立刻经历了无法预期的对服务能力和解决贷款的需求。这个问题迅速扩大化,因为公司和政府机构为了在要求取消国家法之下存在错误抵押房屋的赎回权纸上文件中掩盖缺陷。

(五)建设性对话的力量

对这些经验教训而言,有积极的一面:采用这里提出的方法能够帮助组织机构改善做出的决策,不仅帮助避免"黑天鹅事件"(非常难以预测的事件),而且能够帮助提高公司的表现,使其更广泛化。稳健决策的做出、对薄弱点的有效检验、改良的信息流动,以及建立组织复原能力,都能够改进公司每天传达的结果,而且不仅是在一场危机中。

在经历过金融危机的公司和那些失败的公司之间最本质的不同:成功的公司都了解对和谐的决策的需求而及时考虑到建议行动和在任何时候公司情况的好处和坏处。失败公司的领导者仅是没有理解它。他们不是追求市场份额,就是其他比赛成绩表的排名,本质上没有考虑到风险,或他们没有能把公司管理得很好以充分了解他们所面临的潜在风险。

这个转而导致了一个重大的问题:什么能够用来提高公司不能轻易获得的治理能力和风险管理能力?

二、成功经验的分享

再次回到美联储前主席艾伦·格林思潘(Alan Greenspan)对如此多的公司没有人保护他们自己的利益或他们所有人的利益而感到抱歉的声明。如果政策制定者要将一个明确的提升灌输到大型金融公司综合体中,那么,无论何时当其做出重要决定时,它应该要求有一个建设性对话的过程。它将有效帮助金融体系提高监管者的能力,从而为缺乏足够治理能力和风险管理能力的公司提供有用的反馈信息。这种反馈将以两种形式出现:(1)在每一个大型金融机构综合体中对治理能力和风险管理能力的质量进行检验并要求提高;(2)正如2008年财政部部长保尔森(Paulson)要求花旗集团首席执行长普林斯(Prince)的那样,将限制强加于有风险的生产线上。

考虑到要求大型金融公司综合体采用建设性对话的规则程序的优势。

第一,这是监管者能够监管的一些事。监管者们能够定期从重要金融公

司中索取如下信息:

1. 在首席执行官和董事们的董事会之间的建设性对话例子展示了董事会的建议是如何影响对重大问题的最终决定的。

2. 在首席执行官和高级管理层之间的建设性对话例子展示了一个忙碌的高级管理团队的建议是如何影响对重大问题的最终决定的。

3. 关于在那些想要参加行动的人或完成一项交易或改变注意限额或其他风险额度限额的人和首席风险官之间的建议性对话例子展示了首席风险官的建议是如何影响最终决定的。

从本质上来说,同 CEO 和经营产生部门相比,监管者将会加重代表决策过程中经常被忽略部门的分量,以确保他们的诉求能够被适当听到和考虑到。

第二,监管者需要用对提供给决策做出者信息流动的检验来支撑对决策的检验,尤其是包括总是不充分或在做出决策时被不成功的公司所忽略的与风险相关的信息。这是功能障碍的信号,这种信号不是在高级管理层缺乏在组织中所知道的更深入的重要信息时发出,就是在组织上的管制体系阻碍了重要信息在组织的不同部门中流通时发生。监管者需要穿过组织以及组织层次的上下来提问以发现这些问题的迹象。

第三,这些为重大决策而存在的建设性对话检验中的每一个和为所有决策者提供适当信息的及时有效性都能够被控制,无论一个公司是否已经造成损失。对建议性对话的关注,而且无论它在产生决策时是有效或无效的,允许监管者处理其他模糊治理和风险管理问题,而不是等待作为隐患标志的损失现实化。一旦焦点是在一个公司用来做出一个决策的程序上,监管机构可以设计出检查员可运用的指标。

第四,坚持认为有效的建设性对话能够提升大型金融机构综合体的表现和效率。通过关注产生决策过程中的有效性,监管者能够避免将可能发生的费用强加给公司,如果一个监管者坚持强调一个特定形式的风险管理——例如,无论风险功能是应该被置入商业单位中还是分离开——不利于公司的文化。在一定程度上说,监管者也能够避免陷入十分困难的问题中,如评估特定的董事们是否足以胜任压制住大型金融机构综合体董事会的职务。

第五,把监管的注意力用于有效的建设性对话能够为管理创造动因以提高董事会成员和风险员工的水平,将其作为一种提高建设性对话水准的方式。

第六,通过发展一个对建设性对话和信息流动的系统性关注,监管者能够帮助他们自己与这种会增加的政治压力相隔绝,即如果监管者一直坚持认为公司所宣称的一些事会花费金钱和失去交易,正如监管者在危机发生前的数年中试图反对似乎产生大量收益的特定行动时所发生的一样。监管者正在反对稳定输入的缺乏而不是需要尝试证明这种交易本身就是有风险的。在此意义上,尽管一个监管者不会一般性地去尝试把自己添加到一个是否收购某公司的决策中去,如美联银行对黄金西部的收购,而且以什么样的价格,监管者都将会以坚定的立场来评估决策的质量水平和建设性对话在决策过程中是有效还是无效的。

这里的建议是,对建设性对话需求的监管注意力更多的是一个支点,而不是"万能药"。当他们试图减少隐患和增加机构的安全性和稳固性时,尤其是在看起来好像没有人做出一个错误决策的繁荣时期,它给监管者一个运用杠杆的好地方。

三、对政治家的呼吁

当然,在想要采取一个长远的观点和支持一个赋予金融监管者强有力的授权及强大能力的金融产业中,需要获得政治家的支持。在 2001 年中,这样一个类似于政治家的位置在与《多德—弗兰克法案》建立起来的消费者金融保护局相关的争议之中产生了。甚至是当党派利益在消费者金融保护局的推行之上爆发时,美国合众银行(US Bancorp)的主席和 CEO 理查德 · 戴维斯(Richard K. Davis)谈到一个关于银行不应该对消费者金融保护局的产生反应过激的银行会议。正如彭博通讯社(Bloomberg)所报道的那样:

> "消费者金融保护局的最初授权是一个好的授权,它公开、透明、清晰",理查德 · 戴维斯说道,"我爱所有这些,而且我认为他们正在那里有所进步"。
>
> 理查德 · 戴维斯敦促银行家接受这一新的监管者,尽管"我们应该在他们正在过度交易时退回原处"。理查德 · 戴维斯补充到他建议接近该局的第一任领导者,无论是谁。
>
> "我认为我们或许应该接受它并向前发展,以及无论谁在那个位置

上都与其一起工作”，理查德·戴维斯说到。①

这理应由其他高级联邦官员所支持的联邦储备委员会主席来尝试在重大金融机构中培育这样的政治家。这场金融危机揭露了金融机构积极游说当权者以获得对他们自身最大利益不利的短期利益。这一经典的例子就是在2005~2007年破坏了许多公司的期间，房利美和房地美集团多年来反对更有力监管的方式，即使这或许能把他们从做出的错误决策中拯救出来。

该问题之后就成为大型金融机构综合体是否愿意和在什么程度上愿意强化监管者的权力和能力。金融机构对监管组织的结构和效能施加的政治影响已经被注意到，特别是在第七章中重大金融公司对《多德—弗兰克法案》关键部分的实施所进行的抵制，包括衍生性金融产品规则和对大型金融机构综合体强大的资本要求，也正在快速发展壮大。② 即将离任的美国联邦存款保险公司女主席希拉·贝尔（Sheila Bair）反对由公司来引导对他们的一些批评机构。她谈道，“我看见有许多遗忘正在产生”，涉及对增长中的审慎性条件的需求。③ 另外，由于金融危机的影响在持续对我们的金融体系和经济施加重担，金融方面的政治家或许会越来越容易找到。

与一些重要公司或许看作削减其收入和利润的审慎性条件相对比，监管者强调有效的建设性对话可以认为是对管理和长期利润的一个帮助。增加公司权衡上升的赢利能力相对于下降风险的能力，正如悉尼·芬克尔斯坦和他的同事们所指出的，这是做出良好决策的秘诀，它能够帮助公司和其领导者改善其表现。

他们报道了“我们很快发现了在那里有大量的不良决策！事实上在不熟悉的环境中，如商业经营进入新的市场……错误决策大量存在”。④ 使建设性对话成为重大金融公司决策做出的一部分能够帮助公司提高其能力，从而在

---

① Dougherty, Carter, “US Bancorp's Davis Warns Against Overreaction to Consumer Bureau,” *Bloomberg*, June 13, 2011.

② Kopecki, Dawn, “Dimon Challenges Bernanke in Wall Street Bid to Tame Regulators”, *Bloomberg*, June 9, 2011.

③ Sorkin, Andrew Ross, “Two Views on Bank Rules: Salvation and Jobkillers”, *New York Times*, June 13, 2011.

④ Finkelstein, Sydney, Jo Whitehead, Andrew Campbell, *Think Again: Why Good leaders Make Bad Decisions and How to Keep it From Happening to You*, Boston: Harvard Business Press, 2010, p. xi.

不确定的循环金融市场中通行并减少做出错误决策的倾向,如房利美集团、房地美集团、雷曼集团、贝尔思登集团,以及许多其他公司刚好在2004年后若干年中的错误时期内所做出的不良决策。

管理良好的公司,在提高面对较弱竞争对手时的决策能力上也有优势。金融危机调查委员会将包括抵押证券在内的债权抵押证券评估为担保物——有助于促成危机的主要不良资产——价值折合约7000亿美元。① 次级抵押贷款的总额价值大约是那个的2倍,这根据每一个用于次级贷款的定义而定。② 在2008年年末,这发生在一个有着共计约25万亿美元的国内私人非金融债务余额的市场中。

换言之,债权抵押证券共计约债务余额的3%,而且——几乎但不完全由自己而定——设法把整个金融体系降低到私人公司和政府官员害怕另一场大萧条的阶段上来。对此有两个原因:第一,当复杂不透明的债权抵押证券在集中控股的高度杠杆的金融公司和证券化机构中累积时,这些控股已经大到足以危及机构的金融生存能力。第二,回想一下危机的两个阶段:债权抵押证券和其他不良资产产生的损失开始具体化,而且,因为这两个阶段的危机超出了人们的预期,所以金融恐慌继而产生。这是恐慌和一个流动性危机而不是让许多公司破产的损失一笔勾销。

人们可以证明,即使是成功的公司——并且尤其是存活者高盛和摩根史坦利——也必须要转换成银行控股公司以承受会失去很多他们在危机前很喜欢的创业自由的恐慌。此外,由于经济已经陷入衰退,成千上万的非次级抵押立刻成为拖欠或违约重大数额。这一情况严重打击了成功的公司,如摩根大通集团、富国银行集团及其他公司。

这场金融危机在不断造成损失。在2001年后期的这篇文章中,失业率徘徊于9%左右,而且,大约有1000万户居民在美国将会被取消抵押品的赎回权。人们在他们的退休计划和其他投资中已经失去了大量的金钱。金融部门持续缩减,而且美国看到了它自己作为一个债务国正越来越脆弱。

换言之,金融危机对成功的公司和其他公司而言都是一个严重的问题。

---

① Financial Crisis Inquiry Commission, *Final Report of the Financial Crisis Inquiry Commission*, 2011, p. 129.

② Lang William W. and Julapa Jagtiani, "The Mortgage and Financial Crises, The Role of Credit Risk Management and Corporate Governance", *Atlantic Economics Jour - nal*, Vol. 38, pp. 295 - 316, p. 296, July 10, 2010.

成功的公司与提升决策能力和把建设性对话添加到其较弱竞争对手的程序中有着重大的利害关系。他们与增加监督组织的授权和能力以提供更高质量的反馈信息从而提高所有大型金融机构综合体的决策水平有着利益关系。没有有效的监督者,那就没有任何方法能为承受本书试图强调的缺陷的金融公司提供需要的反馈信息。

四、强化监管

第一,如果有足够的政治支持,那么一系列的改革本身将表明这些改革符合大型金融机构的长远利益。监管措施未能预防或克服行业监管和风险管理中的缺陷的原因,以及相应的可能改进措施便会被纳入监管改革的考虑之外。

或许当前监管体制中最大的缺陷就是允许机构选择最为投契的联邦或州监管者造成的组织约束性。例如,人们能够要求所有的大型金融公司综合体被针对银行的货币监理署和针对控股公司的美联储所监管和调节。在重大保险公司的例子中(一个特别强有力的政治群体),一个新的联邦监管者从根本上应该监督这些机构的安全性和稳固性,这作为针对联邦特许这项举措的一部分能引导保险公司看起来越来越有用,联邦应该监管控股公司。

第二,是在政治层面监管者中盛行的解除管制和以市场为导向的情绪。这场金融危机耗尽了特定的热忱,至少是在目前为止。新的金融研究办公室,财政部根据《多德—弗兰克法案》所建立,提供了应对繁荣时期的一种可能。追踪杠杆经营、资产价格、作为 GDP 一小部分的未偿债务中发生的变化以及其他关键变数能够至少注意到政策制定者和监管者,额外的警觉也需要。

除了仅单独关注定量的因素,金融研究办公室也应该尝试实现一种监管和警告职能。如果这对于该办公室自身来说不是一个合适的角色,那么,之后它将对建立一个与美国国家运输安全委员会相似的金融系统安全委员会十分重要,但重点关注系统性问题(经济学家称为宏观谨慎监管的问题)而不是最好留给监管机构(和宏观审慎监管)处理的私人机构问题。① 例如,新机构应该监管使投资者正在获得满足的非定量因素,比如,能够记录的法律条款变化。

第三,监管者害怕审慎性规则会把金融服务从银行监管部门中脱离出来

---

① The functions of such an organization are discussed in Stanton, Thomas H., "Creating a Financial System Safety Board", *The American Interest*, autumn, September/October 2009.

而进入很大程度上不受监管的"影子银行"部门。《多德—弗兰克法案》已经处理了这个问题的绝大部分。在不考虑组织形式的情况下,它指导美联储指派系统性重要金融机构强加审慎性的要求。这将避免许多与美联储有关的问题和确保美联储能够且应该复审控制公司的非银行附属机构,以及非银行机构,如全国金融服务公司。

这说明,一些金融服务将从受监管的公司逃离到少受监管或不受监管的公司中去是毫无疑问的。一些金融服务也将从实施有意义的审慎性监管的国家逃离到那些不实施的国家。在一定程度上,大型金融机构综合体的有效监管将帮助建立对抗这种趋势最坏方面的保护。这是由于监管良好的公司将会与一种表明其作为商业对手信誉的标志一起出现。这种批准认同的印章好像成为为什么瑞士做出比其他国家施加更大资本要求的决策的原因,它或许会增加而不是减少瑞士作为一个吸引银行来经营的地点之吸引力的重要原因。

第四,有认知的规制俘虏不断成为一个重要问题并且急需处理。分析师们识别出了政府和私营部门之间的关系在许多不同领域中的模式。正如第一章中所提到的,他们已经参与到用原则性的亲密关系来解决它的观点之中。监管者需要与公司足够亲近以获取有用的信息,尽管在他们的文化和前景展望之间仍存在分歧。

这种解决办法的部分是使监管者的文化复兴,而且尤其是监管机构在政治层面上的领导与他们的高级专业员工之间的关系。另一个与组织性薄弱环节相关的重要问题似乎是阻碍了联邦储备委员会中的监管者与地区性联邦储备银行中监督人员之间的关系。联邦储备委员会需要重新研究把监管责任重新授权给地区储备银行的条款,那么,它将自动地使跨领域的监管团队就职,如州长比斯(Bies)试图为大型金融机构创造的,扩大委员会监督员工的规模,提高委员会员工的权力和能力从而与储备银行员工一同参与检查和与监管机构一同参与其他直接的交互行动。委员会员工更加积极地参与以帮助战胜阻碍委员会知道现实中发生了什么困难,并且也将提高监管者的能力以抵御有认知的规制俘虏中文化上的花言巧语。

第五,受监管公司有一种能力,即在一场与监管者的争端中号召政治支持的能力。透明度看上去好像是一个有用的工具来降低受监管机构的性能,从而对监管者施加不利的影响。它将会帮助国会监督委员会号召政府问责办公室提供报告给国会,基于与监管者和公司的秘密会议,由于在一定程度上是政治影响而不是专业判断影响了用于大型金融公司综合体的挽救措施中关于检验和运用特定报告的内容。

这也将有利于质疑银行监管者所有的使他们的检验报告保持机密的传统。监管者能够编写专有消息，正如联邦住房企业监管办公室在公布一年一度的关于房利美和房地美集团检验报告时所做得那样，但是，大型金融机构综合体定期公开检验报告能够提高监管者的积极性从而对其报告正确公布产生一个有益的影响。

第六，一个文化标准需要被建立，从而限制了接近政治层面官员的适当性以挑战监管行动的独有性。这仅会在监管评估和建议补救办法的质量被广泛认为很高时才会出现。一个调查官办公室的机构，如美国联邦存款保险公司很多年所有的，能够帮助提供一个在监督人员和金融公司行政人员之间举行一个相互尊重的建设性对话的论坛。为了有效发挥作用，这些评论应该提升发展过程，而不是把责任分配给特定的监管者。反馈信息能够成为给监管者和金融公司双方的礼物。

其他因素与监管者监督大型金融机构综合体的能力相联系，而且，尤其是与在较大公司高级管理人员的心目中来自监管者的反馈信息之合法性相关。在金融机构和被监管公司之间对补偿有着巨大的分歧，而且这些或许反映了监管者和公司在技术层次上的区别——并且，如果不受控制，甚至怨恨和被一些监管者所妒忌。监管者的报酬永远无法与大型金融机构的报酬在经济上相比较。关键就是把领导、训练和支持系统灌输到监管群体之中，那么，他们能够发展一种关于在金融世界中赢得尊重的监管能力的文化。如果一些上市公司的财富指数确实太大而难以控制，更强有力和更广泛的异地监管体系能够帮助监管者吸引一个公司领导层的注意力以削弱组织中的基础因素。美国国际集团金融产品，许多华尔街公司债权抵押证券的运营，以及在众多公司的按揭监管活动，这些已经被注意到了。

许多组织性的方法是可行的。关键是在那些已经见过经济活动中各种表现的有经验的监管者和那些刚入职几年并且将最新的技术和能力带到监管机构和监管机制的年轻人中达到平衡。由于高级监管者在面试中已经注意到了，所以监管者团队如果想要成功，他们就要让人们精通业务，而且不仅是有专业技能，这就是说，必须要有足够的补偿来确保监管者们可以将他们的孩子送进大学并且他们不必对此过度操心。

在监管者和监管制度之间存在的问题和信息不对称有关。即使他们在大型金融机构综合体上没有非常深入的可用的专业知识，监管者们有能力在公司和他们的风险承担上提供有效的判断。一项早先被描述的技术与一些简单问题的作用有关。公司从哪里赚钱？有多少资本要分配给商业生产线呢？哪里存在不稳定的资产负债表缺陷？

联邦监管资本评估计划项目采用来自金融公司的数据，并且之后通过大约150个监管的员工输入文本进行二次检查。监管的员工参照了公司的评估和他们的证券投资组合特征，然后决定了每个公司需要用于经受两种不利情况下的资金数量。① 这个观点不仅是联邦监管资本评估计划的测试是否过于宽容，正如一些人所认为的，而是在于由有经验的员工去承担大型机构的分析，并且互相检查信息。

这里还有一种脆弱的交易测试方法：公司的交易和那些高级管理层做出的交易，其信息匹配的如何？经理们去质疑公司的制度来获得他们职责内商业事务的真实时间信息有多容易呢？

并且对于监管者来说，在行业中获得来自企业的信息是可能的。一个强有力的监督文化可能建立在它自身基础上。如果大型金融机构综合体相信监管者是有能力的并且值得信任的，那么，就可能从金融公司中引进一些针对其竞争者有风险的实践信息。

此外，监管者需要资源以雇佣金融和技术专家，从而帮助他们评估一些复杂的问题。例如，衍生交易、风险承担的方法和必须要理解大型金融公司的商业经营才能解决的其他复杂问题。对公司购买那些最相似的调控者的能力的限制能够允许监管者更大范围地投资他们需要用于其判断中的专业技能。最后，监管文化将需要变革。

考虑到近年来金融改革中旨在套利资本的高利率和其他规则，这一点尤为重要。改革应该仔细检查，简单的问题也有用处。以色列中央银行(Israel Central Bank)一位退休官员描述了金融公司用一个关于新的复杂金融产品的信息来接近一位高级监管者。这位监管者花了许多时间试图了解该产品和其特点，并且总结出他无法轻易地了解为什么这个产品被需要，与加拿大道明银行的埃德蒙·克拉克(Edmund Clark)相似。该监管者阻止公司向该产品投资并且挽救了被监管公司原本将遭受的大量金钱损失。

此外，关键点在于以一种实用的方式来提供反馈信息。联邦储备银行的

① Board of Governors of the Federal Reserve System, "The Supervisory Capital Assessment Program: Design and Implementation", April 24, 2009, p. 2.

监管者们处理了资本套利计划，如雷曼集团的回购105个季度末交易计划，仅通过每天监督资产负债比例而不是每3个月一次。这并不是所有的金融复杂性问题都可以转化成简单问题并被解决。监管者既需要求助于该行业中知识渊博的专家，又需要求助于监管机构的承包商（译者注：此处的承包商是指受监管机构委托并享有一定监管权力的非监管主体）。同时监管者自己还需要通过持续的业务培训以跟上金融创新的步伐，并保持与个体公司和整个金融服务业的联系。

监管者也应该提出与治理和风险管理相关的问题：什么是公司基于一个风险管理人提供的信息而补救隐患的例子？该委员会是否知道？该委员会是否已经挑战了重大的管理决策？发生了什么？正如从第四章展示的对治理问题的分析中所看到的那样，如在内斯特顾问工作的基础上，评估一个委员会的长处和它与公司中风险管理功能的关系是有可能的。

这些提升发展能建立监管者为大型金融机构综合体提供反馈信息的能力，并因此提高决策的质量。监管者相较于公司而言，能够成为为一个长远前景努力的长期声音，伴随着他们对比赛成绩表和短期成功的其他方法的易受影响状态，将由他们自己来承担。另外，正如花旗集团的首席执行长普林斯所证明的，监管者能够在不安全和不健康的实践上安置一个议员席。一个更强有力的授权能够允许监管者早点行动以限制行业自身公认为有风险的潜在危险行动。

普林斯的观点是正确的：只有监管者才能停止这场穷追不舍的竞赛。改善的治理能力、管理能力以及在私人公司和政府监管者的组织都被需要用于重建私人公司的能力。用格林斯潘的话说，就是用来保护他们自己的股份持有者以及在他们公司中的股权。

第十章 治理与管理:超越金融危机

领导们必须公开地、切实地投身于促进和辨识安全行为的行动中,必须明确地向所有的雇员和合同相对人表明,安全不是优先项,而是核心价值。优先项会随着企业环境变化,而核心价值不会。

——马文·奥德姆(Marvin Odum),荷兰皇家壳牌石油公司(Shell)总裁

安全文化始于领导,因为领导驱动行为,而行为驱动文化。领导者通过设定期望、创设范式、示范他人、诠释管理来影响文化。

——雷克斯·蒂勒森(Rex Tillerson),埃克森美孚公司(ExxonMobil)董事长兼首席执行官

尽管本书着重于金融危机中主要金融公司在治理及风险管理方面的经验教训,这些经验教训不仅能适用于风险管理,也可以广泛适用于其他管理领域。好企业要求具有良好的风险报酬权衡意识;风险管理只是其中的一部分。摩根大通、高盛、富国银行和道明银行最终能够成为同行中管理水平较高的企业;一般而言,强有力的风险管理只是管理质量的一部分。

此外,除了主要的金融公司,此次金融危机的组织、治理和管理教训也适用于其他企业。如今,企业的复杂化不单体现在金融领域。波士顿咨询公司对美国和欧洲的100家公司进行调查发现,“在过去的

15年中，每家企业的流程控制、管理层级、组织架构、协调机构以及做出决定所需的批准程序，都增加了50% ~350%"。[①]

要管理好复杂的组织是困难的；管理理论应用广泛，不限于金融公司。[②]董事会（无论是金融公司还是非金融公司）的职责是对管理提供建设性反馈，这是管理学已确定的管理反馈原则。有效决策的商学不仅关注金融公司的经理主管人。[③] 当危机发生，企业文化、平衡生产和风险的必要、监管松弛以及新的由复杂技术导致的特殊问题等教训常出现在事后分析报告中。[④]

鉴于本书中治理和管理的基本教训，沟通反馈极其重要。若未征求和接受有见识者的反馈，经理人可能会犯严重错误。反馈的目的在于提出问题，从而促进更多信息的收集，因此，在做重大决策时可反映出对背景和内在含义的全面理解。

经理人的潜在反馈来源包括董事会、从组织角度作出决策的管理团队、首席风险官及其他负责风险管理的公司高管、政府监管机构等。最后，本书认为，管理得当的公司会定期就公司的某一重大决策在支持者和反对者之间展开建设性对话。

---

① Morieux, Yves. "Smart Rules: Six Ways to Get People to Solve Problems Without You", Spotlight on Managing Complex Organization, *Harvard Business Review*, September 2011, pp. 2 – 9, p. 4; see also Sargut, Gökçe and Rita Gunther McGrath, "Learning to Live with Complexity", Spotlight on Managing Complex Organizations, *Harvard Business Review*, September 2011.

② See e. g., Committee for Economic Development, "Restoring Trust in Corporate Governance: Six Essential Tasks of Boards of Directors and Business Leaders", January 2010; Sonnenfeld, Jeffrey A., "What Makes Great Boards Great", *Harvard Business Review*, September 2002, pp. 106 – 13; and Heineman, Ben, *High Performance with High Integrity*, Harvard Business Press, 2008, to name but a few.

③ See e. g., Finkelstein, Sydney, *Why Smart Executives Fail, and What you Can Learn From Their Mistakes*, New York: Portfolio, 2003; Finkelstein, Sydney, Jo Whitehead, Andrew Campbell, *Think Again: Why Good Leaders Make Bad Decisions and How to Keep it From Happening to You*, Boston: Harvard Business Press, 2008.

④ See e. g., National Commission on the BP Deepwater Horizon Oil Spill and Offshore Drilling, "Deep Water: The Gulf Oil Disaster and the Future of Offshore Drilling", Report to the President, January 2011; B. P., "US Refineries Independent Safety Review Panel" *Report*, January 2007; Governor's Independent Investigation Panel (West Virginia). Upper Big Branch: The April 5, 2010, Explosion: A Failure of Basic Coal Mine Safety Practices, May 2011; Kaufmann, Daniel, Veronika Penciakova, "Japan's Triple Disaster: Governance and the Earthquake, Tsunami and Nuclear Crises", *The Brookings Institution*, March 16, 2011; Vaughan Diane, *The Challenger Launch Decision: Risky Technology, Culture, and Deviance at NASA*, Chicago: University of Chicago Press, 1996.

考虑到如下与风险相关的例子,即某一公司只提供商品或非金融服务。下面的讨论建立在金融危机调查委员会的第二手资料之上,尽管该资料缺乏大量采访且没有关于金融公司有效的详细信息,但似乎本书从金融危机得到的教训能很好地推广到其他情境中。

因为金融危机的发生,一些珍贵的文档资料在这一场昂贵的失败中被披露出来。公司所遭受的惨重损失包括:美国墨西哥湾原油泄漏;遭受多发性可预防的致命事件的梅西能源公司(Massey Energy Company)于 2011 年被收购、太平洋燃气电力公司(Pacfic Gas and Electric Corupony)以及加州圣布鲁诺致命的管道爆炸事件。而且,相关损失还包括医院医疗事故和各部门之间可建设性对话的缺失,以及"挑战者"号航天飞机灾难等。有趣的是,与之对应的恰恰是被认为具有高超风险管理的公司,如壳牌、埃克森美孚等。

在第三章中可以看出,成功的金融公司必须具备以下要素:(1)纪律和长远视角;(2)健全的沟通和信息体系;(3)对早期预警信号高速反应的能力;(4)介于业务单位和风险管理者之间建设性对话的程序。每一个成功的企业都根据自身的特色文化应用上述要素,而不成功的企业大多缺乏上述品质。这一般而言是这样的。尽管成功企业在其他领域的实践并没有如此良好的文档记录,但是,英国石油公司、梅西能源公司和太平洋燃气电力公司在金融领域的遭遇似乎符合不成功公司的模式。

一、石油工业

(一)英国石油公司(British Persian oil Company)

2010 年 4 月 20 日英国石油公司一处深海钻井平台爆炸,致死 11 人,伤 17 人,并导致将近 500 万桶石油(近 2.06 亿加仑)从马克多油井滚入到墨西哥湾海峡。2 个月后,在英国石油公司最终堵住泄漏油井时,仅清除海面油污就已耗资近 60 亿美元,并承诺向一个基金注资 200 亿美元,用以补偿在此次石油泄漏中遭受损失的个人和企业。此次石油泄漏事故是美国历史上最严重的环境污染灾难,例如,相较于 1989 年埃克森瓦尔迪兹石油泄漏事故,后者有 1080 万加仑石油泄漏(相当于墨西哥湾石油泄漏量的 5%)。

联邦调查组发现,即使"在爆炸时,英国石油公司仍有一系列周密的操作措施和方法来应对钻井作业、变革管理、安全保证和风险控制等问题",但这些措施和程序很大程度上都被忽略了。[①] 深水委员会（The Deep-water Commission）发现，“截至4月20日，英国石油公司马克多油井的施工进度比预期进度慢了近6个星期，开销却比预算多了5800万美元”，在这种情况下，石油钻井台奋起赶工。[②] 据联合调查组的消息显示：

> 调查组发现，在4月20日发生爆炸的前几个星期，英国石油公司马克多钻井小组制定了一系列运营决策，这虽然降低了成本但增加了风险。调查组尚未发现任何英国石油公司人事部门明确的声明，以表明上述决策内含成本意识和风险权衡的明确声明……此外，调查组也没有发现任何证据表明这些削减成本和节约时间的决策走完了英国石油公司各项正式的风险评估程序。[③]

英国石油公司与越洋钻井公司（Transocean）签订合同，由后者负责钻井平台的运作。英国石油公司深海地平线石油泄漏和近海钻井国家调查委员会（The National Commission on the BP Deepwater Horizon Oil Spill and Offshore Drilling）（以下简称深水委员会）发布报告称，在灾难发生前的几个星期，越洋钻井公司指挥其海上人员与井队人员工作，“46%的受访者担心因为道出安全状况的实情而遭到打击报复，15%的人认为作业人员人手不够，难以保证工作安全”。[④]

哈里伯顿公司（Halliburton）是英国石油公司油井加固工程的承包商，深水委员会发现哈里伯顿和石油公司的管理程序无法保证加固是经过充分检测的，尽管他们承认这样的检测是十分有必要的。由于英国石油公司和哈里伯顿的员工彼此间缺乏充分沟通，管理层在决策时未能认识到他们所处的境地

---

① 原美国破产管理局（Bureau of Ocean Energy Management, Regulation and Enforcement, MMS）, Report Regarding the Causes of the April 20, 2010, Macondo Well Blowout, September 14, 2011, p. 176. 联邦调查组是由该局和海岸警卫队的成员组成的。

② National Commission on the BP Deepwater Horizon Oil Spill and Offshore Drilling, “Deep Water: The Gulf Oil Disaster and the Future of Offshore Drilling”, *Report to the President*, January 2011, p. 2.

③ Joint Investigation Team report, p. 176.

④ National Commission on the BP Deepwater Horizon Oil Spill and Offshore Drilling, “Deep Water: The Gulf Oil Disaster and the Future of Offshore Drilling”, *Report to the President*, January 2011, p. 224.

以及一味追求节约时间和成本将导致的后果:

> 英国石油公司或其他公司所做的决定均未……体现经过全面系统的风险分析、同行互评或者管理变革。现有证据无法证明对这些决策负责的英国石油公司成员(或者其他公司的人员)进行了正式的可选方案的相关风险评定分析。①

英国石油公司在墨西哥湾的监管机构——矿物管理局(the Minerals Management Service,MMS)——一个身负双重监管任务的联邦机构,其既负责租赁采矿权管理以及向石油公司征税,又对安全进行管理。深水委员会认为,矿物管理局是一个监管能力虚弱的组织,它所提供的安全监管服务少之又少:

> 经过一段时间,矿物管理局渐渐对海上石油业的监管感到无能为力。该机构的监管能力跟不上石油工业向深海扩张的步伐,也跟不上石油工业技术升级换代的步伐。此外,监管机构高管的主要精力都在于使租赁和税收收入最大化,而置安全于不顾。②

矿物管理局的虚弱源自于石油业的期望:

> 马克多油井爆炸时、距该油井提案近20年后——矿物管理局仍然没有发布命令所有经营者必须具有控制安全和环境风险计划的规定。该机构曾努力想采取一种更严密有效的风险导向型的安全管理制度,但都被石油工业和机构中持怀疑态度的官员所阻挠,该制度一次又一次地被审查、修改、推迟或者搁置。因此,矿物管理局至今未能实现钻井安全管制监督的变革,也未能与大多数其他国家数十年前就有的实践保持一致。③

---

① National Commission on the BP Deepwater Horizon Oil Spill and Offshore Drilling, "Deep Water: The Gulf Oil Disaster and the Future of Offshore Drilling", *Report to the President*, January 2011, pp. 123 – 25.

② Ibid., pp. 72, 68.

③ Ibid., p. 71.

长久以来,英国石油公司就有许多安全问题。位于德克萨斯城的冶炼厂,于2005年发生火灾爆炸事故,造成15名工人死亡,180名工人受伤。这次事故是美国自20世纪90年代以来发生的最严重的工业事故。回顾这场事故,化学安全董事会指出:“各种安全问题引发了2005年3月23日的灾难,这一反复出现的问题在早先的审计调查中就已得到确认”,并总结“德克萨斯城的灾难有来自组织上的原因,这些原因不只存在于直接负责的部门,也包括其他部门,并已浸入公司冶炼厂的历史和文化中”。①

应化学安全董事会的要求,英国石油公司成立了独立的调查组,以调查德克萨斯城灾难的根本原因。调查组在一定程度上调查了英国石油公司的情况,其嗣后宣布:

> 英国石油公司倾向于追求短期利益,“去中心化”的管理体制和企业文化赋予了炼油厂厂长极大的权利,但公司没有明确界定工艺安全的要求、责任和职责……在公司层面和炼油厂层面,英国石油公司并未对行政管理和炼油生产线的经理和管理者们进行有效的控制,以促使他们对生产安全负责。②

调查小组总结道:“英国石油公司未能有效将工艺安全和管理决策相结合。”③

英国石油公司是本书的一个重要教学案例。即便是在反复发生的灾难中,该公司均未能及时有效地对现实反馈作出回应,可见其监管是多么的无力。为越洋钻井公司工作的低级雇员担心,如果他们举报了安全违法行为会因此受到报复,并且,正如调查组发现的,在德克萨斯城爆炸事件后,该公司并没有就工艺安全和公司生产目标之间作出建设性的对话。

(二)埃克森美孚和壳牌公司

深水委员会对两家石油公司进行了测试,并对其风险管理实践进行了调

---

① US Chemical Safety and Hazard Investigation Board. Refinery Explosion And Fire(死15人,伤180人), BP, Texas City, Texas, March 23, 2005, Investigation Report No. 2005 - 04 - I - TX, March 2007, pp. 142 - 3.

② "BP US Refineries Independent Safety Review Panel", *The BP U. S. Refineries Independent Safety Review Panel Report*, January 2007, p. xii.

③ Ibid.

查,这两家石油公司的安全记录一直被认为是极为出色的。埃克森美孚和壳牌公司的 CEO 告诉委员会,他们已经设计出针对安全及风险的系统、规则和程序,并且已经将其融入企业文化中。[①] 深水委员会认为,“安全文化意味着即使无人监管也仍然要做的正确的事”。[②]

上述两家公司在经历了严重的挫折后,都加强了其风险管理文化。埃克森美孚经历了瓦尔迪兹漏油事件;壳牌公司则经历了一系列事件,包括引发公众剧烈争论的将废弃的布伦特斯帕平台沉入大西洋的决定,以及与尼日利亚军人政府合作开发石油引发的侵犯人权争议。

埃克森美孚的董事长兼首席执行官雷克斯·蒂勒森告诉深水委员会,埃克森美孚瓦尔迪兹漏油事件敲响了警钟。并指出“公司必须发展安全文化,并使安全价值渗入公司每级的工人中,要事事小心,多多注意。”他对深入委员会说道。埃克森美孚的安全操作管理系统(Operations Integrity Management System,OIMS),是由 11 个要素组成的用来识别和管理风险的系统。埃克森美孚运用 OIMS 系统管理其在全球范围内的各个部门、合同相对人以及经营活动:“通过 OIMS 系统,埃克森美孚对我们的安全行为进行全面的监控、测试和评估。在全球范围内,该系统在结构和标准方面的经验被广泛交流和分享。”[③]

对于蒂勒森,OIMS 系统是一个从领导层渗透到整个组织的不断改善的过程。他告诉深水委员会,OIMS 系统的定期检查并非是为了挑剔员工的错误而设定的,而是为了确保生产过程的不断改进。由于石油提炼等高新技术产业的不断革新,持续的改进相对于一套静态的规则来说尤为重要:“我们必须理解,传统指标都已变得落后。”[④]

在公司手册中,蒂勒森作出如下说明:OIMS 系统致力于“改善和维持这样一种工作环境,在这种工作环境中,各层经理和员工都对自身和同事的安全

---

① National Commission on the BP Deepwater Horizon Oil Spill and Offshore Drilling, Fifth Meeting, Day Two, Transcript of Proceedings, November 9, 2010.

② National Commission on the BP Deepwater Horizon Oil Spill and Offshore Drilling, “Deep Water: The Gulf Oil Disaster and the Future of Offshore Drilling”, *Report to the President*, January 2011, p. 218.

③ National Commission on the BP Deepwater Horizon Oil Spill and Offshore Drilling, Fifth Meeting, Day Two, Transcript of Proceedings, November 9, 2010, p. 252.

④ Ibid., p. 266.

负有责任,并且每一个员工都积极确保他人的健康。"①

壳牌公司总裁马文·奥德姆向深水委员会讲解了其公司的健康、安全与环境管理系统,即健康、安全与环境管理系统(Health Sefety and Enviroment Management System,HSEMS),该系统由8种要素组成,主要包括:对公司雇员和合同相对方都适用的清晰有力的规则("安全案例"法),以及在进行重大活动之前制订出明确的控制主要风险的明确计划。

同时,奥德姆强调HSEMS的风险管理必须与企业文化相符:"领导者必须公开地、切实地投身于促进和辨识安全行为的行动中,必须明确地向所有的雇员和合同相对人表明,安全不是优先项,而是核心价值。优先项会随着企业环境变化,而核心价值不会。"②

公司员工在HSEMS的执行中发挥了巨大作用。

> "干涉或停止工作"规则是壳牌公司的另一重要原则。在壳牌公司,每一个员工和合同相对人若感到工作的安全性有问题,他都有权利和义务干涉或停止该项工作。我们确保每一名员工都清楚这点,并对上述员工予以奖励。这是我们工作计划中一个关键环节,并且效果非常好。③

壳牌公司也从公司外部搜集反馈性资料。2009年该公司邀请杜邦公司(DuPont)主办了一场壳牌钻探公司与世界其他公司关于的安全与文化的调查:"当我们在全球范围内排名靠前时,我们需要改进的地方也就一目了然了。"④

反馈对于系统运作极其重要:"不断搜寻反馈、发现漏洞是我们必须有的心态,并将确保安全的终极目标嵌入我们工作方式的方方面面。"⑤

蒂勒森和奥德姆均认为,关注安全和减少风险增强了公司的安全底线,而非偏离了该底线。由于安全警告而引起的个别停工虽然在当下可能会花费金

---

① ExxonMobil Corporation. Operations Integrity Management System,"Chairman's Message", undated,p. 3.

② National Commission on the BP Deepwater Horizon Oil Spill and Offshore Drilling, Fifth Meeting,Day Two,Transcript of Proceedings,November 9,2010,p. 282.

③ Ibid.,p. 283.

④ Ibid.,pp. 284 – 5.

⑤ Ibid.,p. 285.

钱，但总的来说，公司会发现风险管理是有利可图并且是有利于持续发展的。

两家公司的领导人都赞成强有力的政府监管。蒂勒森认为，为了让监管者能找出监管的关键问题所在，石油产业应当就技术革新向监管者进行宣讲：

> 对于监管机构来说，如何拥有与高技术产业相适应的高水平的员工是一个重大挑战……他们可能无法准确地反馈问题所在，这或许不是必需的。但他们必须能够正常发声，尽管他们不知道如何管理风险，他们也应该有能力发现风险，并向我们咨询该如何管理风险。这对于石油产业来说是至关重要的。在我看来，我们需要一个能干的监管机构。他们是风险管理系统的一部分。
>
> 在风险可控的系统里，监管者是多余的。因此，他们无须具备设计深水钻井项目的能力，但是他们必须具备的一项重要能力就是发现运营过程中的风险敞口。通过提出正确的疑问，确保风险得到处理。[①]

奥德姆赞同上述观点，并认为："石油产业需要健壮、熟练的雇佣工人，并且需要能和与日俱增的工业技术知识保持同步的资金充足的监管机构。一个能干且灵敏的监管机构能够在不阻碍创新和商业成功的情况下建立和执行保证安全的规则。"[②]

另外，CEO们是否愿意花钱支持一个更有能力的监管机构尚不明确。据奥德姆所说："我真的认为资金应当来自联邦政府。坦率地说，在业界和政府之间存在着很强的资源输送关系，我认为其中一部分资源应该被用来支持监管机构"。[③]

综上，考虑到风险与报酬之间的平衡，英国石油公司的企业文化阻碍了建设性对话或者风险与报酬之间的平衡。与之相比，埃克森美孚和壳牌公司的领导者均强调了组织内部信息流动的必要性以及多方面地向决策者提供及时、有效的信息反馈的必要性，这些信息可以来自同行、友商，尤其重要的或许是来自监管者正确的发问。

---

① National Commission on the BP Deepwater Horizon Oil Spill and Offshore Drilling, Fifth Meeting, Day Two, Transcript of Proceedings, November 9, 2010, pp. 276 – 7.

② Ibid., p. 287.

③ Ibid., p. 305.

二、其他例子

其他三个非金融领域的例子也值得思考:(1)梅西能源公司;(2)发生在加州圣布鲁诺的太平洋燃气电力公司天然气管道爆炸事故;(3)美国严重的医院医疗事故。笔者再次强调,本书明确表明建设性对话应该成为公司风险报酬权衡管理的主要部分。因为这些案例失败的原因差异较大,需要进一步引用一些反例来将这一失败图景更加完整地描绘出来,这些反例应当是那些有着健康公司文化、良好决策方式的同类医院或公司。

(一)梅西能源公司

2010年4月5日上科大煤矿(Upper Big Branch,UBB)发生了一场灾难性的煤矿爆炸,造成29名煤矿工人死亡,上科大煤矿是由美国梅西能源公司旗下的一家子公司负责运营。这是美国过去40年来发生的最严重的一起煤矿事故。调查结果揭露了上科大煤矿及其运营公司存在严重安全隐患。据该公司报道,在2010年,与该起爆炸有关的税后费用是1.15亿美元,与上一年度的1.044亿美元的净利润相比,2010年造成的损失高达1.666亿美元。梅西能源公司的竞争对手阿尔法自然资源公司(Alpha Natural Resources Company)于2011年收购梅西能源公司,且梅西能源CEO唐·布兰肯西普(Don Blankenship)也于2011年辞职(尽管薪酬丰厚)。

梅西能源公司之前也发生过煤矿事故和死人事件。在2000~2009年,该公司总共发生了23起死人事件,既是所有煤炭公司中发生死人事件最多的公司,同时也是违反联邦安全生产条例总次数比同期其他煤炭公司多达上千次的公司。调查此次事故的是西佛尼亚州州长独立调查小组,该调查组报道,自1997年以来,上科大煤矿"至少发生过三次重大的煤矿事故……全部发生在长壁开采过程中(2010年煤矿爆炸也发生在长壁开采过程中)……上科大煤矿的管理人员应当将每一个甲烷突出或爆炸作为一个异常现象加以考虑"。①

梅西能源公司强调生产目标有碍于其他目标,如安全目标:

> 老板们似乎都知道高级管理的"六大获利核心数值"——连续采煤机负荷率、梭车牵引速度、馈线转储速率、顶板锚杆行率、平均切割深度和每一连续采煤机的直线英尺。日常开采模式无法反映安全措施,例如,清

---

① Governor's Independent Investigation Panel(West Virginia),Upper Big Branch,p.78.

除机器应用的岩粉或累计直线英尺的浮动煤尘。①

梅西能源公司不重视反馈，甚至曾有正面威胁其监管机构（西佛尼吉亚州司法系统）及公司员工的记录。引用"威胁员工"的例子，州长独立调查小组发现"通过证人证言，有充分证据证明矿工被要求不因安全问题而停止生产。工人说曾有人对安全环境提出疑问，但被要求继续开展生产"。②

美国矿山安全和健康管理局（Mine Safety and Health Administration，MSHA）下设于劳工部，劳工部助理部长约瑟夫·迈恩（Joseph Main）向参议院小组委员会表示："梅西能源公司现在和过去的部分员工曾公开指出，上科大煤矿的工人如果向公司或者矿山安全和健康管理局报告危险，将面临失业、减少报酬或者遭受其他不利行动的危险。"③

梅西能源公司同样阻断来自监管机构的反馈。尽管该公司多次严重违法，但是矿山安全和健康管理局仍然无法防止上科大煤矿事故，分析其原因，州长独立调查小组发现梅西能源公司是故意挑起矛盾：

包括梅西公司在内的一些公司十分享受挑战监管机构执法的机会，他们质疑调查结果，对法律规定进行曲解。据监察员报道，梅西公司安全副总裁伊丽莎白·张伯伦（Elizabeth Chamberlin）曾挑战执法，她对公司员工说，"不用担心，我们将以诉讼方法解决"……很长一段时间，矿山安全和健康管理局行政官员告诉调查者，"梅西公司能更好地训练我们的监察员"。他是指在监察梅西煤矿期间，监察者受到的待遇会影响监察者的执法态度。④

最后，矿山安全和健康管理局的敦促还远远不够。州长独立调查小组建议，矿山安全和健康管理局和梅西能源公司采取"证据规范化"的模式，正如戴安娜·沃恩（Diane Vaughan）在挑战者灾难中发现的那样：

矿山安全和健康管理局最终无法防止上科大煤矿事故的原因是其无法从宏观上把握整个过程，无法将煤矿发生的各个灾难性失败的节点联系起来——尤其是操作员在矿井适当通风、控制甲烷和应用足够岩粉方

---

① Governor's Independent Investigation Panel (West Virginia), Upper Big Branch, p. 96.

② Ibid., p. 100.

③ 约瑟夫·迈恩在参议院劳工委员会、健康与人类服务委员会、教育委员会、拨款委员会等相关机构的证词，"Investing In Mine Safety: Preventing Another Disaster", May 20, 2010, p. 8.

④ Governor's Independent Investigation Panel (West Virginia), *Upper Big Branch*, p. 77.

面的失误。在处理现有通风问题时，公司未能考虑到既有甲烷量超标表明了内部沟通的失效，这意味着矿山安全和健康管理局在运营中没有大局观。①

凭借公司在西佛尼吉亚州的政治影响，梅西能源公司对该州官员的行为比对矿山安全和健康管理局监察员更严厉。② 在一则引人注目的案件中（关于私人合同纠纷而不是煤矿安全），梅西公司通过对一位西佛尼吉亚州最高法院首席大法官候选人的慷慨捐赠，成功推翻了一个标的为5000万美元的不利判决。这位候选人在当选后从梅西公司获得了300万美元——比他所获得的其他来源都多——随后，梅西公司将该案上诉至州最高法院，裁定推翻了对梅西公司的判决。2009年联邦最高法院再次推翻了判决，并要求那位成功当选的法官候选人在审理案件时回避。③

总之，梅西能源公司重视生产，忽略风险管理，他们最多只是将安全作为口号；他们虽收到大量监管机构的传票，但又与传票对抗；而且，他们还威胁员工、监管人员及其他给公司提供反馈意见的人。这些因素加在一起，造成了大量原本可避免的死伤事件。

（二）太平洋燃气电力公司（Pacific Gas and Electric Company，PG&E）

2010年9月9日美国加利福尼亚州圣布鲁诺镇一个老旧的直径为30英尺的天然气管道破裂，气释弥散居民区，居民被迫疏散，事故造成8人死亡，数十人受伤，38栋房屋被烧毁，70栋房屋遭到损害。太平洋燃气电力公司花费了95分钟才关闭该泄漏管道。

美国国家运输安全委员会（The National Transportation Safety Board，NTSB）调查发现："此次事故完全可以避免……在管道破裂前，太平洋燃气电力公司欠妥的管道完整性管理程序没能识别、监测和移除不合格的管段。"④

加利福尼亚公共事业委员会（The California Public Utilities Commission，CPUC）是负责该州管道安全的监管机构，其成立了一个独立的审查小组。该

---

① Governor's Independent Investigation Panel (West Virginia), *Upper Big Branch*, p. 83.

② Ibid., p. 85.

③ United States Supreme Court, "Caperton er al. v. A. T. Massey Coal Co., Inc.", decided June 8, 2009.

④ National Transportation Safety Board. "NTSB cites Pacific Gas & Electric (PG&E) and government oversight in fatal California pipeline rupture", August 30, 2011.

小组的最终报告标记的问题与在其他事故发生后成立的独立委员会的报告中所见的类似。

管理人员强调财务业绩,而不重视管理天然气管道安全基础设施。因此,"在提交给审查小组的企业高级目标材料中……该公司没有将安全目标作为其长期目标的一部分,却将财务业绩作为其目标"。①

审查小组发现太平洋燃气电力公司拥有"功能紊乱的文化",并且更一般地指出阻碍对管道完整性和经营管理关注的五大文化因素:

> 1. 冗杂的管理层级,有时在一线员工与 CEO 之间多达 9 级,因此,"制定大政的决策者与最熟悉业务的执行者之间相隔甚远",以及与公司仓库人员的沟通存在障碍。
>
> 2. "高级领导层中有大量通讯、法律和金融专业的高管,而只有少量在天然气公用事业行业中有丰富经验的工程师和专家。"
>
> 3. 制定策略似乎更多地面向媒体关系而不是实际运行。
>
> 4. 落后于技术的发展水平,以及与同行业有卓越实践的其他公司相比,太平洋燃气电力公司缺乏对公司实践的关注。
>
> 5. 过度重视财务业绩而忽略运营安全,并且凡是阻碍公司优先目标的其他行为都被叫停。②

太平洋燃气电力公司缺乏收集和理解与天然气管道业务有关的数据含义的能力,并在开始调查圣布鲁诺爆炸事故时提供了错误的信息。正如独立审查小组发布报告称:

> 太平洋燃气电力公司之所以提供了错误的数据,是由于以下程序缺失:(1)能将历史数据存档的强健可靠的数据文档信息管理系统;(2)获得关于地下天然气运输系统的最新信息的方法……危险识别和管段分析受限于数据信息的质量和准确性。③

---

① Independent Review Panel, "Report of the Independent Review Panel San Bruno Exlposion, Prepared For California Public Utilities Commission", Revised Copy, June 24, 2011, p. 50.

② Ibid., pp. 16 – 17.

③ Ibid., p. 62.

独立审查小组总结认为太平洋燃气电力公司“缺乏将分散的数据来源集中化的支配性能力，这阻碍了数据的收集、质量保证以及分析，无法描述和评估由管道故障和后果构成的威胁”。①

太平洋燃气电力公司同样受限于其员工的能力：“我们没有看到能够确保安全系统在紧急情况下得以维持和更新的一套连贯程序。尤其是具备资质和经验的工程师以及其他专家人数极为有限。”②

加利福尼亚公共事业委员会完全无法提供对太平洋燃气电力公司及其风险管理质量或者与管道运营有关的实际风险的有效监督。美国国家运输安全委员会主席底波拉·赫斯曼（Deborah A. P. Hersman）说：“调查结果出来后的很多年，太平洋燃气电力公司利用了宽松的监管体系和监管机构的弱点，使监管者盲信该公司，以至于监管者最终被指控忽视侵害公共安全的行为。”③

加利福尼亚公共事业委员会和太平洋燃气电力公司都重视合规性，而不重视精细的监管：

> 公共事业管理和监管的技巧在于认为安全公共事业管理是不断变化的。员工要想跟上这些变化是一个重大挑战，尤其现在培训机会变少了……面对这些现实，员工监管的“舒适区”也变得规范了。公共事业反过来会强化合规性思维，因为使员工监管更明确了。当员工都认真监管时，强大的力量将驱动形成“检查箱”式的监管执法。④

结果，调查小组发现，无论太平洋燃气电力公司是否“技术上服从监管规定……我们严重怀疑其是否奉行了管道完整性管理”。⑤

加利福尼亚公共事业安全和可靠性分部（the CPUC's Utilities Safety and Reliability Branch，USRB）是加利福尼亚公共事业委员会下属的负责安全监管

---

① Independent Review Panel, "Report of the Independent Review Panel San Bruno Exlposion, Prepared For California Public Utilities Commission", Revised Copy, June 24, 2011, p. 8.

② Ibid., p. 10.

③ National Transportation Safety Board. "NTSB cites Pacific Gas & Electric (PG&E) and Government Oversight in Fatal California Pipeline Rupture", August 30, 2011.

④ Independent Review Panel, "Report of the Independent Review Panel San Bruno Exlposion, Prepared For California Public Utilities Commission", Revised Copy, June 24, 2011, p. 98.

⑤ Ibid., p. 9.

的机构，它面临的困境是员工数量不足及学习培训的资金匮乏。调查小组发现，加利福尼亚公共事业安全和可靠性分部在天然气领域只有一个由 18 人组成的小部门，但它却负责加利福尼亚州三大主要天然气公共事业的监管，并且审查他们的运营是否遵守联邦管道安全法规，包括对 11,000 米管道运输和事故高发区的 2350 米管道运输，实行管道完整性的深度审计。此外，该部门员工还承担着每 5 年对小丙烷系统和 3200 家移动家庭运营商的监督。[①] 调查小组指出该机构有一种“受害者思维”。[②]

管理人员似乎也缺乏以下必要技能：

> 无论是从企业层面还是技术层面，目前尚无证据表明加利福尼亚公共事业安全和可靠性分部在管道完整性管理中具备实现风险管理选择的能力。同样，也没有证据显示加利福尼亚公共事业委员会具备对诸如运营商提供的分析进行深入评价的能力。[③]

综上所述，加利福尼亚公共事业委员会似乎缺乏提出和探求基本问题的能力，即无法表明一个受监管的公共事业公司是否可以合理处理实质性风险，包括天然气运输和穿越加利福尼亚州社区的远距离电力运输过程中产生的实质性风险。

（三）医院医疗事故

在僵化文化阻碍建设性对话所造成的损失方面，医疗事故可算适例。尽管精确的医疗事故数据难以获得，但是，诸如医学研究所等机构提供的证据也是十分惊人的。2010 年 11 月隶属于美国卫生和人类服务部（the Office of Inspector General of the Department of Health and Human Services）的总检察长办公室发布了一篇报道指出，每 7 个医疗保险受益人中就有一人在出院后产生不良反应，包括患者伤害。医生评论家判定 44% 的事件是可预防的。[④] 美

---

① Independent Review Panel, "Report of the Independent Review Panel San Bruno Exlposion, Prepared For California Public Utilities Commission", Revised Copy, June 24, 2011, p. 22.

② Ibid., p. 24.

③ Ibid., p. 100.

④ Department of Health and Human Services, Office of Inspector General, "Adverse Events in Hospitals: National Incidence Among Medicare Beneficiaries", OEI – 06 – 09 – 00090, November 2010, pp. i – ii.

国医疗服务研究与质量局(the Agency for Healthcare Research and Quality, AHRQ)回应,"不良事件正以惊人的速度持续影响医院患者"。①

据考证,"医疗服务提供者之间无效的沟通是造成医疗事故及患者伤害的主要原因"。② 无效沟通的一个原因是——医生无法从护士那里获得有效信息——直接与建设性对话有关:

> 长期以来,几乎每一届联合委员会都将突发性医疗事件的根本原因归结为沟通不畅,这也是自1996年以来被大部分案例研究证实的根本原因。等级差别、角色冲突、责任不明以及权力斗争都会导致沟通不畅,并因此损害患者治疗的安全和质量。③

恐吓和其他破坏性行为大大加重了医疗事故和可预防的不良后果。当医疗事故发生时,恐吓来自机构设置和文化范式:

> 很长一段时间内,人们对医疗服务中的威胁和破坏性行为是容忍甚至是漠视的……制度因素源于独特的医疗服务文化环境,这种环境以压力大而著称。这些压力包括提高生产力需求、成本控制要求、内生性官僚化以及来自诉讼的恐惧和压力。这些压力会随着服务团队里的权威、自治权、授权以及角色和价值的改变或差异而加剧,同时也会随着轮班、轮换次数及部门间同事的不断变化而不断加剧。④

幸运的是,医疗提供者层级之间的交流有了提升,尤其是医生和护士之间可能会改善。然而,医生欺负护士的报道持续不断,肯·斯坦顿(Ken

---

① The agency's letter is found ibid., pp. 62 – 3.

② Dingley C., Daugherty K., Derieg M. K., Persing R., "Improving Patient Safety Through Provider Communication Strategy Enhancements", in Henriksen, K., Battles, J. B., Keyes, M. A., and Grady, M. L., eds., Advances in Patient Safety: New Directions and Alternative Approaches (Vol. 3, Performance and Tools), Agency for Healthcare Research and Quality, August 2008.

③ Nadzam, Deborah M., "Nurses' Role in Communication and Patient Safety", *Journal of Nursing Care Quality*, Vol. 24, No. 3, 2009, pp. 184 – 88, at p. 184; see also Dingley et al., "Improving Patient Safety Through Provider Communication Strategy Enhancements".

④ The Joint Commission, "Behaviors that Undermine a Culture of Safety", *Sentinel Event Alert*, Issue 40, July 9, 2008.

Stanton)是一位医疗服务管理人员,同时也是一名护士,他说:

> 现在医生欺负护士的现象比过去少了很多。在过去的10~20年里,我发现医生的合议性及合作性都比早些年提高了许多。我认为有很多原因导致了这个现象——医生被训练得共同掌权;由于同行评议,大部分医生目前都是服务团体里的虚拟雇员并且团队思想替代了独立作战思想;他们获得了许多反馈信息。①

(四)治理和风险管理对政府的影响

治理和风险管理的经验不仅适用于私人企业,也同样适用于政府组织和机构。然而,政府机构的法律制度和组织规则与私人企业不同,高层次的经验,如在决策中建立建设性对话的必要性和不建立建设性对话的风险适用于所有组织,而不仅是私人企业。② 这从美国国家航空航天局(National Aeronautics and Speace Administration,NASA)的两次经历中可以明显看出来,即"挑战者"和"哥伦比亚"航天飞机灾难(由于哥伦比亚航天飞机事故被大肆报道,两起事故在许多方面有"惊人的相似之处",如文化、管理、职工反馈障碍等方面)。③ 除了未能预见金融业危机,在其他领域政府已经预见其自身昂贵的"黑天鹅事件"的出现,包括"卡特里娜飓风"、2010年"大海湾石油泄漏",以及同年9月11日的国土安全事件以及由金融危机导致的大衰退。所有这些都发生在10年内。④

三、结语

在金融危机后,盲目自满、不当奖励、对内及对外缺乏沟通、未能激励高效

---

① See Brown, Theresa. "Physician, Heel Thyself," *New York Times*, May 7, 2011; Ken Stanton quote from personal communication to the author, September 2, 2011.

② 列举政府机构中基层官员和高层官员之间信息不对称的例子进行阐释。例如,理查德·费曼(Richard Feynman)将采访NASA政治官员的经历与其从工程师了解到的进行对比:Feynman, Richard P., "What do You Care What Other People Think?" Part 2, "Mr. Feynman Goes to Washington: Investigating the Space Shuttle Challenger Disaster", 1988。

③ Columbia Accident Investigation Board, Report Volume I, August 2003, p. 130.

④ 一个关于监测和预测类似事件影响力的公共部门议程:See e. g., Stanton, Thomas H., "Improving Managerial Capacity of the Federal Government: A Public Administration Agenda for the Next President", *Public Administration Review*, November/December 2008, pp. 1027-36.

的监管和从监管机构获得反馈等问题,已经延伸至其他领域的公司。尽管这种组织和管理失灵的成本高昂,但有迹象表明情况在改观。越来越多的证据表明,成功企业和商人承担了这些成本,而不只是由犯下错误的公司承担,是时候让公私领域的领导人带头促进高质量的组织设计与管理——不仅可以降低那些面临破产企业的风险,还可以促进那些承载我们每个人安全和福利的机构的完善。

翻译说明

本书英文原名为"Why Some Firms Thrive While Other Fail: Governance and Management Lessons From the Crisis",其直译为"为什么有些企业存活而有些失败了:来自经济危机的治理与管理的教训。"但是,译者为了使题目简洁明了,并符合中文读者的阅读习惯,故而将题目做了稍许意译,是为"企业生死之谜:经济危机的治理与管理教训"。

本书翻译分工具体如下:沈伟翻译第一章;余涛翻译前言和第二章;杨健翻译第三章;张洁莹翻译第四章和第五章;周家玮翻译第六章和第七章、中译本序;夏晶晶翻译第八章和第九章;罗子爱翻译第十章。余涛和沈伟分别校对全书翻译。

译者感谢作者为中译本撰写了中译本序,并专门授权翻译本书。

法律出版社财经分社沈小英社长和责任编辑刘晓萌女士为本译著的面世付出了大量的心血,译者在此真诚地感谢她们。

特此说明。

译者

2016年10月20日

图书在版编目(CIP)数据

企业生死之谜:经济危机的治理与管理教训/(美)托马斯·H.斯坦顿著;沈伟等译.—北京:法律出版社,2017

(金融财税法学前沿问题论丛)

书名原文:Why Some Firms Thrive While Others Fail:Governance and Management Lessons from the Crisis

ISBN 978-7-5197-0740-8

Ⅰ.①企… Ⅱ.①托…②沈… Ⅲ.①金融危机—影响—企业管理—研究—美国 Ⅳ.①F279.712.3

中国版本图书馆CIP数据核字(2017)第065413号

企业生死之谜:经济危机的治理与管理教训
QIYE SHENGSI ZHIMI:JINGJI WEIJI DE ZHILI YU GUANLI JIAOXUN

[美]托马斯·H.斯坦顿 著
沈 伟 余 涛 等 译

策划编辑 沈小英
责任编辑 沈小英 刘晓萌
装帧设计 汪奇峰

出版 法律出版社
总发行 中国法律图书有限公司
经销 新华书店
印刷 固安华明印业有限公司
责任校对 晁明慧
责任印制 吕亚莉

编辑统筹 财经出版分社
开本 720毫米×960毫米 1/16
印张 17.75
字数 287千
版本 2017年7月第1版
印次 2017年7月第1次印刷

法律出版社/北京市丰台区莲花池西里7号(100073)
网址/www.lawpress.com.cn
投稿邮箱/info@lawpress.com.cn
举报维权邮箱/jbwq@lawpress.com.cn
销售热线/010-63939792
咨询电话/010-63939796

中国法律图书有限公司/北京市丰台区莲花池西里7号(100073)
全国各地中法图分、子公司销售电话:
统一销售客服/400-660-6393
第一法律书店/010-63939781/9782 西安分公司/029-85330678 重庆分公司/023-67453036
上海分公司/021-62071639/1636 深圳分公司/0755-83072995

书号:ISBN 978-7-5197-0740-8 **定价**:56.00元
(如有缺页或倒装,中国法律图书有限公司负责退换)